Socken

Häkeln für die ganze Familie

First published in 2019 by Kosmos Uitgevers, Utrecht/Antwerpen,
Imprint von VBK | media

Muster und Text: Sascha Blase-van Wagtendonk, mit besonders großem Dank an Ans Baart
Umschlagentwurf und Innengestaltung: Sigrid Bliekendaal
Illustrationen: Sigrid Bliekendaal & Marjet Verhoef
Fotos: Esther Befort, Sterstijl

Titel der Originalausgabe: Sokken haken a la sascha

Bibliografische Information der Deutschen Nationalbibliothek
Die Deutsche Nationalbibliothek verzeichnet diese Publikation in der Deutschen Nationalbibliografie; detaillierte bibliografische Daten sind im Internet über http://dnb.d-nb.de abrufbar.

Übersetzung aus dem Niederländischen: Birte Mirbach

Satz und Redaktion der deutschen Ausgabe: Verlags- und Redaktionsbüro München, www.vrb-muenchen.de

2., durchgesehene Auflage 2024

Wir produzieren unsere Bücher mit großer Sorgfalt und Genauigkeit. Trotzdem lässt es sich nicht ausschließen, dass uns in Einzelfällen Fehler passieren. Unter www.stiebner.com/errata/2099-7.html finden Sie eventuelle Hinweise und Korrekturen zu diesem Titel. Möglicherweise sind die Korrekturen in Ihrer Ausgabe bereits ausgeführt, da wir vor jeder neuen Auflage bekannte Fehler korrigieren. Sollten Sie in diesem Buch einen Fehler finden, so bitten wir um einen Hinweis an verlag@stiebner.com. Für solche Hinweise sind wir sehr dankbar, denn sie helfen uns, unsere Bücher zu verbessern.

ISBN: 978-3-8307-2099-7
Druck: Neografia, Slowakei
www.stiebner.com

SASCHA BLASE-VAN WAGTENDONK

Socken

Häkeln für die ganze Familie

stiebner

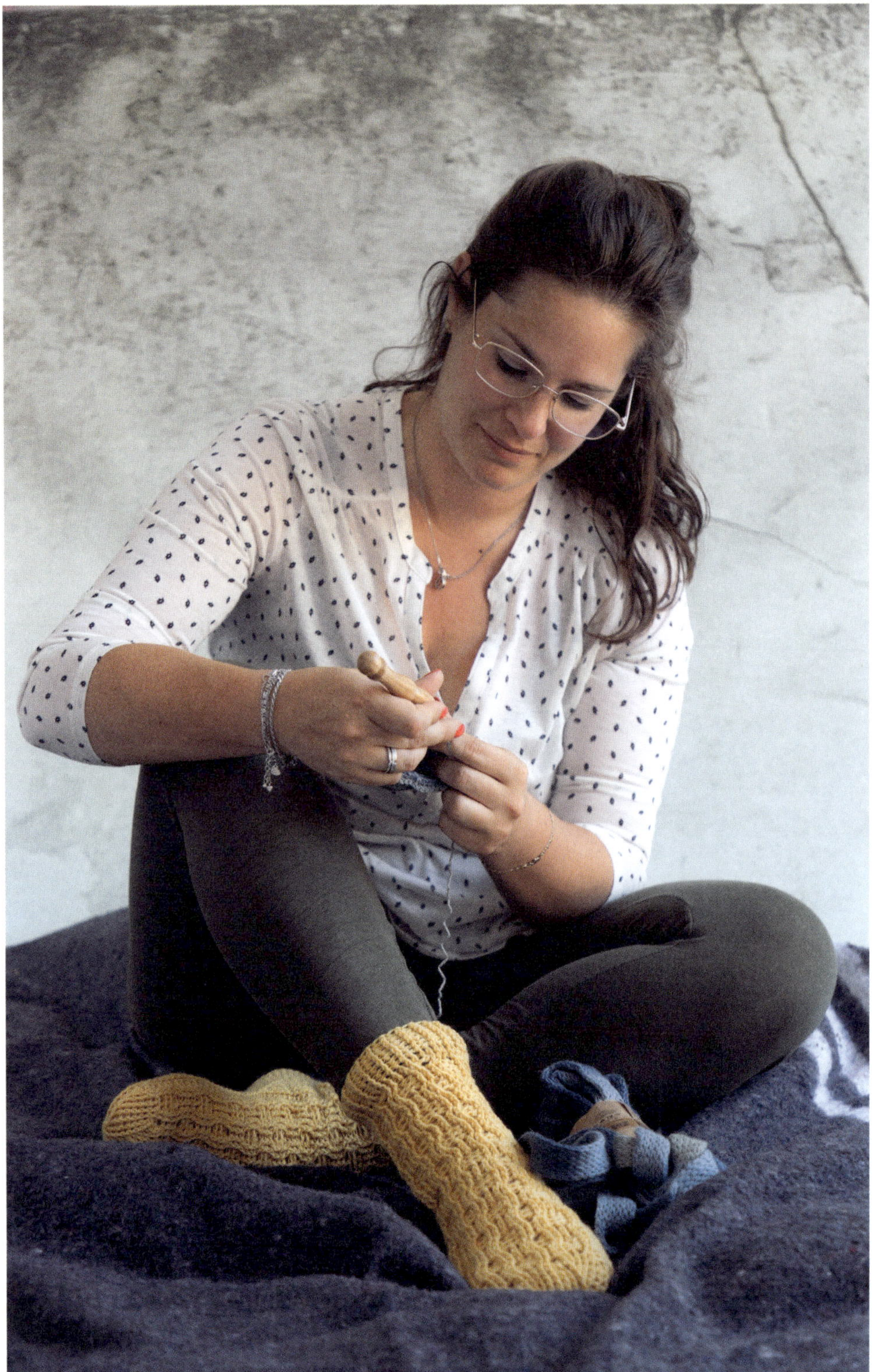

Wabenmustersocken S.112

VORWORT

Als ich letztes Jahr zur Geburt meines Sohnes von meiner Freundin Ans ein tolles Paar selbstgestrickter Socken bekam, kam mir direkt die Idee, dass man sie doch auch häkeln könnte. Ich hatte durchaus schon Socken gehäkelt, aber die wurden immer ziemlich steif und bei Weitem nicht so schön ...

Die Idee ging mir nicht mehr aus dem Kopf, und so fing ich an, Socken zu entwerfen. Ich probierte zahlreiche Varianten aus, bis ich das perfekte Muster entwickelt hatte: eine herrlich elastische Socke mit guter Passform, die auch noch klasse aussieht.
Noch schöner war es, mir die verschiedenen Varianten auszudenken und vor allem, sie zu häkeln, denn das macht einfach richtig Spaß!

Ich bin richtig stolz auf dieses Buch und hoffe sehr, dass du genauso viel Spaß beim Sockenhäkeln hast wie ich.

Alles Liebe, Sascha

INHALT

INHALT

Kapitel 1

Materialien

Häkelnadeln

Bei Häkelnadeln denken die meisten sicherlich an die dünnen Metallnadeln aus Großmutters Zeiten. Aber inzwischen gibt es unglaublich viele schöne und praktische Varianten! Es gibt eine Menge ergonomische Modelle, mit denen das Häkeln für die Hand angenehmer ist. Es lohnt sich auch, die zahlreichen Holzvarianten auszuprobieren.

Die meisten Häklerinnen ziehen entweder Metallnadeln oder Holznadeln vor, nur wenige verwenden beides. Holz ist etwas wärmer in der Hand, und das Garn haftet etwas besser daran, wohingegen eine Spitze aus Plastik oder Metall glatter ist und geschmeidiger durchs Garn gleitet. Etwas ganz Besonderes sind die handgemachten Häkelnadeln, wie sie unten zu sehen sind! Die eleganten, ergonomischen Häkelnadeln aus Holz hat Allan Marshall von Bowltech Crochet Hooks hergestellt, und die tollen rustikalen, handgeschnitzten Zweig-Häkelnadeln stammen von Jessica Kouwenhoven-Schild von studioforestfriends.

Maschenmarkierer ...
... sind sehr angenehm, um die Stellen zu markieren, an denen Maschen zu- oder abgenommen werden sollen, aber auch, um den Anfangs- oder Endpunkt zu kennzeichnen. Es gibt verschiedene Arten von Markierern aus Plastik oder Metall, aber mit einer Büroklammer oder einer Sicherheitsnadel geht es genauso gut.

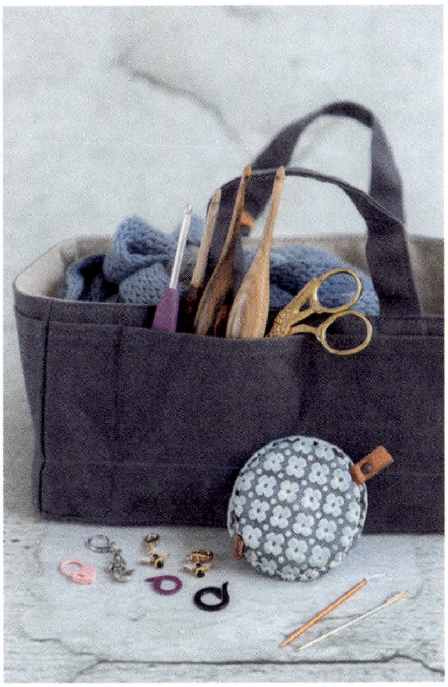

Wollnadel
Eine dicke Nadel mit großer Öse zum Fertigstellen der Socken.

Schere
Eine feine, scharfe Schere, um damit den Faden abzuschneiden.

Maßband
Unverzichtbar, um das Maschenverhältnis und eventuell die Größe damit ausmessen zu können.

Tasche oder Projektbeutel
Damit die Socken sauber und ordentlich bleiben, aber auch, um sie leicht mitnehmen zu können, denn Socken häkeln kann man überall!

Kapitel 2

Sockenwolle

Sockenwolle gibt es in unglaublich vielen Farben und Varianten. Alle Socken in diesem Buch wurden mit der am häufigsten verwendeten Stärke gehäkelt, nämlich 4-fädige Sockenwolle für Nadelstärke 2,5-3,5. Diese Stärke findet man fast immer bei Wollknäueln von 420 m/100 g oder 210 m/50 g. Im Folgenden gebe ich dir eine kurze Übersicht über die unterschiedlichen Eigenschaften.

Herkunft
Die meisten Sockengarne bestehen aus Schurwolle. Das bedeutet, dass die Wolle direkt vom lebenden Schaf geschoren wurde. Dieses Material hat die perfekten Eigenschaften für Socken! Es ist robust und verschleißfest, nimmt aber auch Feuchtigkeit auf und atmet. Andere tierische Materialien, die für Socken verwendet werden, sind Merinowolle vom Merinoschaf, Alpakawolle oder sogar Kaschmir für noch weichere und luxuriösere Socken. Zudem gibt es Baumwollsockengarn, das eine ganz andere Wirkung hat als die Schafwollvariante. Baumwolle trägt und verhäkelt sich sehr angenehm – damit sie elastisch wird, verarbeitet man sie auf eine spezielle Art mit Stretchmaterial. Dadurch werden die Maschen schön definiert, aber man muss sich schon an die Verwendung dieses Materials gewöhnen.

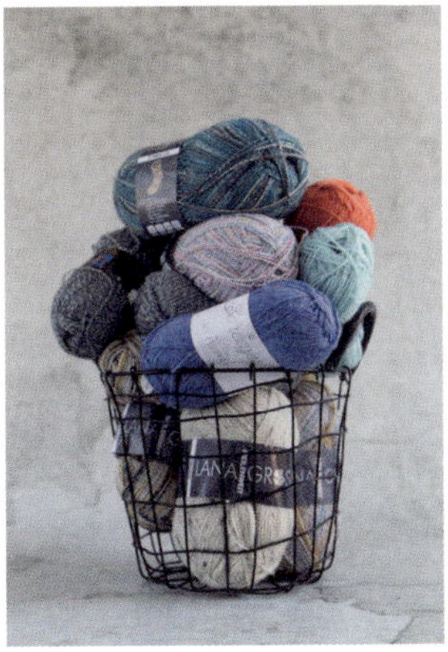

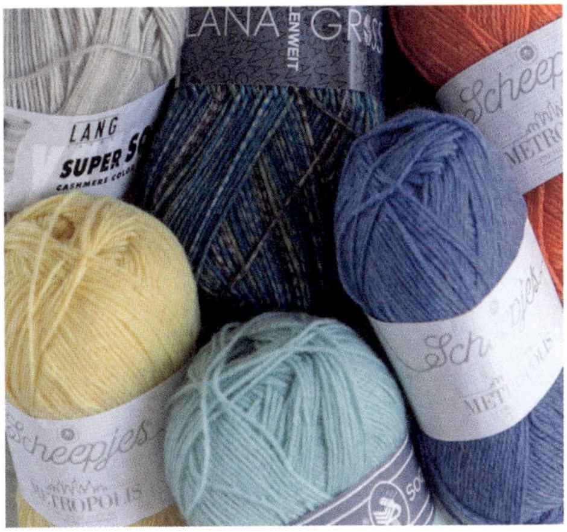

Aussehen
Die Sockenwollknäuel sehen oft schon so schön aus, dass das für einen Fan Grund genug ist, sie zu kaufen. Selbstverständlich kannst du auch mit einfarbigen Garnen tolle Farbmuster häkeln, aber es gibt auch Knäuel zu kaufen, in die das Farbmuster bereits eingearbeitet wurde. Angeboten werden zum Beispiel mehrfarbige Garne mit einem sehr kurzen Verlauf, der sich vor allem für einfache Modelle wie die Katzenaugen- oder Gürteltiersocken eignet, aber auch lange Verläufe, die sich für kompliziertere Modelle wie etwa die Goldfisch- oder die Kaffeebohnensocken eignen.

Außerdem liebe ich Garne mit leichter Schattierung im Faden sowie Tweedgarn. Diese Varianten sind einfarbig und lassen dein Muster gut zur Geltung kommen, verleihen ihm aber auch das kleine bisschen zusätzliche Tiefe!

Kapitel 3

Größen und Verhältnisse

GRÖSSE AUSWÄHLEN

Am besten wählt man die Sockengröße anhand der Größe des Fußes oder der Schuhgröße. Wenn du beides nicht weißt, kannst du auch vom Alter ausgehen – es ist aber nicht jeder Fuß gleich groß. Die Socken in diesem Buch fallen groß aus. Wenn du zwischen zwei Größen schwankst, empfehle ich dir, die kleinere zu wählen. Es lässt sich für jede Größe ein Modell finden! Bei einigen Socken gibt es nicht für alle Größen eine Anleitung; die verfügbaren Größen findest du jeweils beim Modell.

	Schuhgröße	Fußlänge bis	Fußumfang bis
0-6 Monate	15-19	12 cm	10 cm
12-24 Monate	20-24	15 cm	12,5 cm
3-5 Jahre	25-29	18 cm	15 cm
6-10 Jahre	30-34	21 cm	17,5 cm
Small	35-39	24 cm	20 cm
Medium	40-44	27 cm	22,5 cm
Large	45-49	30 cm	25 cm

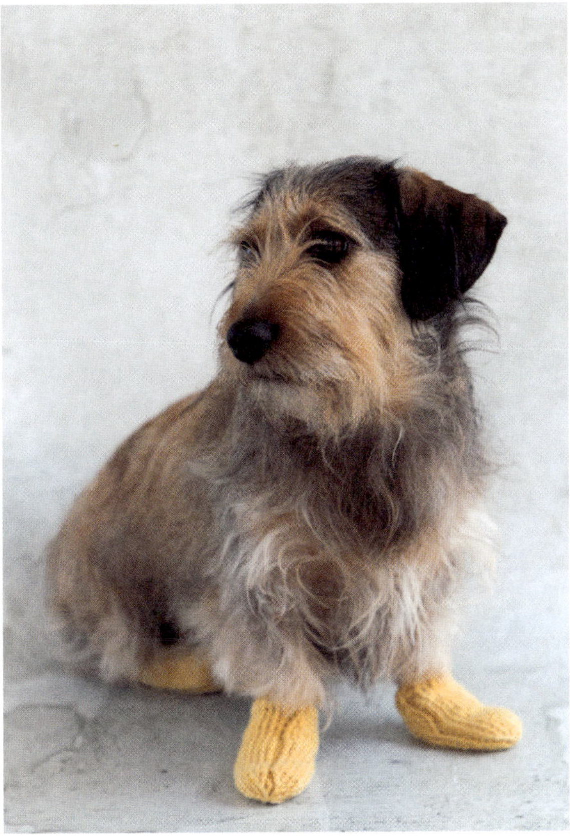

MASCHENPROBE

Das ist ganz wichtig! Um das Maschenverhältnis zu überprüfen, kannst du schon zuvor eine Maschenprobe häkeln, oder du prüfst zumindest während des Häkelns, ob das Maschenverhältnis stimmt. Wenn es nicht passt, nimmst du eine Häkelnadel mit einer anderen Stärke. Sind es mehr Maschen als im Verhältnis unten angegeben, nimmst du eine größere Häkelnadel (4,5 mm), sind es weniger Maschen, nimmst du eine kleinere Häkelnadel (3,5 mm).

Das Verhältnis beträgt: 2 cm ist gleich 4 Rnd hoch/2 cm ist gleich 5 vRStb oder hRStb breit.

Du kannst die Größe auch überprüfen, nachdem du einige Runden des Schafts gehäkelt hast. Dafür solltest du dich an folgendes Schema halten:

	Schuhgröße	**Breite** (flach gemessen)	**Länge** (flach gemessen ab der Zehenspitze)
0-6 Monate	15-19	Runde 8: ± 5-6 cm	Runde 8: ± 4 cm
12-24 Monate	20-24	Runde 12: ± 6-7 cm	Runde 12: ± 6 cm
3-5 Jahre	25-29	Runde 16: ± 7-8 cm	Runde 16: ± 8 cm
6-10 Jahre	30-34	Runde 20: ± 8-9 cm	Runde 20: ± 10 cm
Small	35-39	Runde 24: ± 9-10 cm	Runde 24: ±12 cm
Medium	40-44	Runde 28: ± 10-11 cm	Runde 28: ±14 cm
Large	45-49	Runde 32: ± 11-12 cm	Runde 32: ±16 cm

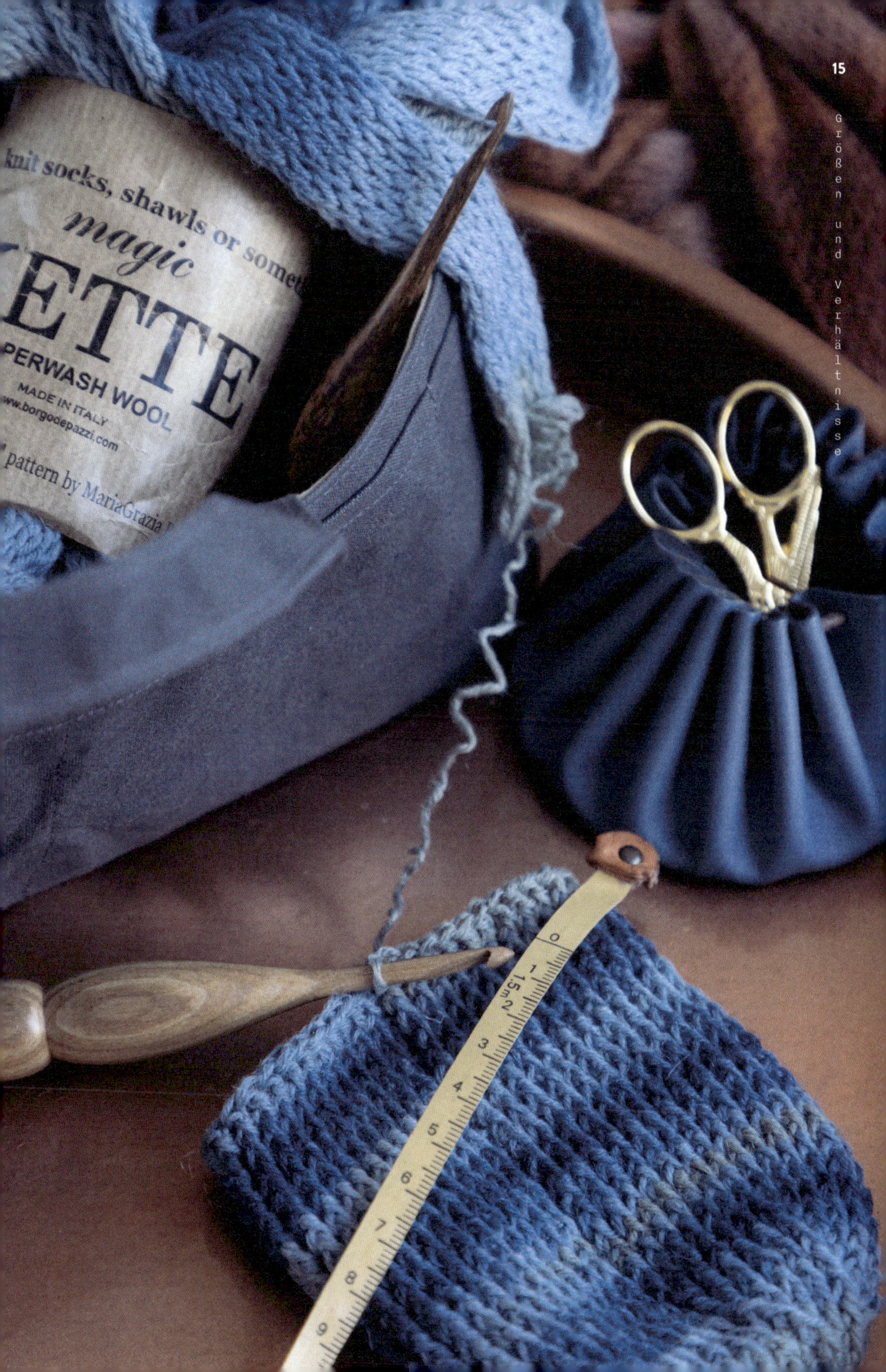
knit socks, shawls or
magic
MADE IN ITALY
pattern by MariaGrazia

Kapitel 4

Häkelmaschen

FADENRING

Mit dem Garn eine Schlaufe bilden, indem du das lose Ende des Garns als Schlinge hinter dem Faden entlang ziehst, der am Knäuel festhängt. Dann mit der Häkelnadel in den Ring stechen. Jetzt die Häkelnadel unter dem Faden durchführen, sodass ein Umschlag auf der Häkelnadel liegt. Den Umschlag durch den Ring ziehen und eine Luftmasche häkeln, um den Ring zu fixieren. Danach so viele Maschen in den Ring häkeln, wie im Modell angegeben. Achte dabei darauf, dass du sowohl um die Fäden des Rings als auch um das lose Ende des Fadens herum häkelst. Wenn die gewünschte Anzahl von Maschen erreicht ist, das lose Ende straff anziehen, um den Ring zu schließen. Danach gemäß dem Muster weiterhäkeln.

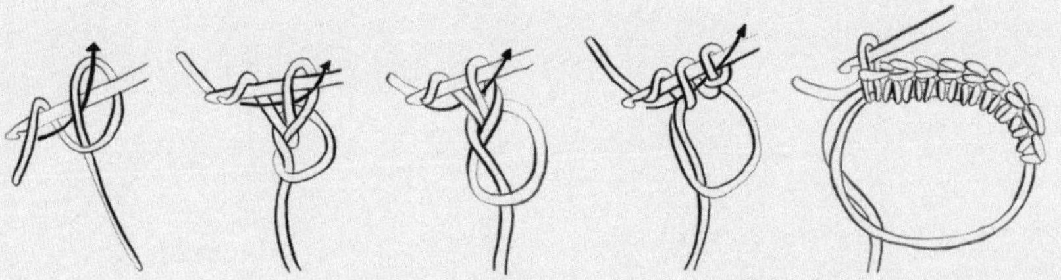

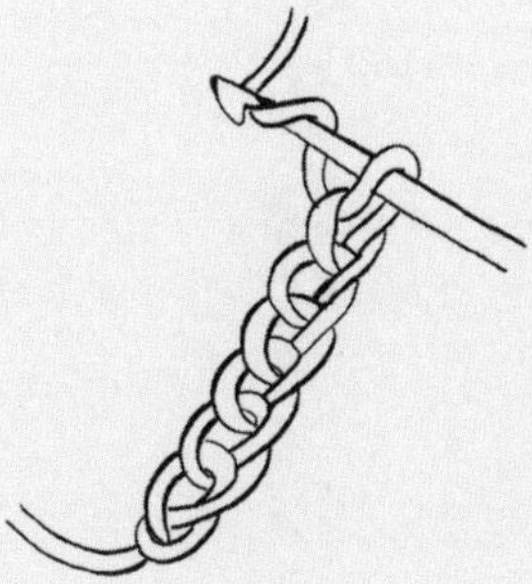

LUFTMASCHE (Lm)

Auf der Häkelnadel liegt eine angeschlagene Kette (oder eine andere Masche). Mit der Häkelnadel unter dem Faden durchstechen, sodass sich ein Umschlag auf der Häkelnadel befindet. Nun den Umschlag durch die Schlaufe auf der Nadel ziehen, und schon hast du eine Luftmasche gehäkelt.

HALBE FESTE MASCHE (hfM)

Mit der Häkelnadel von vorne nach hinten in die Masche hinein und unter dem Faden durchstechen, sodass ein Umschlag auf der Häkelnadel liegt. Jetzt den Umschlag durch die zwei Schlaufen auf der Nadel ziehen, und schon hast du eine halbe feste Masche gehäkelt.

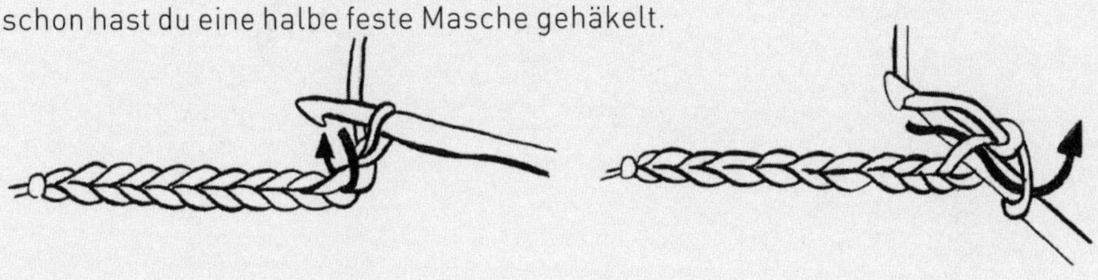

FESTE MASCHE (Fm)

Mit der Häkelnadel von vorne nach hinten in die Masche hinein und unter dem Faden durchstechen, sodass ein Umschlag auf der Häkelnadel liegt. Jetzt den Umschlag durch die Masche ziehen. Erneut einen Umschlag bilden und durch die zwei Schlaufen auf der Nadel ziehen, und schon hast du eine feste Masche gehäkelt.

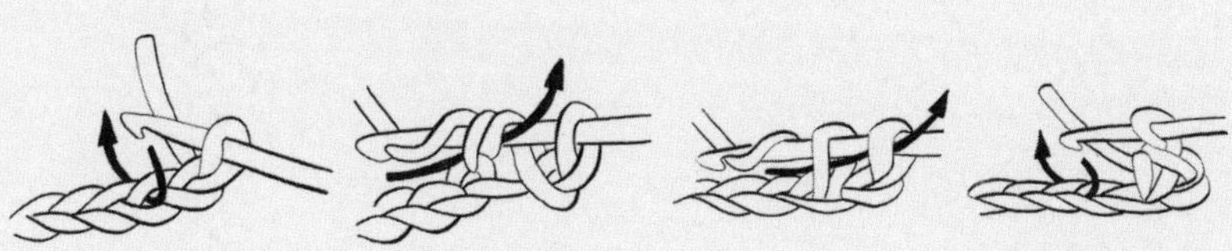

HALBES STÄBCHEN (hStb)

Mit der Häkelnadel unter dem Faden durchstechen, sodass sich ein Umschlag auf der Häkelnadel befindet. Mit der Häkelnadel von vorne nach hinten in die Masche einstechen, einen Umschlag bilden und den Umschlag durch die Masche ziehen. Erneut einen Umschlag bilden und durch die drei Schlaufen auf der Nadel ziehen – schon hast du ein halbes Stäbchen gehäkelt.

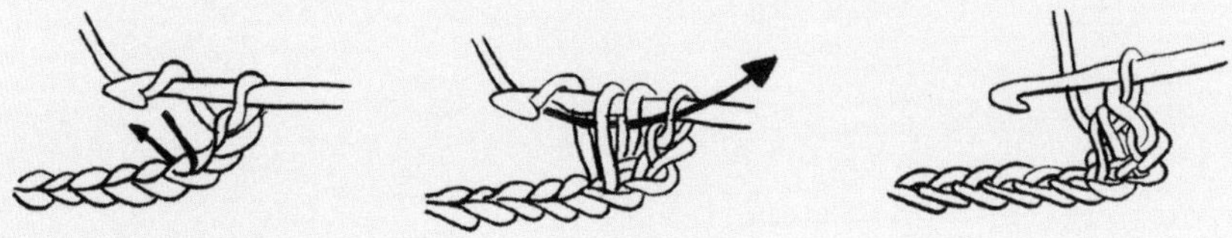

STÄBCHEN (Stb)

Mit der Häkelnadel unter dem Faden durchstechen, sodass sich ein Umschlag auf der Häkelnadel befindet. Mit der Häkelnadel von vorne nach hinten in die Masche einstechen, einen Umschlag bilden und den Umschlag durch die Masche ziehen. Erneut einen Umschlag bilden und durch zwei der Schlaufen auf der Nadel durchziehen. Danach noch einen Umschlag bilden und durch die letzten beiden Schlaufen auf der Nadel ziehen – schon hast du ein Stäbchen gehäkelt.

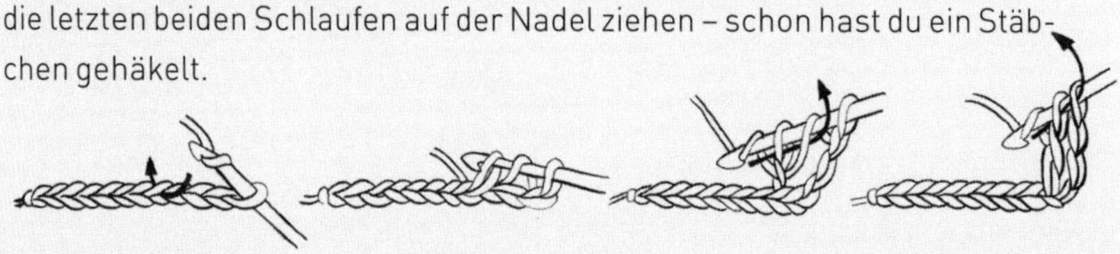

DOPPELTES STÄBCHEN (dStb)

Die Häkelnadel zweimal unter dem Faden durchstechen, sodass sich zwei Umschläge auf der Häkelnadel befinden. Mit der Häkelnadel von vorne nach hinten in die Masche einstechen, einen Umschlag bilden und ihn durch die Masche ziehen, *einen weiteren Umschlag bilden, diesen durch die ersten beiden Schlaufen auf der Nadel* ziehen und von * bis * zweimal wiederholen – schon hast du ein doppeltes Stäbchen gehäkelt.

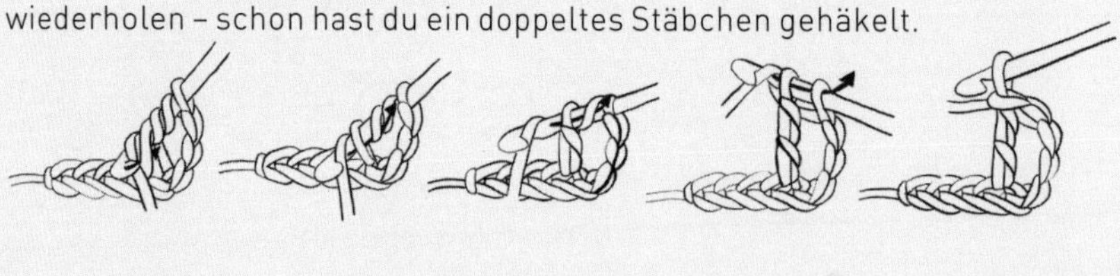

RELIEFSTÄBCHEN

Vorderes Reliefstäbchen (vRStb)

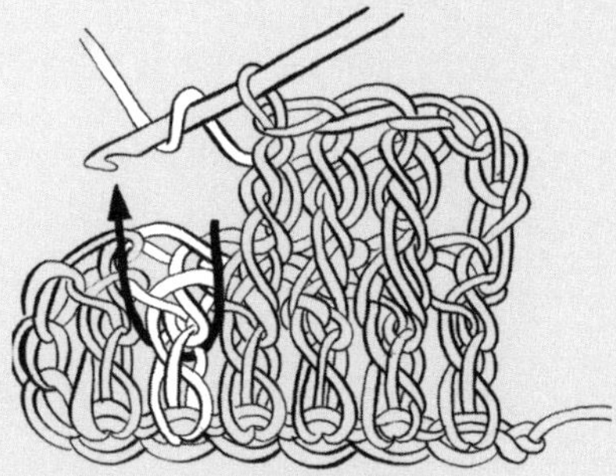

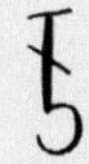

Dieses Stäbchen wird wie ein normales Stäbchen gehäkelt; nur dass man statt in die Masche zu stechen von vorne nach hinten und wieder nach vorne UM die darunterliegende Masche HERUM sticht. Du kannst dir das auch hier ansehen: https://youtu.be/mjZGl4iwG5w

Hinteres Reliefstäbchen (hRStb)

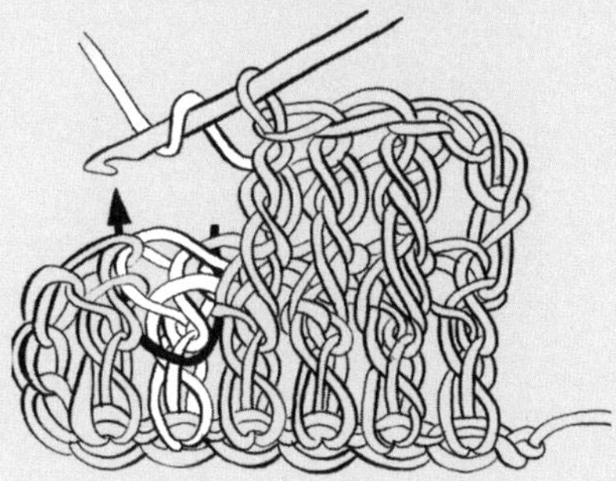

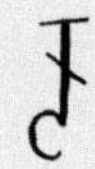

Dieses Stäbchen wird wie ein normales Stäbchen gehäkelt; nur dass man statt in die Masche zu stechen von hinten nach vorne und wieder nach hinten UM die darunterliegende Masche HERUM sticht. Siehe: https://youtu.be/q9s7HJixMOo

Halbes vorderes Reliefstäbchen (hvRStb)

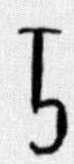

Dieses Stäbchen wird genauso wie ein normales halbes Stäbchen gehäkelt; nur dass man statt in die Masche zu stechen von vorne nach hinten und wieder nach vorne UM die darunterliegende Masche HERUM sticht.

Halbes hinteres Reliefstäbchen (hhRStb)

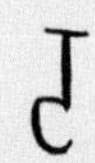

Dieses Stäbchen wird genauso wie ein normales halbes Stäbchen gehäkelt; nur dass man statt in die Masche zu stechen von hinten nach vorne und wieder nach hinten UM die darunterliegende Masche HERUM sticht.

Doppeltes vorderes Reliefstäbchen (dvRStb)

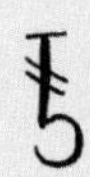

Dieses Stäbchen wird genauso wie ein normales doppeltes Stäbchen gehäkelt; nur dass man statt in die Masche zu stechen von vorne nach hinten und wieder nach vorne UM die darunterliegende Masche HERUM sticht.

Doppeltes hinteres Reliefstäbchen (dhRStb)

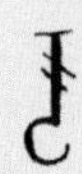

Dieses Stäbchen wird genauso wie ein normales doppeltes Stäbchen gehäkelt; nur dass man statt in die Masche zu stechen von hinten nach vorne und wieder nach hinten UM die darunterliegende Masche HERUM sticht.

Kapitel 5

Modelle

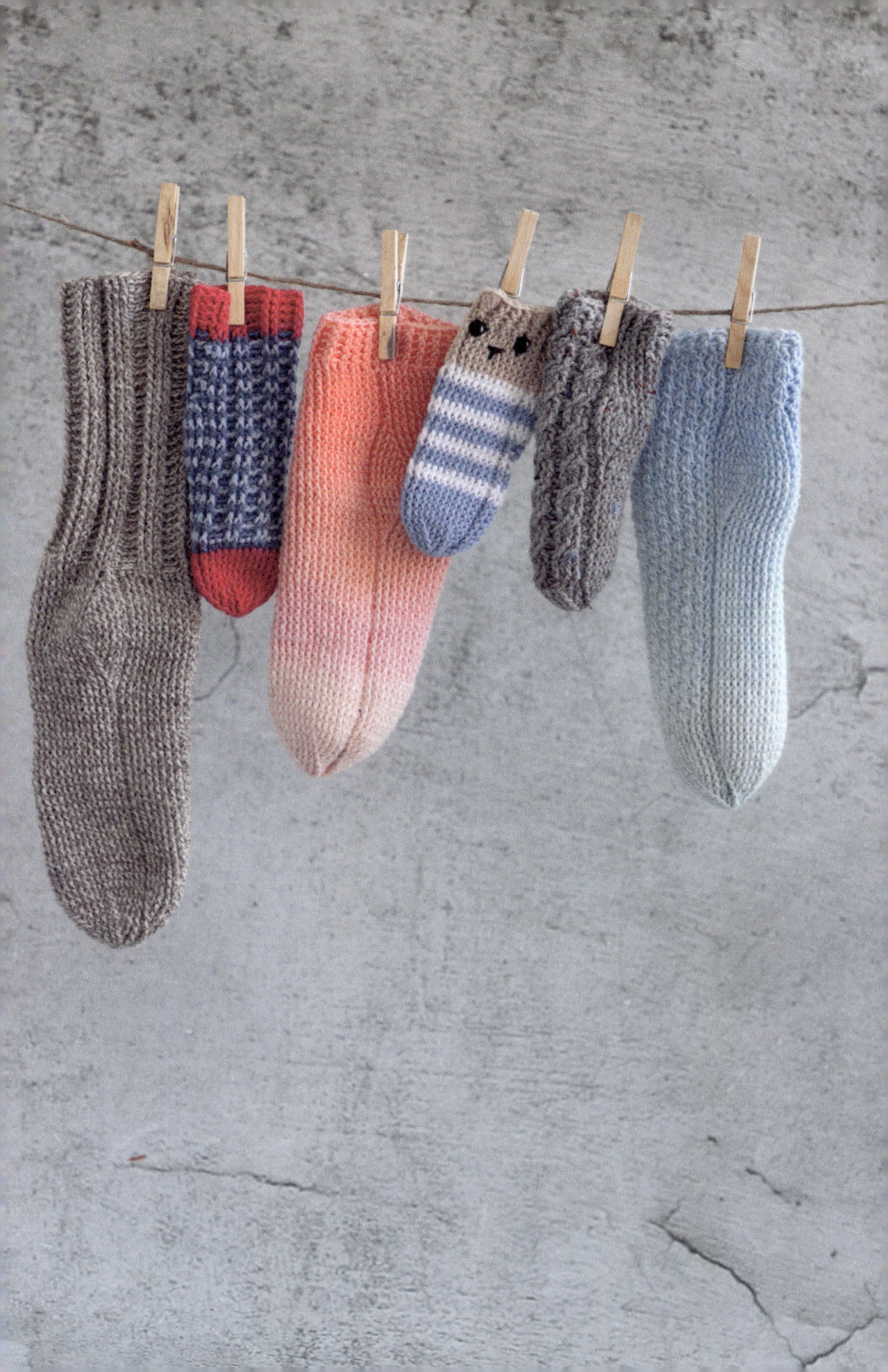

Katzenauge

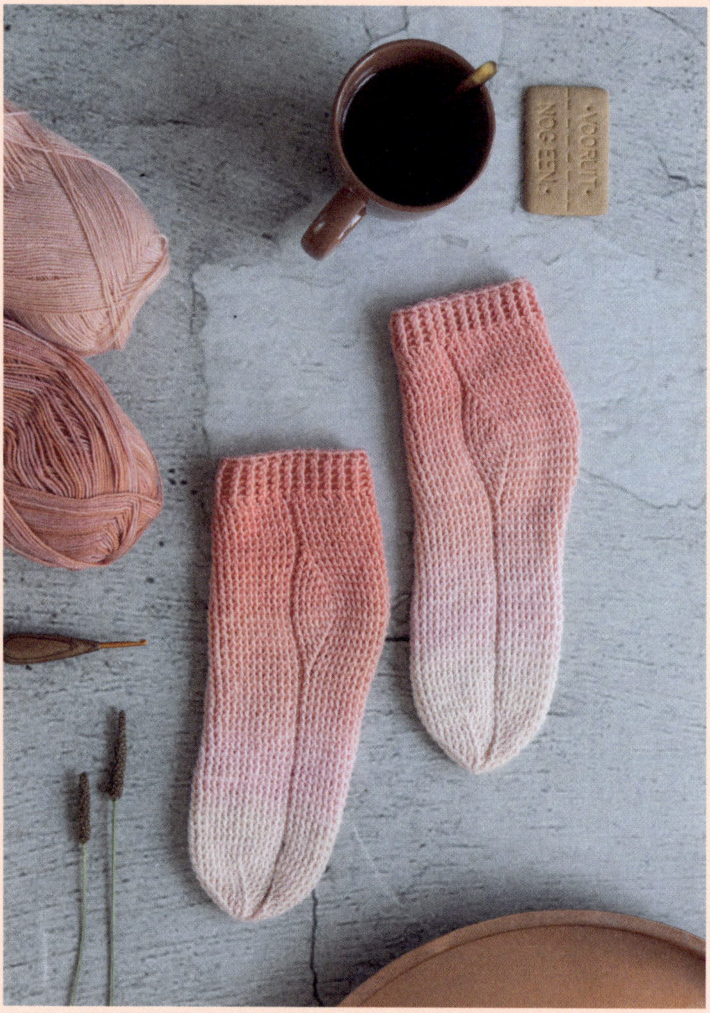

Schwierigkeitsgrad: 2 von 5

DIE KATZENAUGENSOCKE IST DAS ERSTE MODELL UND GLEICHZEITIG DAS BASISMODELL IN DIESEM BUCH. EIN HERRLICHER ANFANG UND PERFEKT FÜR SOCKENWOLLE IN JEDER FARBVARIANTE.

Für die Wahl der richtigen Größe siehe Seite 13.

MATERIALIEN

Sockenwolle für Nadelstärke 2,5-3,5.
Ich habe folgende Garne verwendet:

Blau Durable Soqs (50 g/210 m), Farbe: 289

Koralle Lang Yarns Jawoll twin (50 g/210 m), Farbe: 504

Häkelnadel 4 mm
Für die Wahl der richtigen Häkelnadel siehe: Maschenprobe S. 14.

Geschätzter Materialbedarf

0-6: 210 m, 12-24: 210 m, 3-5: 420 m, 6-10: 420 m, Small: 420 m, Medium: 630 m, Large: 630 m

ABKÜRZUNGEN

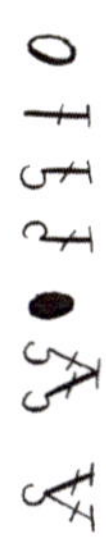

Abkürzung	Bedeutung
Lm	Luftmasche
Stb	Stäbchen
vRStb	Vorderes Reliefstäbchen
hRStb	Hinteres Reliefstäbchen
hfM	Halbe feste Masche
vRStb zus	Vorderes Reliefstäbchen zusammenhäkeln
2vRStb inf	2 vordere Reliefstäbchen in die folgende Masche

GRÖSSE: 0-6 MONATE

R1 Mit einem Fadenring anfangen, 2 Lm (die ersten 2 Lm zählen im gesamten Modell nicht als erstes Stb), 6 Stb in den Ring häkeln, 1 hfM ins erste Stb (6)

R2 2 Lm, 2 vRStb in jedes Stb rundum, 1 hfM ins erste vRStb (12)

R3 2 Lm, *1 vRStb, 2 vRStb inf*, noch 2x von * bis * wiederholen, 1 hStb, 2 vRStb inf, noch 2x von * bis * wiederholen, 1 hfM ins erste vRStb (18)

R4 2 Lm, *2 vRStb, 2 vRStb inf*, noch 2x von * bis * wiederholen, 1 hStb, 1 vRStb, 2 vRStb inf, noch 2x von * bis * wiederholen, 1 hfM ins erste vRStb (24)

R5-12 2 Lm, 12 vRStb, 1 hStb, 11 vRStb, 1 hfM ins erste vRStb (24)

R13 2 Lm, 2 vRStb inf, 10 vRStb, 2 vRStb inf, 1 hStb, 11 vRStb, 1 hfM ins erste vRStb (26)

R14 2 Lm, 1 vRStb, 2 vRStb inf, 10 vRStb, 2 vRStb inf, 1 vRStb, 1 hStb, 11 vRStb, 1 hfM ins erste vRStb (28)

R15 2 Lm, 2 vRStb, 2 vRStb inf, 10 vRStb, 2 vRStb inf, 2 vRStb, 1 hStb, 11 vRStb, 1 hfM ins erste vRStb (30)

R16 2 Lm, 2 vRStb, 2 vRStb zus, 10 vRStb, 2 vRStb zus, 2 vRStb, 1 hStb, 11 vRStb, 1 hfM ins erste vRStb (28)

R17 2 Lm, 1 vRStb, 2 vRStb zus, 10 vRStb, 2 vRStb zus, 1 vRStb, 1 hStb, 11 vRStb, 1 hfM ins erste vRStb (26)

R18 2 Lm, 2 vRStb zus, 10 vRStb, 2 vRStb zus, 1 hStb, 11 vRStb, 1 hfM ins erste vRStb (24)

R19-21 2 Lm, 12 vRStb, 1 hStb, 11 vRStb, 1 hfM ins erste vRStb (24)

R22-24 2 Lm, *1 vRStb, 1 hRStb*, von * bis * rundum wiederholen, 1 hfM ins erste vRStb (24)
Abketteln, Fadenenden verstecken.

GRÖSSE: 12-24 MONATE

R1 Mit einem Fadenring anfangen, 2 Lm (die ersten 2 Lm zählen im gesamten Modell nicht als erstes Stb), 6 Stb in den Ring häkeln, 1 hfM ins erste Stb (6)

R2 2 Lm, 2 vRStb in jedes Stb rundum, 1 hfM ins erste vRStb (12)

R3 2 Lm, *1 vRStb, 2 vRStb inf*, noch 2x von * bis * wiederholen, 1 hStb, 2 vRStb inf, noch 2x von * bis * wiederholen, 1 hfM ins erste vRStb (18)

R4 2 Lm, *2 vRStb, 2 vRStb inf*, noch 2x von * bis * wiederholen, 1 hStb, 1 vRStb, 2 vRStb inf, noch 2x von * bis * wiederholen, 1 hfM ins erste vRStb (24)

R5 2 Lm, *3 vRStb, 2 vRStb inf*, noch 2x von * bis * wiederholen, 1 hStb, 2 vRStb, 2 vRStb inf, noch 2x von * bis * wiederholen, 1 hfM ins erste vRStb (30)

R6-17 2 Lm, 15 vRStb, 1 hStb, 14 vRStb, 1 hfM ins erste vRStb (30)

R18 2 Lm, 2 vRStb inf, 13 vRStb, 2 vRStb inf, 1 hStb, 14 vRStb, 1 hfM ins erste vRStb (32)

R19 2 Lm, 1 vRStb, 2 vRStb inf, 13 vRStb, 2 vRStb inf, 1 vRStb, 1 hStb, 14 vRStb, 1 hfM ins erste vRStb (34)

R20 2 Lm, 2 vRStb, 2 vRStb inf, 13 vRStb, 2 vRStb inf, 2 vRStb, 1 hStb, 14 vRStb, 1 hfM ins erste vRStb (36)

R21 2 Lm, 3 vRStb, 2 vRStb inf, 13 vRStb, 2 vRStb inf, 3 vRStb, 1 hStb, 14 vRStb, 1 hfM ins erste vRStb (38)

R22 2 Lm, 3 vRStb, 2 vRStb zus, 13 vRStb, 2 vRStb zus, 3 vRStb, 1 hStb, 14 vRStb, 1 hfM ins erste vRStb (36)

R23 2 Lm, 2 vRStb, 2 vRStb zus, 13 vRStb, 2 vRStb zus, 2 vRStb, 1 hStb, 14 vRStb, 1 hfM ins erste vRStb (34)

R24 2 Lm, 1 vRStb, 2 vRStb zus, 13 vRStb, 2 vRStb zus, 1 vRStb, 1 hStb, 14 vRStb, 1 hfM ins erste vRStb (32)

R25 2 Lm, 2 vRStb zus, 13 vRStb, 2 vRStb zus, 1 hStb, 14 vRStb, 1 hfM ins erste vRStb (30)

R26-28 2 Lm, 15 vRStb, 1 hStb, 14 vRStb, 1 hfM ins erste vRStb (30)
R29-31 2 Lm, *1 vRStb, 1 hRStb*, von * bis * rundum wiederholen, 1 hfM ins erste vRStb (30)
Abketteln, Fadenenden verstecken.

GRÖSSE: 3-5 JAHRE

R1 Mit einem Fadenring anfangen, 2 Lm (die ersten 2 Lm zählen im gesamten Modell nicht als erstes Stb), 6 Stb in den Ring häkeln, 1 hfM ins erste Stb (6)
R2 2 Lm, 2 vRStb in jedes Stb rundum, 1 hfM ins erste vRStb (12)
R3 2 Lm, *1 vRStb, 2 vRStb inf*, noch 2x von * bis * wiederholen, 1 hStb, 2 vRStb inf, noch 2x von * bis * wiederholen, 1 hfM ins erste vRStb (18)
R4 2 Lm, *2 vRStb, 2 vRStb inf*, noch 2x von * bis * wiederholen, 1 hStb, 1 vRStb, 2 vRStb inf, noch 2x von * bis * wiederholen, 1 hfM ins erste vRStb (24)
R5 2 Lm, *3 vRStb, 2 vRStb inf*, noch 2x von * bis * wiederholen, 1 hStb, 2 vRStb, 2 vRStb inf, noch 2x von * bis * wiederholen, 1 hfM ins erste vRStb (30)
R6 2 Lm, *4 vRStb, 2 vRStb inf*, noch 2x von * bis * wiederholen, 1 hStb, 3 vRStb, 2 vRStb inf, noch 2x von * bis * wiederholen, 1 hfM ins erste vRStb (36)
R7-22 2 Lm, 18 vRStb, 1 hStb, 17 vRStb, 1 hfM ins erste vRStb (36)
R23 2 Lm, 2 vRStb inf, 16 vRStb, 2 vRStb inf, 1 hStb, 17 vRStb, 1 hfM ins erste vRStb (38)
R24 2 Lm, 1 vRStb, 2 vRStb inf, 16 vRStb, 2 vRStb inf, 1 vRStb, 1 hStb, 17 vRStb, 1 hfM ins erste vRStb (40)
R25 2 Lm, 2 vRStb, 2 vRStb inf, 16 vRStb, 2 vRStb inf, 2 vRStb, 1 hStb, 17 vRStb, 1 hfM ins erste vRStb (42)
R26 2 Lm, 3 vRStb, 2 vRStb inf, 16 vRStb, 2 vRStb inf, 3 vRStb, 1 hStb, 17 vRStb, 1 hfM ins erste vRStb (44)
R27 2 Lm, 4 vRStb, 2 vRStb inf, 16 vRStb, 2 vRStb inf, 4 vRStb, 1 hStb, 17 vRStb, 1 hfM ins erste vRStb (46)
R28 2 Lm, 4 vRStb, 2 vRStb zus, 16 vRStb, 2 vRStb zus, 4 vRStb, 1 hStb, 17 vRStb, 1 hfM ins erste vRStb (44)
R29 2 Lm, 3 vRStb, 2 vRStb zus, 16 vRStb, 2 vRStb zus, 3 vRStb, 1 hStb, 17 vRStb, 1 hfM ins erste vRStb (42)
R30 2 Lm, 2 vRStb, 2 vRStb zus, 16 vRStb, 2 vRStb zus, 2 vRStb, 1 hStb, 17 vRStb, 1 hfM ins erste vRStb (40)
R31 2 Lm, 1 vRStb, 2 vRStb zus, 16 vRStb, 2 vRStb zus, 1 vRStb, 1 hStb, 17 vRStb, 1 hfM ins erste vRStb (38)
R32 2 Lm, 2 vRStb zus, 16 vRStb, 2 vRStb zus, 1 hStb, 17 vRStb, 1 hfM ins erste vRStb (36)
R33-37 2 Lm, 18 vRStb, 1 hStb, 17 vRStb, 1 hfM ins erste vRStb (36)
R38-41 2 Lm, *1 vRStb, 1 hRStb*, von * bis * rundum wiederholen, 1 hfM ins erste vRStb (36)
Abketteln, Fadenenden verstecken.

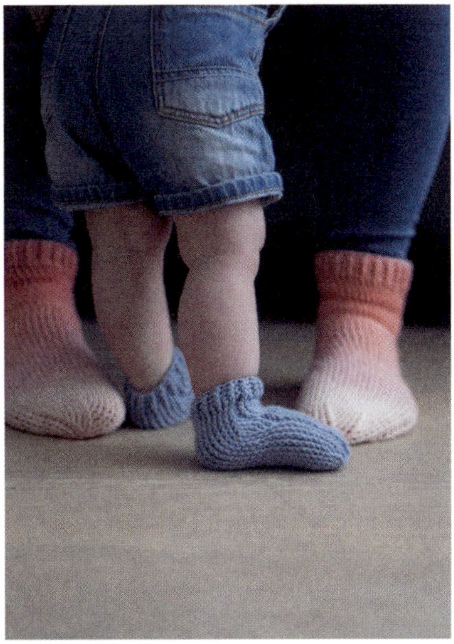

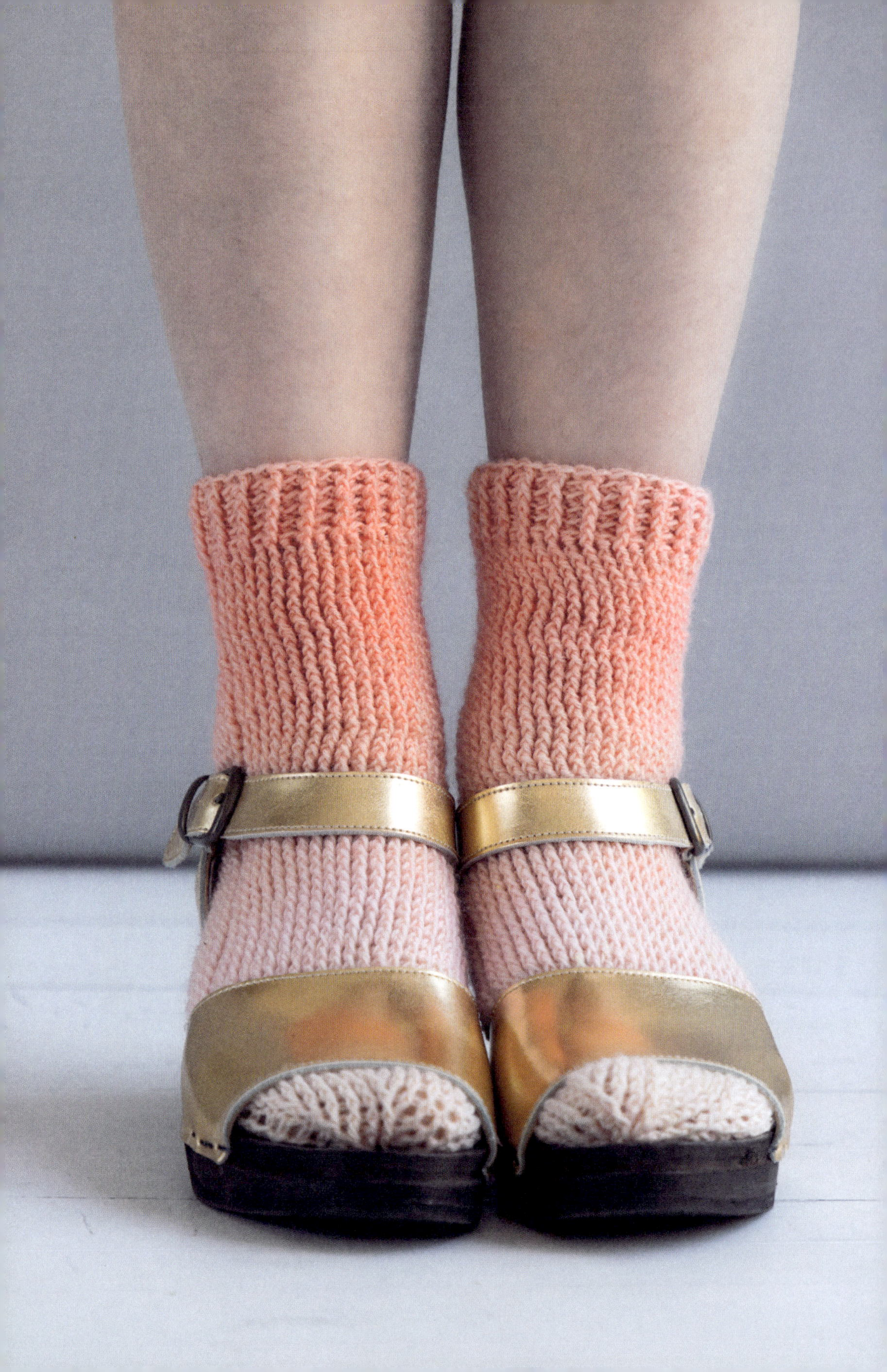

GRÖSSE: 6-10 JAHRE

R1 Mit einem Fadenring anfangen, 2 Lm (die ersten 2 Lm zählen im gesamten Modell nicht als erstes Stb), 6 Stb in den Ring häkeln, 1 hfM ins erste Stb (6)

R2 2 Lm, 2 vRStb in jedes Stb rundum, 1 hfM ins erste vRStb (12)

R3 2 Lm, *1 vRStb, 2 vRStb inf*, noch 2x von * bis * wiederholen, 1 hStb, 2 vRStb inf, noch 2x von * bis * wiederholen, 1 hfM ins erste vRStb (18)

R4 2 Lm, *2 vRStb, 2 vRStb inf*, noch 2x von * bis * wiederholen, 1 hStb, 1 vRStb, 2 vRStb inf, noch 2x von * bis * wiederholen, 1 hfM ins erste vRStb (24)

R5 2 Lm, *3 vRStb, 2 vRStb inf*, noch 2x von * bis * wiederholen, 1 hStb, 2 vRStb, 2 vRStb inf, noch 2x von * bis * wiederholen, 1 hfM ins erste vRStb (30)

R6 2 Lm, *4 vRStb, 2 vRStb inf*, noch 2x von * bis * wiederholen, 1 hStb, 3 vRStb, 2 vRStb inf, noch 2x von * bis * wiederholen, 1 hfM ins erste vRStb (36)

R7 2 Lm, *5 vRStb, 2 vRStb inf*, noch 2x von * bis * wiederholen, 1 hStb, 4 vRStb, 2 vRStb inf, noch 2x von * bis * wiederholen, 1 hfM ins erste vRStb (42)

R8-27 2 Lm, 21 vRStb, 1 hStb, 20 vRStb, 1 hfM ins erste vRStb (42)

R28 2 Lm, 2 vRStb inf, 19 vRStb, 2 vRStb inf, 1 hStb, 20 vRStb, 1 hfM ins erste vRStb (44)

R29 2 Lm, 1 vRStb, 2 vRStb inf, 19 vRStb, 2 vRStb inf, 1 vRStb, 1 hStb, 20 vRStb, 1 hfM ins erste vRStb (46)

R30 2 Lm, 2 vRStb, 2 vRStb inf, 19 vRStb, 2 vRStb inf, 2 vRStb, 1 hStb, 20 vRStb, 1 hfM ins erste vRStb (48)

R31 2 Lm, 3 vRStb, 2 vRStb inf, 19 vRStb, 2 vRStb inf, 3 vRStb, 1 hStb, 20 vRStb, 1 hfM ins erste vRStb (50)

R32 2 Lm, 4 vRStb, 2 vRStb inf, 19 vRStb, 2 vRStb inf, 4 vRStb, 1 hStb, 20 vRStb, 1 hfM ins erste vRStb (52)

R33 2 Lm, 5 vRStb, 2 vRStb inf, 19 vRStb, 2 vRStb inf, 5 vRStb, 1 hStb, 20 vRStb, 1 hfM ins erste vRStb (54)

R34 2 Lm, 5 vRStb, 2 vRStb zus, 19 vRStb, 2 vRStb zus, 5 vRStb, 1 hStb, 20 vRStb, 1 hfM ins erste vRStb (52)

R35 2 Lm, 4 vRStb, 2 vRStb zus, 19 vRStb, 2 vRStb zus, 4 vRStb, 1 hStb, 20 vRStb, 1 hfM ins erste vRStb (50)

R36 2 Lm, 3 vRStb, 2 vRStb zus, 19 vRStb, 2 vRStb zus, 3 vRStb, 1 hStb, 20 vRStb, 1 hfM ins erste vRStb (48)

R37 2 Lm, 2 vRStb, 2 vRStb zus, 19 vRStb, 2 vRStb zus, 2 vRStb, 1 hStb, 20 vRStb, 1 hfM ins erste vRStb (46)

R38 2 Lm, 1 vRStb, 2 vRStb zus, 19 vRStb, 2 vRStb zus, 1 vRStb, 1 hStb, 20 vRStb, 1 hfM ins erste vRStb (44)

R39 2 Lm, 2 vRStb zus, 19 vRStb, 2 vRStb zus, 1 hStb, 20 vRStb, 1 hfM ins erste vRStb (42)

R40-45 2 Lm, 21 vRStb, 1 hStb, 20 vRStb, 1 hfM ins erste vRStb (42)

R46-51 2 Lm, *1 vRStb, 1 hRStb*, von * bis * rundum wiederholen, 1 hfM ins erste vRStb (42)
Abketteln, Fadenenden verstecken.

GRÖSSE: SMALL

R1 Mit einem Fadenring anfangen, 2 Lm (die ersten 2 Lm zählen im gesamten Modell nicht als erstes Stb), 6 Stb in den Ring häkeln, 1 hfM ins erste Stb (6)

R2 2 Lm, 2 vRStb in jedes Stb rundum, 1 hfM ins erste vRStb (12)

R3 2 Lm, *1 vRStb, 2 vRStb inf*, noch 2x von * bis * wiederholen, 1 hStb, 2 vRStb inf, von * bis * noch 2x wiederholen, 1 hfM ins erste vRStb (18)

R4 2 Lm, *2 vRStb, 2 vRStb inf*, von * bis * noch 2x wiederholen, 1 hStb, 1 vRStb, 2 vRStb inf, noch 2x von * bis * wiederholen, 1 hfM ins erste vRStb (24)

R5 2 Lm, *3 vRStb, 2 vRStb inf*, noch 2x von * bis * wiederholen, 1 hStb, 2 vRStb, 2 vRStb inf, noch 2x von * bis * wiederholen, 1 hfM ins erste vRStb (30)

R6 2 Lm, *4 vRStb, 2 vRStb inf*, noch 2x von * bis * wiederholen, 1 hStb, 3 vRStb, 2 vRStb inf, noch 2x von *

bis * wiederholen, 1 hfM ins erste vRStb ⟨36⟩

R7 2 Lm, *5 vRStb, 2 vRStb inf*, noch 2x von * bis * wiederholen, 1 hStb, 4 vRStb, 2 vRStb inf, noch 2x von * bis * wiederholen, 1 hfM ins erste vRStb ⟨42⟩

R8 2 Lm, *6 vRStb, 2 vRStb inf*, noch 2x von * bis * wiederholen, 1 hStb, 5 vRStb, 2 vRStb inf, noch 2x von * bis * wiederholen, 1 hfM ins erste vRStb ⟨48⟩

R9-32 2 Lm, 24 vRStb, 1 hStb, 23 vRStb, 1 hfM ins erste vRStb ⟨48⟩

R33 2 Lm, 2 vRStb inf, 22 vRStb, 2 vRStb inf, 1 hStb, 23 vRStb, 1 hfM ins erste vRStb ⟨50⟩

R34 2 Lm, 1 vRStb, 2 vRStb inf, 22 vRStb, 2 vRStb inf, 1 vRStb, 1 hStb, 23 vRStb, 1 hfM ins erste vRStb ⟨52⟩

R35 2 Lm, 2 vRStb, 2 vRStb inf, 22 vRStb, 2 vRStb inf, 2 vRStb, 1 hStb, 23 vRStb, 1 hfM ins erste vRStb ⟨54⟩

R36 2 Lm, 3 vRStb, 2 vRStb inf, 22 vRStb, 2 vRStb inf, 3 vRStb, 1 hStb, 23 vRStb, 1 hfM ins erste vRStb ⟨56⟩

R37 2 Lm, 4 vRStb, 2 vRStb inf, 22 vRStb, 2 vRStb inf, 4 vRStb, 1 hStb, 23 vRStb, 1 hfM ins erste vRStb ⟨58⟩

R38 2 Lm, 5 vRStb, 2 vRStb inf, 22 vRStb, 2 vRStb inf, 5 vRStb, 1 hStb, 23 vRStb, 1 hfM ins erste vRStb ⟨60⟩

R39 2 Lm, 6 vRStb, 2 vRStb inf, 22 vRStb, 2 vRStb inf, 6 vRStb, 1 hStb, 23 vRStb, 1 hfM ins erste vRStb ⟨62⟩

R40 2 Lm, 6 vRStb, 2 vRStb zus, 22 vRStb, 2 vRStb zus, 6 vRStb, 1 hStb, 23 vRStb, 1 hfM ins erste vRStb ⟨60⟩

R41 2 Lm, 5 vRStb, 2 vRStb zus, 22 vRStb, 2 vRStb zus, 5 vRStb, 1 hStb, 23 vRStb, 1 hfM ins erste vRStb ⟨58⟩

R42 2 Lm, 4 vRStb, 2 vRStb zus, 22 vRStb, 2 vRStb zus, 4 vRStb, 1 hStb, 23 vRStb, 1 hfM ins erste vRStb ⟨56⟩

R43 2 Lm, 3 vRStb, 2 vRStb zus, 22 vRStb, 2 vRStb zus, 3 vRStb, 1 hStb, 23 vRStb, 1 hfM ins erste vRStb ⟨54⟩

R44 2 Lm, 2 vRStb, 2 vRStb zus, 22 vRStb, 2 vRStb zus, 2 vRStb, 1 hStb, 23 vRStb, 1 hfM ins erste vRStb ⟨52⟩

R45 2 Lm, 1 vRStb, 2 vRStb zus, 22 vRStb, 2 vRStb zus, 1 vRStb, 1 hStb, 23 vRStb, 1 hfM ins erste vRStb ⟨50⟩

R46 2 Lm, 2 vRStb zus, 22 vRStb, 2 vRStb zus, 1 hStb, 23 vRStb, 1 hfM ins erste vRStb ⟨48⟩

R47-53 2 Lm, 24 vRStb, 1 hStb, 23 vRStb, 1 hfM ins erste vRStb ⟨48⟩

R54-59 2 Lm, *1 vRStb, 1 hRStb*, von * bis * rundum wiederholen, 1 hfM ins erste vRStb ⟨48⟩
Abketteln, Fadenenden verstecken.

GRÖSSE: MEDIUM

R1 Mit einem Fadenring anfangen, 2 Lm (die ersten 2 Lm zählen im gesamten Modell nicht als erstes Stb), 6 Stb in den Ring häkeln, 1 hfM ins erste Stb ⟨6⟩

R2 2 Lm, 2 vRStb in jedes Stb rundum, 1 hfM ins erste vRStb ⟨12⟩

R3 2 Lm, *1 vRStb, 2 vRStb inf*, noch 2x von * bis * wiederholen, 1 hStb, 2 vRStb inf, noch 2x von * bis * wiederholen, 1 hfM ins erste vRStb ⟨18⟩

R4 2 Lm, *2 vRStb, 2 vRStb inf*, noch 2x von * bis * wiederholen, 1 hStb, 1 vRStb, 2 vRStb inf, noch 2x von * bis * wiederholen, 1 hfM ins erste vRStb ⟨24⟩

R5 2 Lm, *3 vRStb, 2 vRStb inf*, noch 2x von * bis * wiederholen, 1 hStb, 2 vRStb, 2 vRStb inf, noch 2x von * bis * wiederholen, 1 hfM ins erste vRStb ⟨30⟩

R6 2 Lm, *4 vRStb, 2 vRStb inf*, noch 2x von * bis * wiederholen, 1 hStb, 3 vRStb, 2 vRStb inf, noch 2x von * bis * wiederholen, 1 hfM ins erste vRStb ⟨36⟩

R7 2 Lm, *5 vRStb, 2 vRStb inf*, noch 2x von * bis * wiederholen, 1 hStb, 4 vRStb, 2 vRStb inf, noch 2x von * bis * wiederholen, 1 hfM ins erste vRStb ⟨42⟩

R8 2 Lm, *6 vRStb, 2 vRStb inf*, noch 2x von * bis * wiederholen, 1 hStb, 5 vRStb, 2 vRStb inf, noch 2x von * bis * wiederholen, 1 hfM ins erste vRStb ⟨48⟩

R9 2 Lm, *7 vRStb, 2 vRStb inf*, noch 2x von * bis * wiederholen, 1 hStb, 6 vRStb, 2 vRStb inf, noch 2x von *

bis * wiederholen, 1 hfM ins erste vRStb (54)

R10-37 2 Lm, 27 vRStb, 1 hStb, 26 vRStb, 1 hfM ins erste vRStb (54)

R38 2 Lm, 2 vRStb inf, 25 vRStb, 2 vRStb inf, 1 hStb, 26 vRStb, 1 hfM ins erste vRStb (56)

R39 2 Lm, 1 vRStb, 2 vRStb inf, 25 vRStb, 2 vRStb inf, 1 vRStb, 1 hStb, 26 vRStb, 1 hfM ins erste vRStb (58)

R40 2 Lm, 2 vRStb, 2 vRStb inf, 25 vRStb, 2 vRStb inf, 2 vRStb, 1 hStb, 26 vRStb, 1 hfM ins erste vRStb (60)

R41 2 Lm, 3 vRStb, 2 vRStb inf, 25 vRStb, 2 vRStb inf, 3 vRStb, 1 hStb, 26 vRStb, 1 hfM ins erste vRStb (62)

R42 2 Lm, 4 vRStb, 2 vRStb inf, 25 vRStb, 2 vRStb inf, 4 vRStb, 1 hStb, 26 vRStb, 1 hfM ins erste vRStb (64)

R43 2 Lm, 5 vRStb, 2 vRStb inf, 25 vRStb, 2 vRStb inf, 5 vRStb, 1 hStb, 26 vRStb, 1 hfM ins erste vRStb (66)

R44 2 Lm, 6 vRStb, 2 vRStb inf, 25 vRStb, 2 vRStb inf, 6 vRStb, 1 hStb, 26 vRStb, 1 hfM ins erste vRStb (68)

R45 2 Lm, 7 vRStb, 2 vRStb inf, 25 vRStb, 2 vRStb inf, 7 vRStb, 1 hStb, 26 vRStb, 1 hfM ins erste vRStb (70)

R46 2 Lm, 7 vRStb, 2 vRStb zus, 25 vRStb, 2 vRStb zus, 7 vRStb, 1 hStb, 26 vRStb, 1 hfM ins erste vRStb (68)

R47 2 Lm, 6 vRStb, 2 vRStb zus, 25 vRStb, 2 vRStb zus, 6 vRStb, 1 hStb, 26 vRStb, 1 hfM ins erste vRStb (66)

R48 2 Lm, 5 vRStb, 2 vRStb zus, 25 vRStb, 2 vRStb zus, 5 vRStb, 1 hStb, 26 vRStb, 1 hfM ins erste vRStb (64)

R49 2 Lm, 4 vRStb, 2 vRStb zus, 25 vRStb, 2 vRStb zus, 4 vRStb, 1 hStb, 26 vRStb, 1 hfM ins erste vRStb (62)

R50 2 Lm, 3 vRStb, 2 vRStb zus, 25 vRStb, 2 vRStb zus, 3 vRStb, 1 hStb, 26 vRStb, 1 hfM ins erste vRStb (60)

R51 2 Lm, 2 vRStb, 2 vRStb zus, 25 vRStb, 2 vRStb zus, 2 vRStb, 1 hStb, 26 vRStb, 1 hfM ins erste vRStb (58)

R52 2 Lm, 1 vRStb, 2 vRStb zus, 25 vRStb, 2 vRStb zus, 1 vRStb, 1 hStb, 26 vRStb, 1 hfM ins erste vRStb (56)

R53 2 Lm, 2 vRStb zus, 25 vRStb, 2 vRStb zus, 1 hStb, 26 vRStb, 1 hfM ins erste vRStb (54)

R54-61 2 Lm, 27 vRStb, 1 hStb, 26 vRStb, 1 hfM ins erste vRStb (54)

R62-69 2 Lm, *1 vRStb, 1 hRStb*, von * bis * rundum wiederholen, 1 hfM ins erste vRStb (54)
Abketteln, Fadenenden verstecken.

GRÖSSE: LARGE

R1 Mit einem Fadenring anfangen, 2 Lm (die ersten 2 Lm zählen im gesamten Modell nicht als erstes Stb), 6 Stb in den Ring häkeln, 1 hfM ins erste Stb (6)

R2 2 Lm, 2 vRStb in jedes Stb rundum, 1 hfM ins erste vRStb (12)

R3 2 Lm, *1 vRStb, 2 vRStb inf*, noch 2x von * bis * wiederholen, 1 hStb, 2 vRStb inf, noch 2x von * bis * wiederholen, 1 hfM ins erste vRStb (18)

R4 2 Lm, *2 vRStb, 2 vRStb inf*, noch 2x von * bis * wiederholen, 1 hStb, 1 vRStb, 2 vRStb inf, noch 2x von * bis * wiederholen, 1 hfM ins erste vRStb (24)

R5 2 Lm, *3 vRStb, 2 vRStb inf*, noch 2x von * bis * wiederholen, 1 hStb, 2 vRStb, 2 vRStb inf, noch 2x von * bis * wiederholen, 1 hfM ins erste vRStb (30)

R6 2 Lm, *4 vRStb, 2 vRStb inf*, noch 2x von * bis * wiederholen, 1 hStb, 3 vRStb, 2 vRStb inf, noch 2x von * bis * wiederholen, 1 hfM ins erste vRStb (36)

R7 2 Lm, *5 vRStb, 2 vRStb inf*, noch 2x von * bis * wiederholen, 1 hStb, 4 vRStb, 2 vRStb inf, noch 2x von * bis * wiederholen, 1 hfM ins erste vRStb (42)

R8 2 Lm, *6 vRStb, 2 vRStb inf*, noch 2x von * bis * wiederholen, 1 hStb, 5 vRStb, 2 vRStb inf, noch 2x von * bis * wiederholen, 1 hfM ins erste vRStb (48)

R9 2 Lm, *7 vRStb, 2 vRStb inf*, noch 2x von * bis * wiederholen, 1 hStb, 6 vRStb, 2 vRStb inf, noch 2x von * bis * wiederholen, 1 hfM ins erste vRStb (54)

R10 2 Lm, *8 vRStb, 2 vRStb inf*, noch 2x von * bis * wiederholen, 1 hStb, 7 vRStb, 2 vRStb inf, noch 2x von * bis * wiederholen, 1 hfM ins erste vRStb ⟨60⟩
R11-42 2 Lm, 30 vRStb, 1 hStb, 29 vRStb, 1 hfM ins erste vRStb ⟨60⟩
R43 2 Lm, 2 vRStb inf, 28 vRStb, 2 vRStb inf, 1 hStb, 29 vRStb, 1 hfM ins erste vRStb ⟨62⟩
R44 2 Lm, 1 vRStb, 2 vRStb inf, 28 vRStb, 2 vRStb inf, 1 vRStb, 1 hStb, 29 vRStb, 1 hfM ins erste vRStb ⟨64⟩
R45 2 Lm, 2 vRStb, 2 vRStb inf, 28 vRStb, 2 vRStb inf, 2 vRStb, 1 hStb, 29 vRStb, 1 hfM ins erste vRStb ⟨66⟩
R46 2 Lm, 3 vRStb, 2 vRStb inf, 28 vRStb, 2 vRStb inf, 3 vRStb, 1 hStb, 29 vRStb, 1 hfM ins erste vRStb ⟨68⟩
R47 2 Lm, 4 vRStb, 2 vRStb inf, 28 vRStb, 2 vRStb inf, 4 vRStb, 1 hStb, 29 vRStb, 1 hfM ins erste vRStb ⟨70⟩
R48 2 Lm, 5 vRStb, 2 vRStb inf, 28 vRStb, 2 vRStb inf, 5 vRStb, 1 hStb, 20 vRStb, 1 hfM ins erste vRStb ⟨72⟩
R49 2 Lm, 6 vRStb, 2 vRStb inf, 28 vRStb, 2 vRStb inf, 6 vRStb, 1 hStb, 29 vRStb, 1 hfM ins erste vRStb ⟨74⟩
R50 2 Lm, 7 vRStb, 2 vRStb inf, 28 vRStb, 2 vRStb inf, 7 vRStb, 1 hStb, 29 vRStb, 1 hfM ins erste vRStb ⟨76⟩
R51 2 Lm, 8 vRStb, 2 vRStb inf, 28 vRStb, 2 vRStb inf, 8 vRStb, 1 hStb, 29 vRStb, 1 hfM ins erste vRStb ⟨78⟩
R52 2 Lm, 8 vRStb, 2 vRStb zus, 28 vRStb, 2 vRStb zus, 8 vRStb, 1 hStb, 29 vRStb, 1 hfM ins erste vRStb ⟨76⟩
R53 2 Lm, 7 vRStb, 2 vRStb zus, 28 vRStb, 2 vRStb zus, 7 vRStb, 1 hStb, 29 vRStb, 1 hfM ins erste vRStb ⟨74⟩
R54 2 Lm, 6 vRStb, 2 vRStb zus, 28 vRStb, 2 vRStb zus, 6 vRStb, 1 hStb, 29 vRStb, 1 hfM ins erste vRStb ⟨72⟩
R55 2 Lm, 5 vRStb, 2 vRStb zus, 28 vRStb, 2 vRStb zus, 5 vRStb, 1 hStb, 29 vRStb, 1 hfM ins erste vRStb ⟨70⟩
R56 2 Lm, 4 vRStb, 2 vRStb zus, 28 vRStb, 2 vRStb zus, 4 vRStb, 1 hStb, 29 vRStb, 1 hfM ins erste vRStb ⟨68⟩
R57 2 Lm, 3 vRStb, 2 vRStb zus, 28 vRStb, 2 vRStb zus, 3 vRStb, 1 hStb, 29 vRStb, 1 hfM ins erste vRStb ⟨66⟩
R58 2 Lm, 2 vRStb, 2 vRStb zus, 28 vRStb, 2 vRStb zus, 2 vRStb, 1 hStb, 29 vRStb, 1 hfM ins erste vRStb ⟨64⟩
R59 2 Lm, 1 vRStb, 2 vRStb zus, 28 vRStb, 2 vRStb zus, 1 vRStb, 1 hStb, 29 vRStb, 1 hfM ins erste vRStb ⟨62⟩
R60 2 Lm, 2 vRStb zus, 28 vRStb, 2 vRStb zus, 1 hStb, 29 vRStb, 1 hfM ins erste vRStb ⟨60⟩
R61-70 2 Lm, 30 vRStb, 1 hStb, 29 vRStb, 1 hfM ins erste vRStb ⟨60⟩
R71-79 2 Lm, *1 vRStb, 1 hRStb*, von * bis * rundum wiederholen, 1 hfM ins erste vRStb ⟨60⟩
Abketteln, Fadenenden verstecken.

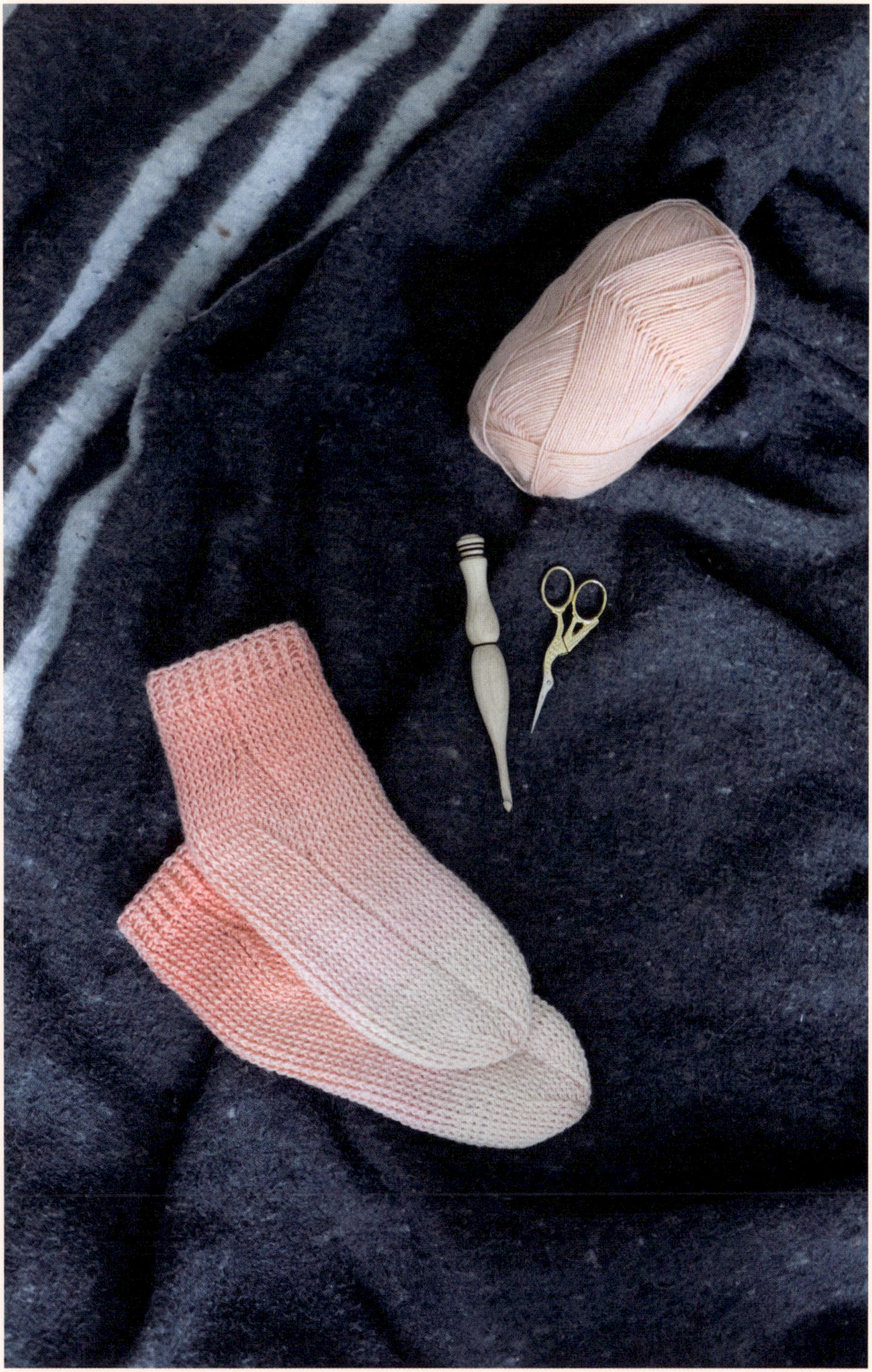

Gürteltier

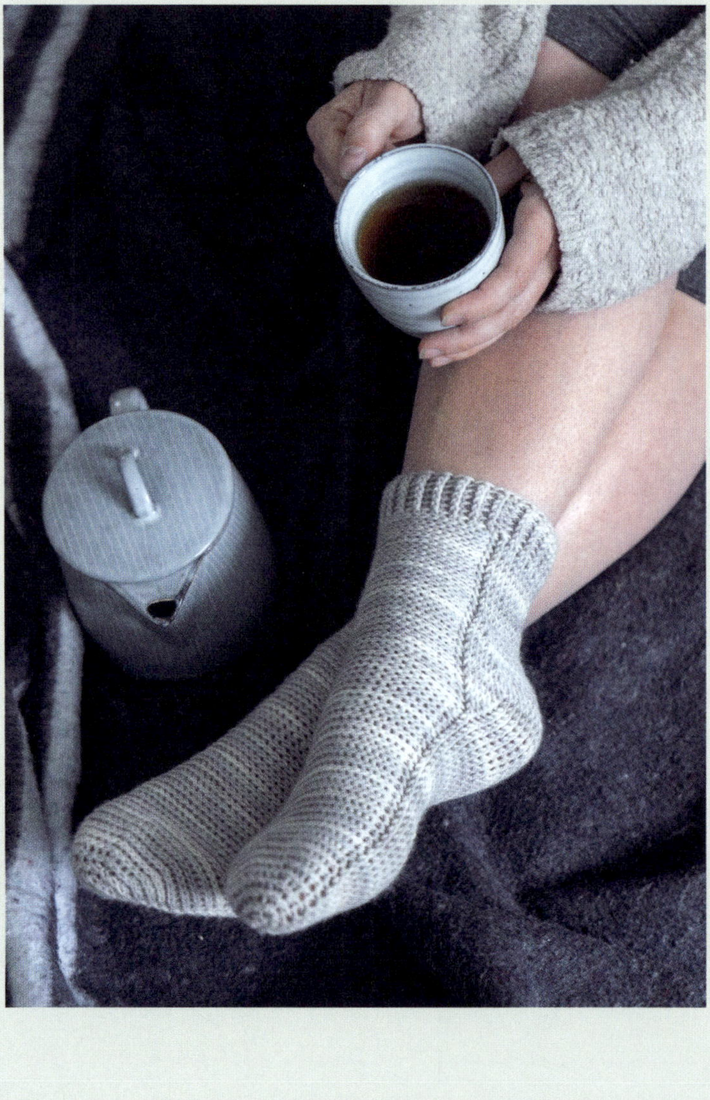

Schwierigkeitsgrad: 2 von 5

WOHER DER NAME DIESER SOCKEN KOMMT, LÄSST SICH UNSCHWER ERKENNEN. DIE VARIATION BEI DER MASCHENRICHTUNG VERLEIHT DIESEM MODELL EIN SEHR SCHÖNES, SPIELERISCHES AUSSEHEN.

Für die Wahl der richtigen Größe siehe Seite 13.

MATERIALIEN
Sockenwolle für Nadelstärke 2,5-3,5.
Ich habe folgende Garne verwendet:

Blau Lang yarns Jawoll (50 g/210 m), Farbe: 0020

Grau Lang yarns Super soxx color Cashmere (100 g/420 m), Farbe: 0020

Häkelnadel 4 mm
Für die Wahl der richtigen Häkelnadel siehe: Maschenprobe S. 14.

Geschätzter Materialbedarf
0-6: 210 m, 12-24: 210 m,
3-5: 420 m, 6-10: 420 m,
Small: 630 m, Medium: 630 m

ABKÜRZUNGEN

Lm	Luftmasche
Stb	Stäbchen
vRStb	Vorderes Reliefstäbchen
hRStb	Hinteres Reliefstäbchen
hfM	Halbe feste Masche
vRStb zus	Vorderes Reliefstäbchen zusammenhäkeln
2vRStb inf	2 vordere Reliefstäbchen in folgende Masche
2hRStb inf	2 hintere Reliefstäbchen in folgende Masche

GRÖSSE: 0-6 MONATE

R1 Mit einem Fadenring anfangen, 2 Lm (die ersten 2 Lm zählen im gesamten Modell nicht als erstes Stb), 6 Stb in den Ring häkeln, 1 hfM ins erste Stb (6)

R2 2 Lm, 2 vRStb in jedes Stb rundum, 1 hfM ins erste vRStb (12)

R3 2 Lm, *1 vRStb, 2 vRStb inf*, noch 2x von * bis * wiederholen, 1 hStb, 2 hRStb inf, ^1 hRStb, 2 hRStb inf^, noch 1x von ^ bis ^ wiederholen, 1 hfM ins erste vRStb (18)

R4 2 Lm, *2 vRStb, 2 vRStb inf*, noch 2x von * bis * wiederholen, 1 hStb, 1 hRStb, 2 hRStb inf, noch 1x von ^ bis ^ wiederholen, 1 hfM ins erste vRStb (24)

R5-12 2 Lm, 12 vRStb, hStb, 11 hRStb, 1 hfM ins erste vRStb (24)

R13 2 Lm, 2 vRStb inf, 10 vRStb, 2 vRStb inf, 1 hStb, 11 hRStb, 1 hfM ins erste vRStb (26)

R14 2 Lm, 1 vRStb, 2 vRStb inf, 10 vRStb, 2 vRStb inf, 1 vRStb, 1 hStb, 11 hRStb, 1 hfM ins erste vRStb (28)

R15 2 Lm, 2 vRStb, 2 vRStb inf, 10 vRStb, 2 vRStb inf, 2 vRStb, hStb, 11 vRStb, 1 hfM ins erste vRStb (30)

R16 2 Lm, 2 vRStb, 2 vRStb zus, 10 vRStb, 2 vRStb zus, 2 vRStb, 1 hStb, 11 hRStb, 1 hfM ins erste vRStb (28)

R17 2 Lm, 1 vRStb, 2 vRStbzus, 10 vRStb, 2 vRStb zus, 1 vRStb, 1 hStb, 11 hRStb, 1 hfM ins erste vRStb (26)

R18 2 Lm, 2 vRStb zus, 10 vRStb, 2 vRStb zus, 1 hStb, 11 hRStb, 1 hfM ins erste vRStb (24)

R19-21 2 Lm, 12 vRStb, hStb, 11 hRStb, 1 hfM ins erste vRStb (24)

R22-24 2 Lm, * 1 vRStb, 1 hRStb*, von * bis * rundum wiederholen, 1 hfM ins erste vRStb (24)
Abketteln, Fadenenden verstecken.

GRÖSSE: 12-24 MONATE

R1 Mit einem Fadenring anfangen, 2 Lm (die ersten 2 Lm zählen im gesamten Modell nicht als erstes Stb), 6 Stb in den Ring häkeln, 1 hfM ins erste Stb (6)

R2 2 Lm, 2 vRStb in jedes Stb rundum, 1 hfM ins erste vRStb (12)

R3 2 Lm, *1 vRStb, 2 vRStb inf*, noch 2x von * bis * wiederholen, 1 hStb, 2 hRStb inf, ^1 hRStb, 2 hRStb inf^, noch 1x von ^ bis ^ wiederholen, 1 hfM ins erste vRStb (18)

R4 2 Lm, *2 vRStb, 2 vRStb inf*, noch 2x von * bis * wiederholen, 1 hStb, 1 hRStb, 2 hRStb inf, noch 1x von ^ bis ^ wiederholen, 1 hfM ins erste vRStb (24)

R5 2 Lm, *3 vRStb, 2 vRStb inf*, noch 2x von * bis * wiederholen, 1 hStb, 2 hRStb, 2 hRStb inf, ^3 hRStb, 2 hRStb inf^, noch 1x von ^ bis ^ wiederholen, 1 hfM ins erste vRStb (30)

R6-17 2 Lm, 15 vRStb, hStb, 14 hRStb, 1 hfM ins erste vRStb (30)

R18 2 Lm, 2 vRStb inf, 13 vRStb, 2 vRStb inf, 1 hStb, 14 hRStb, 1 hfM ins erste vRStb (32)

R19 2 Lm, 1 vRStb, 2 vRStb inf, 13 vRStb, 2 vRStb inf, 1 vRStb, 1 hStb, 14 hRStb, 1 hfM ins erste vRStb (34)

R20 2 Lm, 2 vRStb, 2 vRStb inf, 13 vRStb, 2 vRStb inf, 2 vRStb, 1 hStb, 14 hRStb, 1 hfM ins erste vRStb (36)

R21 2 Lm, 3 vRStb, 2 vRStb inf, 13 vRStb, 2 vRStb inf, 2 vRStb, 1 hStb, 14 hRStb, 1 hfM ins erste vRStb (38)

R22 2 Lm, 3 vRStb, 2 vRStb zus, 13 vRStb, 2 vRStb zus, 3 vRStb, 1 hStb, 14 hRStb, 1 hfM ins erste vRStb (36)

R23 2 Lm, 2 vRStb, 2 vRStb zus, 13 vRStb, 2 vRStb zus, 2 vRStb, 1 hStb, 14 hRStb, 1 hfM ins erste vRStb (34)

R24 2 Lm, 1 vRStb, 2 vRStb zus, 13 vRStb, 2 vRStb zus, 1 vRStb, 1 hStb, 14 hRStb, 1 hfM ins erste vRStb (32)

R25 2 Lm, 2 vRStb zus, 13 vRStb, 2 vRStb zus, 1 hStb, 14 hRStb, 1 hfM ins erste vRStb (30)

R26-30 2 Lm, 15 vRStb, 1 hStb, 14 hRStb, 1 hfM ins erste vRStb ⟨30⟩
R31-34 2 Lm, * 1 vRStb, 1 hRStb*, von * bis * rundum wiederholen, 1 hfM ins erste vRStb ⟨30⟩
Abketteln, Fadenenden verstecken.

GRÖSSE: 3-5 JAHRE

R1 Mit einem Fadenring anfangen, 2 Lm (die ersten 2 Lm zählen im gesamten Modell nicht als erstes Stb), 6 Stb in den Ring häkeln, 1 hfM ins erste Stb ⟨6⟩
R2 2 Lm, 2 vRStb in jedes Stb rundum, 1 hfM ins erste vRStb ⟨12⟩
R3 2 Lm, *1 vRStb, 2 vRStb inf*, von * bis * noch 2x wiederholen, 1 hStb, 2 hRStb inf, ^1 hRStb, 2 hRStb inf^, noch 1x von ^ bis ^ wiederholen, 1 hfM ins erste vRStb ⟨18⟩
R4 2 Lm, *2 vRStb, 2 vRStb inf*, noch 2x von * bis * wiederholen, 1 hStb, 1 hRStb, 2 hRStb inf, noch 1x von ^ bis ^ wiederholen, 1 hfM ins erste vRStb ⟨24⟩
R5 2 Lm, *3 vRStb, 2 vRStb inf*, noch 2x von * bis * wiederholen, 1 hStb, 2 hRStb, 2 hRStb inf, ^3 hRStb, 2 hRStb inf^, noch 1x von ^ bis ^ wiederholen, 1 hfM ins erste vRStb ⟨30⟩
R6 2 Lm, *4 vRStb, 2 vRStb inf*, noch 2x von * bis * wiederholen, 1 hStb, 3 hRStb, 2 hRStb inf, ^4 hRStb, 2 hRStb inf^, noch 1x von ^ bis ^ wiederholen, 1 hfM ins erste vRStb ⟨36⟩
R7-22 2 Lm, 18 vRStb, 1 hStb, 17 hRStb, 1 hfM ins erste vRStb ⟨36⟩
R23 2 Lm, 2 vRStb inf, 16 vRStb, 2 vRStb inf, 1 hStb, 17 hRStb, 1 hfM ins erste vRStb ⟨38⟩
R24 2 Lm, 1 vRStb, 2 vRStb inf, 16 vRStb, 2 vRStb inf, 1 vRStb, 1 hStb, 17 hRStb, 1 hfM ins erste vRStb ⟨40⟩
R25 2 Lm, 2 vRStb, 2 vRStb inf, 16 vRStb, 2 vRStb inf, 2 vRStb, 1 hStb, 17 hRStb, 1 hfM in das erste vRStb ⟨42⟩
R26 2 Lm, 3 vRStb, 2 vRStb inf, 16 vRStb, 2 vRStb inf, 3 vRStb, 1 hStb, 17 hRStb, 1 hfM ins erste vRStb ⟨44⟩
R27 2 Lm, 4 vRStb, 2 vRStb inf, 16 vRStb, 2 vRStb inf, 4 vRStb, 1 hStb, 17 hRStb, 1 hfM ins erste vRStb ⟨46⟩
R28 2 Lm, 4 vRStb, 2 vRStb zus, 16 vRStb, 2 vRStb zus, 4 vRStb, 1 hStb, 17 hRStb, 1 hfM ins erste vRStb ⟨44⟩
R29 2 Lm, 3 vRStb, 2 vRStb zus, 16 vRStb, 2 vRStb zus, 3 vRStb, 1 hStb, 17 hRStb, 1 hfM ins erste vRStb ⟨42⟩
R30 2 Lm, 2 vRStb, 2 vRStb zus, 16 vRStb, 2 vRStb zus, 2 vRStb, 1 hStb, 17 hRStb, 1 hfM ins erste vRStb ⟨40⟩
R31 2 Lm, 1 vRStb, 2 vRStb zus, 16 vRStb, 2 vRStb zus, 1 vRStb, 1 hStb, 17 hRStb, 1 hfM ins erste vRStb ⟨38⟩
R32 2 Lm, 2 vRStb zus, 16 vRStb, 2 vRStb zus, 1 hStb, 17 hRStb, 1 hfM ins erste vRStb ⟨36⟩
R33-39 2 Lm, 18 vRStb, 1 hStb, 17 hRStb, 1 hfM ins erste vRStb ⟨36⟩
R40-44 2 Lm, *1 vRStb, 1 hRStb*, von * bis * rundum wiederholen, 1 hfM ins erste vRStb ⟨36⟩
Abketteln, Fadenenden verstecken.

GRÖSSE: 6-10 JAHRE

R1 Mit einem Fadenring anfangen, 2 Lm (die ersten 2 Lm zählen im gesamten Modell nicht als erstes Stb), 6 Stb in den Ring häkeln, 1 hfM ins erste Stb ⟨6⟩
R2 2 Lm, 2 vRStb in jedes Stb rundum, 1 hfM ins erste vRStb ⟨12⟩
R3 2 Lm, *1 vRStb, 2 vRStb inf*, noch 2x von * bis * wiederholen, 1 hStb, 2 hRStb inf, ^1 hRStb, 2 hRStb inf^, noch 1x von ^ bis ^ wiederholen, 1 hfM ins erste vRStb ⟨18⟩
R4 2 Lm, *2 vRStb, 2 vRStb inf*, noch 2x von * bis * wiederholen, 1 hStb, 1 hRStb, 2 hRStb inf, ^2 hRStb,2 hRStb inf^, noch 1x von ^ bis ^ wiederholen, 1 hfM ins erste vRStb ⟨24⟩
R5 2 Lm, *3 vRStb, 2 vRStb inf*, noch 2x von * bis * wiederholen, 1 hStb, 2 hRStb, 2 hRStb inf, ^3 hRStb, 2 hRStb inf^, noch 1x von ^ bis ^ wiederholen, 1 hfM ins erste vRStb ⟨30⟩
R6 2 Lm, *4 vRStb, 2 vRStb inf*, noch 2x von * bis * wiederholen, 1 hStb, 3 hRStb, 2 hRStb inf, ^4 hRStb,2

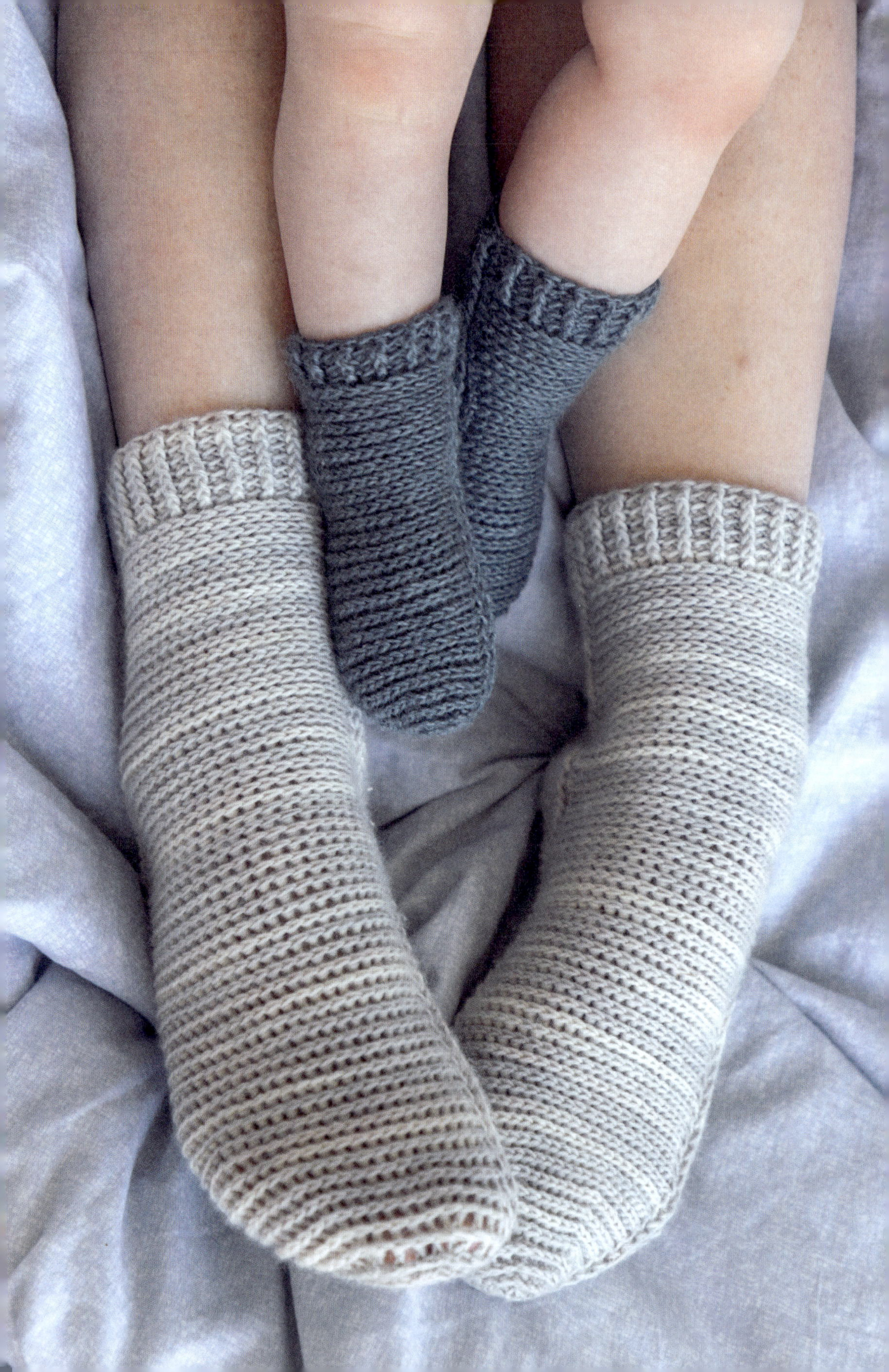

hRStb inf^, noch 1x von ^ bis ^ wiederholen, 1 hfM ins erste vRStb ⟨36⟩

R7 2 Lm, *5 vRStb, 2 vRStb inf*, noch 2x von * bis * wiederholen, 1 hStb, 4 hRStb, 2 hRStb inf, ^5 hRStb, 2 hRStb inf^, noch 1x von ^ bis ^ wiederholen, 1 hfM ins erste vRStb ⟨42⟩

R8-27 2 Lm, 21 vRStb, 1 hStb, 20 hRStb, 1 hfM ins erste vRStb ⟨42⟩

R28 2 Lm, 2 vRStb inf, 19 vRStb, 2 vRStb inf, 1 hStb, 20 hRStb, 1 hfM ins erste vRStb ⟨44⟩

R29 2 Lm, 1 vRStb, 2 vRStb inf, 19 vRStb, 2 vRStb inf, 1 vRStb, 1 hStb, 20 hRStb, 1 hfM ins erste vRStb ⟨46⟩

R30 2 Lm, 2 vRStb, 2 vRStb inf, 19 vRStb, 2 vRStb inf, 2 vRStb, 1 hStb, 20 hRStb, 1 hfM ins erste vRStb ⟨48⟩

R31 2 Lm, 3 vRStb, 2 vRStb inf, 19 vRStb, 2 vRStb inf, 3 vRStb, 1 hStb, 20 hRStb, 1 hfM ins erste vRStb ⟨50⟩

R32 2 Lm, 4 vRStb, 2 vRStb inf, 19 vRStb, 2 vRStb inf, 4 vRStb, 1 hStb, 20 hRStb, 1 hfM ins erste vRStb ⟨52⟩

R33 2 Lm, 5 vRStb, 2 vRStb inf, 19 vRStb, 2 vRStb inf, 5 vRStb, 1 hStb, 20 hRStb, 1 hfM ins erste vRStb ⟨54⟩

R34 2 Lm, 5 vRStb, 2 vRStb inf, 19 vRStb, 2 vRStb inf, 5 vRStb, 1 hStb, 20 hRStb, 1 hfM ins erste vRStb ⟨52⟩

R35 2 Lm, 4 vRStb, 2 vRStb zus, 19 vRStb, 2 vRStb zus, 4 vRStb, 1 hStb, 20 hRStb, 1 hfM ins erste vRStb ⟨50⟩

R36 2 Lm, 3 vRStb, 2 vRStb zus, 19 vRStb, 2 vRStb zus, 3 vRStb, 1 hStb, 20 hRStb, 1 hfM ins erste vRStb ⟨48⟩

R37 2 Lm, 2 vRStb, 2 vRStb zus, 19 vRStb, 2 vRStb zus, 2 vRStb, 1 hStb, 20 hRStb, 1 hfM ins erste vRStb ⟨46⟩

R38 2 Lm, 1 vRStb, 2 vRStb zus, 19 vRStb, 2 vRStb zus, 1 vRStb, 1 hStb, 20 hRStb, 1 hfM ins erste vRStb ⟨44⟩

R39 2 Lm, 2 vRStb zus, 19 vRStb, 2 vRStb zus, 1 hStb, 20 hRStb, 1 hfM ins erste vRStb ⟨42⟩

R40-48 2 Lm, 21 vRStb, 1 hStb, 20 hRStb, 1 hfM ins erste vRStb ⟨42⟩

R49-54 2 Lm, *1 vRStb, 1 hRStb*, von * bis * rundum wiederholen, 1 hfM ins erste vRStb ⟨42⟩

Abketteln, Fadenenden verstecken.

GRÖSSE: SMALL

R1 Mit einem Fadenring anfangen, 2 Lm (die ersten 2 Lm zählen im gesamten Modell nicht als erstes Stb), 6 Stb in den Ring häkeln, 1 hfM ins erste Stb ⟨6⟩

R2 2 Lm, 2 vRStb in jedes Stb rundum, 1 hfM ins erste vRStb ⟨12⟩

R3 2 Lm, *1 vRStb, 2 vRStb inf*, noch 2x von * bis * wiederholen, 1 hStb, 2 hRStb inf, ^1 hRStb, 2 hRStb inf^, noch 1x von ^ bis ^ wiederholen, 1 hfM ins erste vRStb ⟨18⟩

R4 2 Lm, *2 vRStb, 2 vRStb inf*, noch 2x von * bis * wiederholen, 1 hStb, 1 hRStb, 2 hRStb inf, ^2 hRStb, 2 hRStb inf^, noch 1x von ^ bis ^ wiederholen, 1 hfM ins erste vRStb ⟨24⟩

R5 2 Lm, *3 vRStb, 2 vRStb inf*, noch 2x von * bis * wiederholen, 1 hStb, 2 hRStb, 2 hRStb inf, ^3 hRStb,2 hRStb inf^, noch 1x von ^ bis ^ wiederholen, 1 hfM ins erste vRStb ⟨30⟩

R6 2 Lm, *4 vRStb, 2 vRStb inf*, noch 2x von * bis * wiederholen, 1 hStb, 3 hRStb, 2 hRStb inf, ^4 hRStb,2 hRStb inf^, noch 1x von ^ bis ^ wiederholen, 1 hfM ins erste vRStb ⟨36⟩

R7 2 Lm, *5 vRStb, 2 vRStb inf*, noch 2x von * bis * wiederholen, 1 hStb, 4 hRStb, 2 hRStb inf, ^5 hRStb,2 hRStb inf^, noch 1x von ^ bis ^ wiederholen, 1 hfM ins erste vRStb ⟨42⟩

R8 2 Lm, *6 vRStb, 2 vRStb inf*, noch 2x von * bis * wiederholen, 1 hStb, 5 hRStb, 2 hRStb inf, ^6 hRStb, 2 hRStb inf^, noch 1x von ^ bis ^ wiederholen, 1 hfM ins erste vRStb ⟨48⟩

R9-32 2 Lm, 24 vRStb, 1 hStb, 23 hRStb, 1 hfM ins erste vRStb ⟨48⟩

R33 2 Lm, 2 vRStb inf, 22 vRStb, 2 vRStb inf, 1 hStb, 23 hRStb, 1 hfM ins erste vRStb ⟨50⟩

R34 2 Lm, 1 vRStb, 2 vRStb inf, 22 vRStb, 2 vRStb inf, 1 vRStb, 1 hStb, 23 hRStb, 1 hfM ins erste vRStb ⟨52⟩

R35 2 Lm, 2 vRStb, 2 vRStb inf, 22 vRStb, 2 vRStb inf, 2 vRStb, 1 hStb, 23 hRStb, 1 hfM ins erste vRStb ⟨54⟩

R36 2 Lm, 3 vRStb, 2 vRStb inf, 22 vRStb, 2 vRStb inf, 3 vRStb, 1 hStb, 23 hRStb, 1 hfM ins erste vRStb ⟨56⟩
R37 2 Lm, 4 vRStb, 2 vRStb inf, 22 vRStb, 2 vRStb inf, 4 vRStb, 1 hStb, 23 hRStb, 1 hfM ins erste vRStb ⟨58⟩
R38 2 Lm, 5 vRStb, 2 vRStb inf, 22 vRStb, 2 vRStb inf, 5 vRStb, 1 hStb, 23 hRStb, 1 hfM ins erste vRStb ⟨60⟩
R39 2 Lm, 6 vRStb, 2 vRStb inf, 22 vRStb, 2 vRStb inf, 6 vRStb, 1 hStb, 23 hRStb, 1 hfM ins erste vRStb ⟨62⟩
R40 2 Lm, 6 vRStb, 2 vRStb zus, 22 vRStb, 2 vRStb zus, 6 vRStb, 1 hStb, 23 hRStb, 1 hfM ins erste vRStb ⟨60⟩
R41 2 Lm, 5 vRStb, 2 vRStb zus, 22 vRStb, 2 vRStb zus, 5 vRStb, 1 hStb, 23 hRStb, 1 hfM ins erste vRStb ⟨58⟩
R42 2 Lm, 4 vRStb, 2 vRStb zus, 22 vRStb, 2 vRStb zus, 4 vRStb, 1 hStb, 23 hRStb, 1 hfM ins erste vRStb ⟨56⟩
R43 2 Lm, 3 vRStb, 2 vRStb zus, 22 vRStb, 2 vRStb zus, 3 vRStb, 1 hStb, 23 hRStb, 1 hfM ins erste vRStb ⟨54⟩
R44 2 Lm, 2 vRStb, 2 vRStb zus, 22 vRStb, 2 vRStb zus, 2 vRStb, 1 hStb, 23 hRStb, 1 hfM ins erste vRStb ⟨52⟩
R45 2 Lm, 1 vRStb, 2 vRStb zus, 22 vRStb, 2 vRStb zus, 1 vRStb, 1 hStb, 23 hRStb, 1 hfM ins erste vRStb ⟨50⟩
R46 2 Lm, 2 vRStb zus, 22 vRStb, 2 vRStb zus, 1 hStb, 23 hRStb, 1 hfM ins erste vRStb ⟨48⟩
R47-57 2 Lm, 24 vRStb, 1 hStb, 23 hRStb, 1 hfM ins erste vRStb ⟨48⟩
R58-64 2 Lm, *1 vRStb, 1 hRStb*, von * bis * rundum wiederholen, 1 hfM ins erste vRStb ⟨48⟩
Abketteln, Fadenenden verstecken.

GRÖSSE: MEDIUM

r1 Mit einem Fadenring anfangen, 2 Lm (die ersten 2 Lm zählen im gesamten Modell nicht als erstes Stb), 6 Stb in den Ring häkeln, 1 hfM ins erste Stb ⟨6⟩
R2 2 Lm, 2 vRStb in jedes Stb rundum, 1 hfM ins erste vRStb ⟨12⟩
R3 2 Lm, *1 vRStb, 2 vRStb inf*, noch 2x von * bis * wiederholen, 1 hStb, 2 hRStb inf, ^1 hRStb, 2 hRStb inf^, noch 1x von ^ bis ^ wiederholen, 1 hfM ins erste vRStb ⟨18⟩
R4 2 Lm, *2 vRStb, 2 vRStb inf*, noch 2x von * bis * wiederholen, 1 hStb, 1 hRStb, 2 hRStb inf, ^2 hRStb,2 hRStb inf^, noch 1x von ^ bis ^ wiederholen, 1 hfM ins erste vRStb ⟨24⟩
R5 2 Lm, *3 vRStb, 2 vRStb inf*, noch 2x von * bis * wiederholen, 1 hStb, 2 hRStb, 2 hRStb inf, ^3 hRStb,2 hRStb inf^, noch 1x von ^ bis ^ wiederholen, 1 hfM ins erste vRStb ⟨30⟩
R6 2 Lm, *4 vRStb, 2 vRStb inf*, noch 2x von * bis * wiederholen, 1 hStb, 3 hRStb, 2 hRStb inf, ^4 hRStb, 2 hRStb inf^, noch 1x von ^ bis ^ wiederholen, 1 hfM ins erste vRStb ⟨36⟩
R7 2 Lm, *5 vRStb, 2 vRStb inf*, noch 2x von * bis * wiederholen, 1 hStb, 4 hRStb, 2 hRStb inf, ^5 hRStb, 2 hRStb inf^, noch 1x von ^ bis ^ wiederholen, 1 hfM ins erste vRStb ⟨42⟩
R8 2 Lm, *6 vRStb, 2 vRStb inf*, noch 2x von * bis * wiederholen, 1 hStb, 5 hRStb, 2 hRStb inf, ^6 hRStb,2 hRStb inf^, noch 1x von ^ bis ^ wiederholen, 1 hfM ins erste vRStb ⟨48⟩
R9 2 Lm, *7 vRStb, 2 vRStb inf*, noch 2x von * bis * wiederholen, 1 hStb, 6 hRStb, 2 hRStb inf, ^7 hRStb,2 hRStb inf^, noch 1x von ^ bis ^ wiederholen, 1 hfM ins erste vRStb ⟨54⟩
R10-37 2 Lm, 27 vRStb, 1 hStb, 26 hRStb, 1 hfM ins erste vRStb ⟨54⟩
R38 2 Lm, 2 vRStb inf, 25 vRStb, 2 vRStb inf, 1 hStb, 26 hRStb, 1 hfM ins erste vRStb ⟨56⟩
R39 2 Lm, 1 vRStb, 2 vRStb inf, 25 vRStb, 2 vRStb inf, 1 vRStb, 1 hStb, 26 hRStb, 1 hfM ins erste vRStb ⟨58⟩

R40 2 Lm, 2 vRStb, 2 vRStb inf, 25 vRStb, 2 vRStb inf, 2 vRStb, 1 hStb, 26 hRStb, 1 hfM ins erste vRStb (60)
R41 2 Lm, 3 vRStb, 2 vRStb inf, 25 vRStb, 2 vRStb inf, 3 vRStb, 1 hStb, 26 hRStb, 1 hfM ins erste vRStb (62)
R42 2 Lm, 4 vRStb, 2 vRStb inf, 25 vRStb, 2 vRStb inf, 4 vRStb, 1 hStb, 26 hRStb, 1 hfM ins erste vRStb (64)
R43 2 Lm, 5 vRStb, 2 vRStb inf, 25 vRStb, 2 vRStb inf, 5 vRStb, 1 hStb, 26 hRStb, 1 hfM ins erste vRStb (66)
R44 2 Lm, 6 vRStb, 2 vRStb inf, 25 vRStb, 2 vRStb inf, 6 vRStb, 1 hStb, 26 hRStb, 1 hfM ins erste vRStb (68)
R45 2 Lm, 7 vRStb, 2 vRStb inf, 25 vRStb, 2 vRStb inf, 7 vRStb, 1 hStb, 26 hRStb, 1 hfM ins erste vRStb (70)
R46 2 Lm, 7 vRStb, 2 vRStb zus, 25 vRStb, 2 vRStb zus, 7 vRStb, 1 hStb, 26 hRStb, 1 hfM ins erste vRStb (68)
R47 2 Lm, 6 vRStb, 2 vRStb zus, 25 vRStb, 2 vRStb zus, 6 vRStb, 1 hStb, 26 hRStb, 1 hfM ins erste vRStb (66)
R48 2 Lm, 5 vRStb, 2 vRStb zus, 25 vRStb, 2 vRStb zus, 5 vRStb, 1 hStb, 26 hRStb, 1 hfM ins erste vRStb (64)
R49 2 Lm, 4 vRStb, 2 vRStb zus, 25 vRStb, 2 vRStb zus, 4 vRStb, 1 hStb, 26 hRStb, 1 hfM ins erste vRStb (62)
R50 2 Lm, 3 vRStb, 2 vRStb zus, 25 vRStb, 2 vRStb zus, 3 vRStb, 1 hStb, 26 hRStb, 1 hfM ins erste vRStb (60)
R51 2 Lm, 2 vRStb, 2 vRStb zus, 25 vRStb, 2 vRStb zus, 2 vRStb, 1 hStb, 26 hRStb, 1 hfM ins erste vRStb (58)
R52 2 Lm, 1 vRStb, 2 vRStb zus, 25 vRStb, 2 vRStb zus, 1 vRStb, 1 hStb, 26 hRStb, 1 hfM ins erste vRStb (56)
R53 2 Lm, 2 vRStb zus, 25 vRStb, 2 vRStb zus, 1 hStb, 26 hRStb, 1 hfM ins erste vRStb (54)
R54-66 2 Lm, 27 vRStb, 1 hStb, 26 hRStb, 1 hfM ins erste vRStb (54)
R67-74 2 Lm, * 1 vRStb, 1 hRStb*, von * bis * rundum wiederholen, 1 hfM ins erste vRStb (54)
Abketteln, Fadenenden verstecken.

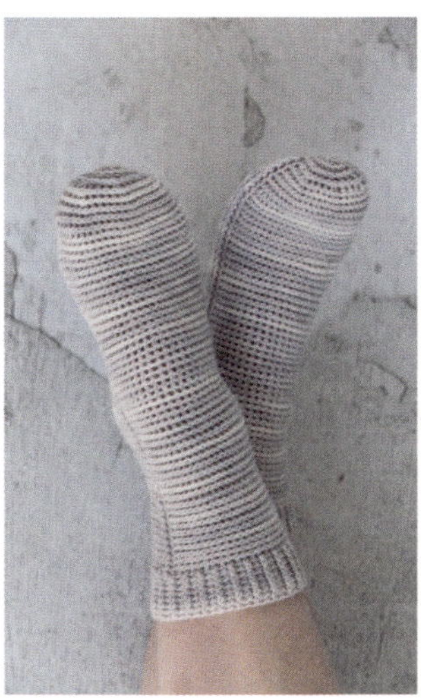

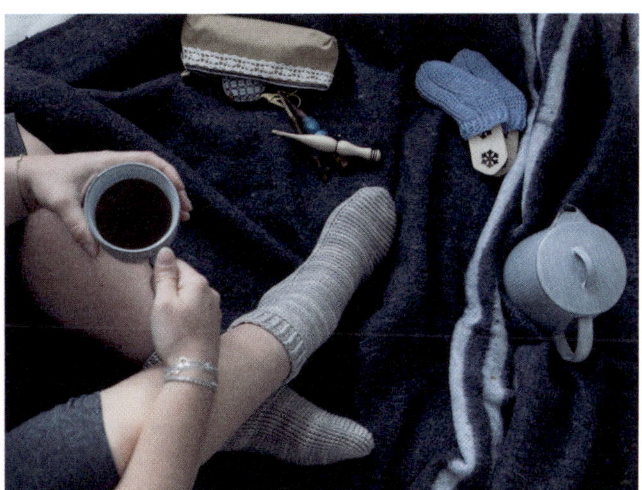

Schmetterlinge

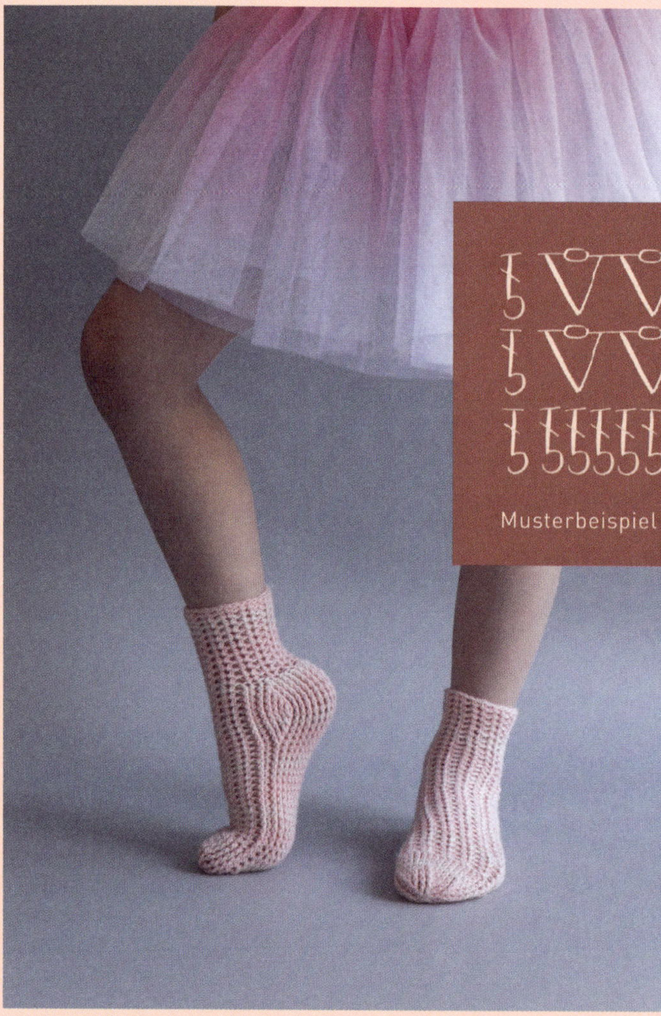

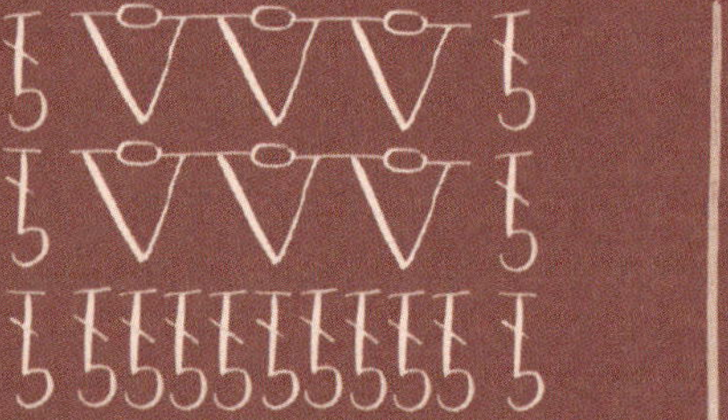

Musterbeispiel

Schwierigkeitsgrad: 3 von 5

BEI DIESEN ELEGANTEN SOCKEN SIND DIE OBERKANTE UND DER RAND DURCHBROCHEN. SIE WERDEN ETWAS DÜNNER UND LUFTIGER ALS DIE ANDEREN SOCKEN UND MACHEN SICH DADURCH AUCH IN OFFENEN SCHUHEN RICHTIG GUT.

Für die Wahl der richtigen Größe siehe Seite 13.

MATERIALIEN

Sockenwolle für Nadelstärke 2,5-3,5.
Ich habe folgende Garne verwendet:

Blau Lana Grossa Meilenweit 100 Cotton Stretch (100 g/420 m), Farbe: 8060

Rosa Lang yarns Super Soxx Cashmere Color (100 g/420 m), Farbe: 0021

Häkelnadel 4 mm
Für die Wahl der richtigen Häkelnadel siehe: Maschenprobe S. 14.

Geschätzter Materialbedarf
0-6: 210 m, 12-24: 210 m, 3-5: 420 m, 6-10: 420 m, Small: 420 m, Medium: 420 m

ABKÜRZUNGEN

Lm	Luftmasche
hStb	Halbes Stäbchen
Stb	Stäbchen
vRStb	Vorderes Reliefstäbchen
hfM	Halbe feste Masche
vRStb zus	Vorderes Reliefstäbchen zusammenhäkeln
2vRStb inf	2 vordere Reliefstäbchen in folgende Masche
hfM-Masche	1 hStb, 1 Lm, 1 hStb in eine Masche häkeln

GRÖSSE: 0-6 MONATE

R1 Mit einem Fadenring anfangen, 2 Lm (die ersten 2 Lm zählen im ganzen Modell nicht als erstes Stb), 6 Stb in den Ring häkeln, 1 hfM ins erste Stb (6)

R2 2 Lm, 2 vRStb in jedes Stb rundum, 1 hfM ins erste vRStb (12)

R3 2 Lm, * vRStb, 2 vRStb inf*, noch 2x von * bis * wiederholen, 1 hStb, 2 vRStb inf, noch 2x von * bis * wiederholen, 1 hfM ins erste vRStb (18)

R4 2 Lm, *2 vRStb, 2 vRStb inf*, noch 2x von * bis * wiederholen, hStb, 1 vRStb, 2 vRStb inf, noch 2x von * bis * wiederholen, 1 hfM ins erste vRStb (24)

R5 2 Lm, 12 vRStb, 1 hStb, 11 vRStb, 1 hfM ins erste vRStb (24)

R6 2 Lm, 12 vRStb, 1 hStb, 1 vRStb, *1 vRStb auslassen, 1 hfM-Masche ins folgende vRStb, 1 vRStb auslassen*, bis zum letzten vRStb von * bis * wiederholen (du hast jetzt 3 hfM-Maschen), 1 vRStb, 1 hfM ins erste vRStb (24)

R7-12 2Lm, 12 vRStb, 1 hStb, 1 vRStb, bis zum letzten vRStb 1 hfM-Masche in jede folgende hfM-Masche (immer an der Stelle unterhalb der 1 Lm), 1 vRStb, 1 hfM ins erste vRStb (24)

R13 2 Lm, 2 vRStb inf, 10 vRStb, 2 vRStb inf, 1 hStb, 1 vRStb, bis zum letzten vRStb 1 hfM-Masche in jede folgende hfM-Masche, 1 vRStb, 1 hfM ins erste vRStb (26)

R14 2 Lm, 1 vRStb, 2 vRStb inf, 10 vRStb, 2 vRStb inf, 1 vRStb, 1 hStb, 1 vRStb, bis zum letzten vRStb 1 hfM-Masche in jede folgende hfM-Masche, 1vRStb, 1 hfM ins erste vRStb (28)

R15 2 Lm, 2 vRStb, 2 vRStb inf, 10 vRStb, 2 vRStb inf, 2 vRStb, 1 hStb, 1 vRStb, bis zum letzten vRStb 1 hfM-Masche in jede folgende hfM-Masche, 1 vRStb, 1 hfM ins erste vRStb (30)

R16 2 Lm, 2 vRStb, 2 vRStb zus, 10 vRStb, 2 vRStb zus, 2 vRStb, 1 hStb, 1 vRStb, bis zum letzten vRStb 1 hfM-Masche in jede folgende hfM-Masche, 1 vRStb, 1 hfM ins erste vRStb (28)

R17 2 Lm, 1 vRStb, 2 vRStb zus, 10 vRStb, 2 vRStb zus, 1 vRStb, 1 hStb, 1 vRStb, bis zum letzten vRStb 1 hfM-Masche in jede folgende hfM-Masche, 1 vRStb, 1 hfM ins erste vRStb (26)

R18 2 Lm, 2 vRStb zus, 10 vRStb, 2 vRStb zus, 1 hStb, 1 vRStb, bis zum letzten vRStb 1 hfM-Masche in jede folgende hfM-Masche, 1 vRStb, 1 hfM ins erste vRStb (24)

R19 3 Lm, 1 hStb ins erste vRStb (dies zählt als erste hfM-Masche), *2vRStb auslassen, 1 hfM-Masche ins folgende vRStb*, bis zu den letzten 2 vRStb wiewiederholen, 2 vRStb auslassen, 1 hfM-Masche ins hStb, bis zum letzten vRStb 1 hfM-Masche in jede folgende hfM-Masche, 1 vRStb auslassen, 1 hfM um die ersten 3 Lm herum (8 hfM-Maschen)

R20-23 3 Lm, 1 hStb in die erste hfM-Masche, 1 hfM-Masche in jede folgende hfM-Masche, 1 hfM um die ersten 3 Lm herum (8 hfM-Maschen) Abketteln, Fadenenden verstecken

GRÖSSE: 12-24 MONATE

R1 Mit einem Fadenring anfangen, 2 Lm (die ersten 2 Lm zählen im gesamten Modell nicht als erstes Stb), 6 Stb in den Ring häkeln, 1 hfM ins erste Stb (6)

R2 2 Lm, 2 vRStb in jedes Stb rundum, 1 hfM ins erste vRStb (12)

R3 2 Lm, * vRStb, 2 vRStb inf*, noch 2x von * bis * wiederholen, 1 hStb, 2 vRStb inf, noch 2x von * bis * wiederholen, 1 hfM ins erste vRStb (18)

R4 2 Lm, *2 vRStb, 2 vRStb inf*, noch 2x von * bis * wiederholen, hStb, 1 vRStb, 2 vRStb inf, noch 2x von * bis * wiederholen, 1 hfM ins erste vRStb (24)

R5 2 Lm, *3 vRStb, 2 vRStb inf*, noch 2x von * bis * wiederholen, 1 hStb, 2 vRStb, 2 vRStb inf, noch 2x von * bis * wiederholen, 1 hfM ins erste vRStb (30)

R6-7 2 Lm, 15 vRStb, 1 hStb, 14 vRStb, 1 hfM ins erste vRStb (30)

R8 2 Lm, 15 vRStb, 1 hStb, 1 vRStb, *1 vRStb auslassen, 1 hfM-Masche ins folgende vRStb, 1 vRStb auslassen*, bis zum letzten vRStb von * bis * wiederholen (du hast jetzt 4 hfM-Maschen), 1 vRStb, 1 hfM ins erste vRStb (30)

R9-17 2 Lm, 15 vRStb, 1 hStb, 1 vRStb, *1 hfM-Masche in jede hfM-Masche (immer an der Stelle unterhalb der 1 Lm), bis zum letzten vRStb von * bis * wiederholen, 1 vRStb, 1 hfM ins erste vRStb (30)

R18 2 Lm, 2 vRStb inf, 13 vRStb, 2 vRStb inf, 1 hStb, 1 vRStb, bis zum letzten vRStb 1 hfM-Masche in jede folgende hfM-Masche, 1 vRStb, 1 hfM ins erste vRStb (32)

R19 2 Lm, 1 vRStb, 2 vRStb inf, 13 vRStb, 2 vRStb inf, 1 vRStb, 1 hStb, 1 vRStb, bis zum letzten vRStb 1 hfM-Masche in jede folgende hfM-Masche, 1vRStb, 1 hfM ins erste vRStb (34)

R20 2 Lm, 2 vRStb, 2 vRStb inf, 13 vRStb, 2 vRStb inf, 2 vRStb, 1 hStb, 1 vRStb, bis zum letzten vRStb 1 hfM-Masche in jede folgende hfM-Masche, 1 vRStb, 1 hfM ins erste vRStb (36)

R21 2 Lm, 3 vRStb, 2 vRStb inf, 13 vRStb, 2 vRStb inf, 3 vRStb, 1 hStb, 1 vRStb, bis zum letzten vRStb 1 hfM-Masche in jede folgende hfM-Masche, 1vRStb, 1 hfM ins erste vRStb (38)

R22 2 Lm, 3 vRStb, 2 vRStb zus, 13 vRStb, 2 vRStb zus, 3 vRStb, 1 hStb, 1 vRStb, bis zum letzten vRStb 1 hfM-Masche in jede folgende hfM-Masche, 1 vRStb, 1 hfM ins erste vRStb (36)

R23 2 Lm, 2 vRStb, 2 vRStb zus, 13 vRStb, 2 vRStb zus, 2 vRStb, 1 hStb, 1 vRStb, bis zum letzten vRStb 1 hfM-Masche in jede folgende hfM-Masche, 1 vRStb, 1 hfM ins erste vRStb (34)

R24 2 Lm, 1 vRStb, 2 vRStb zus, 13 vRStb, 2 vRStb zus, 1 vRStb, 1 hStb, 1 vRStb, bis zum letzten vRStb 1 hfM-Masche in jede folgende hfM-Masche, 1 vRStb, 1 hfM ins erste vRStb (32)

R25 2 Lm, 2 vRStb zus, 13 vRStb, 2 vRStb zus, 1 hStb, 1 vRStb, bis zum letzten vRStb 1 hfM-Masche in jede folgende hfM-Masche, 1 vRStb, 1 hfM ins erste vRStb (30)

R26 3 Lm, 1 hStb ins erste vRStb (dies zählt als erste hfM-Masche), *2 vRStb auslassen, 1 hfM-Masche ins folgende vRStb*, bis zu den letzten 2 vRStb wiederholen, 2 vRStb auslassen, 1 hfM-Masche ins hStb, bis zum letzten vRStb 1 hfM-Masche in jede folgende hfM-Masche, 1 vRStb auslassen, 1 hfM um die ersten 3 Lm herum (10 hfM-Maschen)

R27-33 3 Lm, 1 hStb in die erste hfM-Masche, 1 hfM-Masche in jede folgende hfM-Masche, 1 hfM um die ersten 3 Lm herum (10 hfM-Maschen)
Abketteln, Fadenenden verstecken.

GRÖSSE: 3-5 JAHRE

R1 Mit einem Fadenring anfangen, 2 Lm (die ersten 2 Lm zählen im ganzen Modell nicht als erstes Stb), 6 Stb in den Ring häkeln, 1 hfM ins erste Stb (6)

R2 2 Lm, 2 vRStb in jedes Stb rundum, 1 hfM ins erste vRStb (12)

R3 2 Lm, * vRStb, 2 vRStb inf*, noch 2x von * bis * wiederholen, 1 hStb, 2 vRStb inf, noch 2x von * bis * wiederholen, 1 hfM ins erste vRStb (18)

R4 2 Lm, *2 vRStb, 2 vRStb inf*, noch 2x von * bis * wiederholen, hStb, 1 vRStb, 2 vRStb inf, noch 2x von * bis * wiederholen, 1 hfM ins erste vRStb (24)

R5 2 Lm, *3 vRStb, 2 vRStb inf*, noch 2x von * bis * wiederholen, 1 hStb, 2 vRStb, 2 vRStb inf, noch 2x von * bis * wiederholen, 1 hfM ins erste vRStb (30)

R6 2 Lm, *4 vRStb, 2 vRStb inf*, noch 2x von * bis * wiederholen, 1 hStb, 3 vRStb, 2 vRStb inf, noch 2x von * bis * wiederholen, 1 hfM ins erste vRStb (36)

R7-9 2 Lm, 18 vRStb, 1 hStb, 17 vRStb, 1 hfM ins erste vRStb (36)

R10 2 Lm, 18 vRStb, 1 hStb, 1 vRStb, *1 vRStb auslassen, 1 hfM-Masche ins folgende vRStb, 1 vRStb auslassen*,bis zum letzten vRStb von * bis * wiederholen (du hast jetzt 5 hfM-Maschen), 1 vRStb, 1 hfM ins erste vRStb (36)

R11-22 2 Lm, 18 vRStb, 1 hStb, 1 vRStb, *1 hfM-Masche in jede hfM-Masche (immer an der Stelle unterhalb der 1 Lm), bis zum letzten vRStb von * bis * wiederholen, 1 vRStb, 1 hfM ins erste vRStb ⟨36⟩

R23 2 Lm, 2 vRStb inf, 16 vRStb, 2 vRStb inf, 1 hStb, 1 vRStb, bis zum letzten vRStb 1 hfM-Masche in jede folgende hfM-Masche, 1 vRStb, 1 hfM ins erste vRStb ⟨38⟩

R24 2 Lm, 1 vRStb, 2 vRStb inf, 16 vRStb, 2 vRStb inf, 1 vRStb, 1 hStb, 1 vRStb, bis zum letzten vRStb 1 hfM-Masche in jede folgende hfM-Masche, 1 vRStb, 1 hfM ins erste vRStb ⟨40⟩

R25 2 Lm, 2 vRStb, 2 vRStb inf, 16 vRStb, 2 vRStb inf, 2 vRStb, 1 hStb, 1 vRStb, bis zum letzten vRStb 1 hfM-Masche in jede folgende hfM-Masche, 1 vRStb, 1 hfM ins erste vRStb ⟨42⟩

R26 2 Lm, 3 vRStb, 2 vRStb inf, 16 vRStb, 2 vRStb inf, 3 vRStb, 1 hStb, 1 vRStb, bis zum letzten vRStb 1 hfM-Masche in jede folgende hfM-Masche, 1vRStb, 1 hfM ins erste vRStb ⟨44⟩

R27 2 Lm, 4 vRStb, 2 vRStb inf, 16 vRStb, 2 vRStb inf, 4 vRStb, 1 hStb, 1 vRStb, bis zum letzten vRStb 1 hfM-Masche in jede folgende hfM-Masche, 1 vRStb, 1 hfM ins erste vRStb ⟨46⟩

R28 2 Lm, 4 vRStb, 2 vRStb zus, 16 vRStb, 2 vRStb zus, 4 vRStb, 1 hStb, 1 vRStb, bis zum letzten vRStb 1 hfM-Masche in jede folgende hfM-Masche, 1 vRStb, 1 hfM ins erste vRStb ⟨44⟩

R29 2 Lm, 3 vRStb, 2 vRStb zus, 16 vRStb, 2 vRStb zus, 3 vRStb, 1 hStb, 1 vRStb, bis zum letzten vRStb 1 hfM-Masche in jede folgende hfM-Masche, 1 vRStb, 1 hfM ins erste vRStb ⟨42⟩

R30 2 Lm, 2 vRStb, 2 vRStb zus, 16 vRStb, 2 vRStb zus, 2 vRStb, 1 hStb, 1 vRStb, bis zum letzten vRStb 1 hfM-Masche in jede folgende hfM-Masche, 1 vRStb, 1 hfM ins erste vRStb ⟨40⟩

R31 2 Lm, 1 vRStb, 2 vRStb zus, 16 vRStb, 2 vRStb zus, 1 vRStb, 1 hStb, 1 vRStb, bis zum letzten vRStb 1 hfM-Masche in jede folgende hfM-Masche, 1 vRStb, 1 hfM ins erste vRStb ⟨38⟩

R32 2 Lm, 2 vRStb zus, 16 vRStb, 2 vRStb zus, 1 hStb, 1 vRStb, bis zum letzten vRStb 1 hfM-Masche in jede folgende hfM-Masche, 1 vRStb, 1 hfM ins erste vRStb ⟨36⟩

R33 3 Lm, 1 hStb ins erste vRStb (dies zählt als erste hfM-Masche), *2 vRStb auslassen, 1 hfM-Masche ins folgende vRStb*, bis zu den letzten 2 vRStb wiederholen, 2 vRStb auslassen, 1 hfM-Masche ins hStb, bis zum letzten vRStb 1 hfM-Masche in jede folgende hfM-Masche, 1 vRStb auslassen, 1 hfM um die ersten 3 Lm herum ⟨12 hfM-Maschen⟩

R34-43 3 Lm, 1 hStb in die erste hfM-Masche, 1 hfM-Masche in jede folgende hfM-Masche, 1 hfM um die ersten 3 Lm herum ⟨12 hfM-Maschen⟩ Abketteln, Fadenenden verstecken.

GRÖSSE: 6-10 JAHRE

R1 Mit einem Fadenring anfangen, 2 Lm (die ersten 2 Lm zählen im ganzen Modell nicht als erstes Stb), 6 Stb in den Ring häkeln, 1 hfM ins erste Stb ⟨6⟩

R2 2 Lm, 2 vRStb in jedes Stb rundum, 1 hfM ins erste vRStb ⟨12⟩

R3 2 Lm, * vRStb, 2 vRStb inf*, noch 2x von * bis * wiederholen, 1 hStb, 2 vRStb inf, noch 2x von * bis * wiederholen, 1 hfM ins erste vRStb ⟨18⟩

R4 2 Lm, *2 vRStb, 2 vRStb inf*, noch 2x von * bis * wiederholen, hStb, 1 vRStb, 2 vRStb inf, noch 2x von * bis * wiederholen, 1 hfM ins erste vRStb ⟨24⟩

R5 2 Lm, *3 vRStb, 2 vRStb inf*, noch 2x von * bis * wiederholen, 1 hStb, 2 vRStb, 2 vRStb inf, noch 2x von * bis * wiederholen, 1 hfM ins erste vRStb ⟨30⟩

R6 2 Lm, *4 vRStb, 2 vRStb inf*, noch 2x von * bis * wiederholen, 1 hStb, 3 vRStb, 2 vRStb inf, noch 2x von * bis * wiederholen, 1 hfM ins erste vRStb ⟨36⟩

R7 2 Lm, *5 vRStb, 2 vRStb inf*, noch 2x von * bis * wiederholen, 1 hStb, 4 vRStb, 2 vRStb inf, noch 2x von * bis * wiederholen, 1 hfM ins erste vRStb ⟨42⟩

R8-11 2 Lm, 21 vRStb, 1 hStb, 20 vRStb, 1 hfM ins erste vRStb ⟨42⟩

R12 2 Lm, 21 vRStb, 1 hStb, 1 vRStb, *1 vRStb auslassen, 1 hfM-Masche ins folgende vRStb, 1 vRStb auslassen*, bis zum letzten vRStb von *

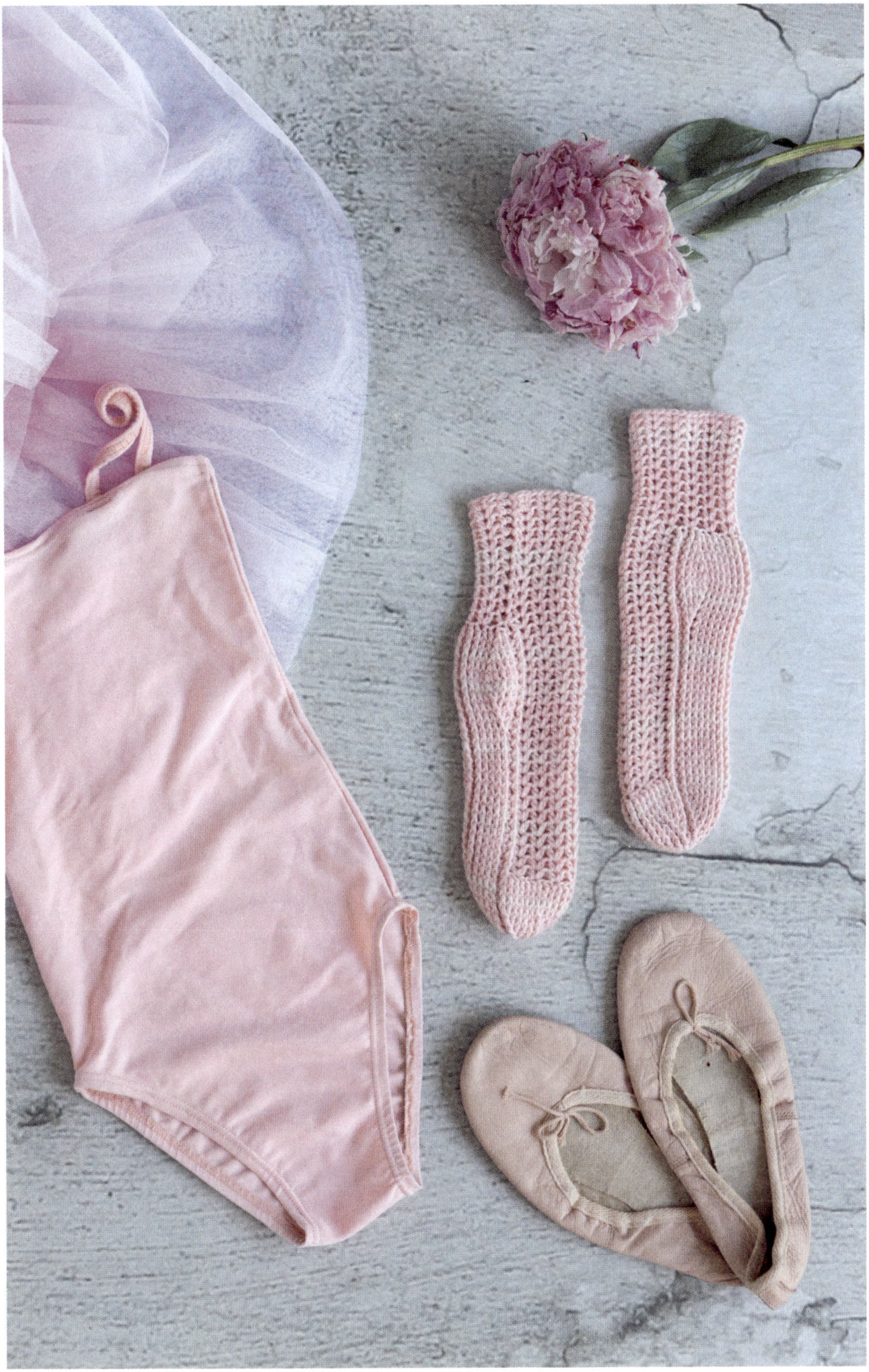

bis * wiederholen (du hast jetzt 6 hfM-Maschen), 1 vRStb, 1 hfM ins erste vRStb (42)

R13-27 2 Lm, 21 vRStb, 1 hStb, 1 vRStb, *1 hfM-Masche in jede hfM-Masche (immer an der Stelle unterhalb der 1 Lm), bis zum letzten vRStb von * bis * wiederholen, 1 vRStb, 1 hfM ins erste vRStb (42)

R28 2 Lm, 2 vRStb inf, 19 vRStb, 2 vRStb inf, 1 hStb, 1 vRStb, bis zum letzten vRStb 1 hfM-Masche in jede folgende hfM-Masche, 1 vRStb, 1 hfM ins erste vRStb (44)

R29 2 Lm, 1 vRStb, 2 vRStb inf, 19 vRStb, 2 vRStb inf, 1 vRStb, 1 hStb, 1 vRStb, bis zum letzten vRStb 1 hfM-Masche in jede folgende hfM-Masche, 1 vRStb, 1 hfM ins erste vRStb (46)

R30 2 Lm, 2 vRStb, 2 vRStb inf, 19 vRStb, 2 vRStb inf, 2 vRStb, 1 hStb, 1 vRStb, bis zum letzten vRStb 1 hfM-Masche in jede folgende hfM-Masche, 1 vRStb, 1 hfM ins erste vRStb (48)

R31 2 Lm, 3 vRStb, 2 vRStb inf, 19 vRStb, 2 vRStb inf, 3 vRStb, 1 hStb, 1 vRStb, bis zum letzten vRStb 1 hfM-Masche in jede folgende hfM-Masche, 1 vRStb, 1 hfM ins erste vRStb (50)

R32 2 Lm, 4 vRStb, 2 vRStb inf, 19 vRStb, 2 vRStb inf, 4 vRStb, 1 hStb, 1 vRStb, bis zum letzten vRStb 1 hfM-Masche in jede folgende hfM-Masche, 1 vRStb, 1 hfM ins erste vRStb (52)

R33 2 Lm, 5 vRStb, 2 vRStb inf, 19 vRStb, 2 vRStb inf, 5 vRStb, 1 hStb, 1 vRStb, bis zum letzten vRStb 1 hfM-Masche in jede folgende hfM-Masche, 1 vRStb, 1 hfM ins erste vRStb (54)

R34 2 Lm, 5 vRStb, 2 vRStb zus, 19 vRStb, 2 vRStb zus, 5 vRStb, 1 hStb, 1 vRStb, bis zum letzten vRStb 1 hfM-Masche in jede folgende hfM-Masche, 1 vRStb, 1 hfM ins erste vRStb (52)

R35 2 Lm, 4 vRStb, 2 vRStb zus, 19 vRStb, 2 vRStb zus, 4 vRStb, 1 hStb, 1 vRStb, bis zum letzten vRStb 1 hfM-Masche in jede folgende hfM-Masche, 1 vRStb, 1 hfM ins erste vRStb (50)

R36 2 Lm, 3 vRStb, 2 vRStb zus, 19 vRStb, 2 vRStb zus, 3 vRStb, 1 hStb, 1 vRStb, bis zum letzten vRStb 1 hfM-Masche in jede folgende hfM-Masche, 1 vRStb, 1 hfM ins erste vRStb (48)

R37 2 Lm, 2 vRStb, 2 vRStb zus, 19 vRStb, 2 vRStb zus, 2 vRStb, 1 hStb, 1 vRStb, bis zum letzten vRStb 1 hfM-Masche in jede folgende hfM-Masche, 1 vRStb, 1 hfM ins erste vRStb (46)

R38 2 Lm, 1 vRStb, 2 vRStb zus, 19 vRStb, 2 vRStb zus, 1 vRStb, 1 hStb, 1 vRStb, bis zum letzten vRStb 1 hfM-Masche in jede folgende hfM-Masche, 1 vRStb, 1 hfM ins erste vRStb (44)

R39 2 Lm, 2 vRStb zus, 19 vRStb, 2 vRStb zus, 1 hStb, 1 vRStb, bis zum letzten vRStb 1 hfM-Masche in jede folgende hfM-Masche, 1 vRStb, 1 hfM ins erste vRStb (42)

R40 3 Lm, 1 hStb ins erste vRStb (dies zählt als erste hfM-Masche), *2 vRStb auslassen, 1 hfM-Masche ins folgende vRStb*, bis zu den letzten 2 vRStb wiederholen, 2 vRStb auslassen, 1 hfM-Masche ins hStb, bis zum letzten vRStb 1 hfM-Masche in jede folgende hfM-Masche, 1 vRStb auslassen, 1 hfM um die ersten 3 Lm herum (14 hfM-Maschen)

R41-53 3 Lm, 1 hStb in die erste hfM-Masche, 1 hfM-Masche in jede folgende hfM-Masche, 1 hfM um die ersten 3 Lm herum (14 hfM-Maschen)
Abketteln, Fadenenden verstecken.

GRÖSSE: SMALL

R1 Mit einem Fadenring anfangen, 2 Lm (die ersten 2 Lm zählen im gesamten Modell nicht als erstes Stb), 6 Stb in den Ring häkeln, 1 hfM ins erste Stb (6)

R2 2 Lm, 2 vRStb in jedes Stb rundum, 1 hfM ins erste vRStb (12)

R3 2 Lm, * vRStb, 2 vRStb inf*, noch 2x von * bis * wiederholen, 1 hStb, 2 vRStb inf, noch 2x von * bis * wiederholen, 1 hfM ins erste vRStb (18)

R4 2 Lm, *2 vRStb, 2 vRStb inf*, noch 2x von * bis * wiederholen, hStb, 1 vRStb, 2 vRStb inf, noch 2x von * bis * wiederholen, 1 hfM ins erste vRStb (24)

R5 2 Lm, *3 vRStb, 2 vRStb inf*, noch 2x von * bis * wiederholen, 1 hStb, 2 vRStb, 2 vRStb inf, noch 2x von * bis * wiederholen, 1 hfM ins erste vRStb ⟨30⟩

R6 2 Lm, *4 vRStb, 2 vRStb inf*, noch 2x von * bis * wiederholen, 1 hStb, 3 vRStb, 2 vRStb inf, noch 2x von * bis * wiederholen, 1 hfM ins erste vRStb ⟨36⟩

R7 2 Lm, *5 vRStb, 2 vRStb inf*, noch 2x von * bis * wiederholen, 1 hStb, 4 vRStb, 2 vRStb inf, noch 2x von * bis * wiederholen, 1 hfM ins erste vRStb ⟨42⟩

R8 2 Lm, *6 vRStb, 2 vRStb inf*, noch 2x von * bis * wiederholen, 1 hStb, 5 vRStb, 2 vRStb inf, noch 2x von * bis * wiederholen, 1 hfM ins erste vRStb ⟨48⟩

R9-13 2 Lm, 24 vRStb, 1 hStb, 23 vRStb, 1 hfM ins erste vRStb ⟨48⟩

R14 2 Lm, 24 vRStb, 1 hStb, 1 vRStb, *1 vRStb auslassen, 1 hfM-Masche ins folgende vRStb, 1 vRStb auslassen*, bis zum letzten vRStb von * bis * wiederholen (du hast jetzt 7 hfM-Maschen), 1 vRStb, 1 hfM ins erste vRStb ⟨48⟩

R15-32 2 Lm, 24 vRStb, 1 hStb, 1 vRStb, *1 hfM-Masche in jede hfM-Masche (immer an der Stelle unterhalb der 1 Lm), bis zum letzten vRStb von * bis * wiederholen, 1 vRStb, 1 hfM ins erste vRStb ⟨48⟩

R33 2 Lm, 2 vRStb inf, 22 vRStb, 2 vRStb inf, 1 hStb, 1 vRStb, bis zum letzten vRStb 1 hfM-Masche in jede folgende hfM-Masche, 1 vRStb, 1 hfM ins erste vRStb ⟨50⟩

R34 2 Lm, 1 vRStb, 2 vRStb inf, 22 vRStb, 2 vRStb inf, 1 vRStb, 1 hStb, 1 vRStb, bis zum letzten vRStb 1 hfM-Masche in jede folgende hfM-Masche, 1 vRStb, 1 hfM ins erste vRStb ⟨52⟩

R35 2 Lm, 2 vRStb, 2 vRStb inf, 22 vRStb, 2 vRStb inf, 2 vRStb, 1 hStb, 1 vRStb, bis zum letzten vRStb 1 hfM-Masche in jede folgende hfM-Masche, 1 vRStb, 1 hfM ins erste vRStb ⟨54⟩

R36 2 Lm, 3 vRStb, 2 vRStb inf, 22 vRStb, 2 vRStb inf, 3 vRStb, 1 hStb, 1 vRStb, bis zum letzten vRStb 1 hfM-Masche in jede folgende hfM-Masche, 1 vRStb, 1 hfM ins erste vRStb ⟨56⟩

R37 2 Lm, 4 vRStb, 2 vRStb inf, 22 vRStb, 2 vRStb inf, 4 vRStb, 1 hStb, 1 vRStb, bis zum letzten vRStb 1 hfM-Masche in jede folgende hfM-Masche, 1 vRStb, 1 hfM ins erste vRStb ⟨58⟩

R38 2 Lm, 5 vRStb, 2 vRStb inf, 22 vRStb, 2 vRStb inf, 5 vRStb, 1 hStb, 1 vRStb, bis zum letzten vRStb 1 hfM-Masche in jede folgende hfM-Masche, 1 vRStb, 1 hfM ins erste vRStb ⟨60⟩

R39 2 Lm, 6 vRStb, 2 vRStb inf, 22 vRStb, 2 vRStb inf, 6 vRStb, 1 hStb, 1 vRStb, bis zum letzten vRStb 1 hfM-Masche in jede folgende hfM-Masche, 1 vRStb, 1 hfM ins erste vRStb ⟨62⟩

R40 2 Lm, 6 vRStb, 2 vRStb zus, 22 vRStb, 2 vRStb zus, 6 vRStb, 1 hStb, 1 vRStb, bis zum letzten vRStb 1 hfM-Masche in jede folgende hfM-Masche, 1 vRStb, 1 hfM ins erste vRStb ⟨60⟩

R41 2 Lm, 5 vRStb, 2 vRStb zus, 22 vRStb, 2 vRStb zus, 5 vRStb, 1 hStb, 1 vRStb, bis zum letzten vRStb 1 hfM-Masche in jede folgende hfM-Masche, 1 vRStb, 1 hfM ins erste vRStb ⟨58⟩

R42 2 Lm, 4 vRStb, 2 vRStb zus, 22 vRStb, 2 vRStb zus, 4 vRStb, 1 hStb, 1 vRStb, bis zum letzten vRStb 1 hfM-Masche in jede folgende hfM-Masche, 1 vRStb, 1 hfM ins erste vRStb ⟨56⟩

R43 2 Lm, 3 vRStb, 2 vRStb zus, 22 vRStb, 2 vRStb zus, 3 vRStb, 1 hStb, 1 vRStb, bis zum letzten vRStb 1 hfM-Masche in jede folgende hfM-Masche, 1 vRStb, 1 hfM ins erste vRStb ⟨54⟩

R44 2 Lm, 2 vRStb, 2 vRStb zus, 22 vRStb, 2 vRStb zus, 2 vRStb, 1 hStb, 1 vRStb, bis zum letzten vRStb 1 hfM-Masche in jede folgende hfM-Masche, 1 vRStb, 1 hfM ins erste vRStb ⟨52⟩

R45 2 Lm, 1 vRStb, 2 vRStb zus, 22 vRStb, 2 vRStb zus, 1 vRStb, 1 hStb, 1 vRStb, bis zum letzten vRStb 1 hfM-Masche in jede folgende hfM-Masche, 1 vRStb, 1 hfM ins erste vRStb ⟨50⟩

R46 2 Lm, 2 vRStb zus, 22 vRStb, 2 vRStb zus, 1 hStb, 1 vRStb, bis zum letzten vRStb 1 hfM-Masche in jede folgende hfM-Masche, 1 vRStb, 1 hfM ins erste vRStb ⟨48⟩

R47 3 Lm, 1 hStb ins erste vRStb (dies zählt als erste hfM-Masche), *2 vRStb auslassen, 1 hfM-Masche ins folgende vRStb*, bis zu den letzten 2 vRStb wiederholen, 2 vRStb auslassen, 1 hfM-Masche ins hStb, bis zum letzten vRStb 1 hfM-Masche in jede folgende hfM-Masche, 1 vRStb auslassen, 1 hfM um die ersten 3 Lm herum (16 hfM-Maschen)

R48-63 3 Lm, 1 hStb in die erste hfM-Masche, 1 hfM-Masche in jede folgende hfM-Masche, 1 hfM um die ersten 3 Lm herum (16 hfM-Maschen) Abketteln, Fadenenden verstecken.

GRÖSSE: MEDIUM

R1 Mit einem Fadenring anfangen, 2 Lm (die ersten 2 Lm zählen im ganzen Modell nicht als erstes Stb), 6 Stb in den Ring häkeln, 1 hfM ins erste Stb (6)

R2 2 Lm, 2 vRStb in jedes Stb rundum, 1 hfM ins erste vRStb (12)

R3 2 Lm, * vRStb, 2 vRStb inf*, noch 2x von * bis * wiederholen, 1 hStb, 2 vRStb inf, noch 2x von * bis * wiederholen, 1 hfM ins erste vRStb (18)

R4 2 Lm, *2 vRStb, 2 vRStb inf*, noch 2x von * bis * wiederholen, 1 hStb, 1 vRStb, 2 vRStb inf, noch 2x von * bis * wiederholen, 1 hfM ins erste vRStb (24)

R5 2 Lm, *3 vRStb, 2 vRStb inf*, noch 2x von * bis * wiederholen, 1 hStb, 2 vRStb, 2 vRStb inf, noch 2x von * bis * wiederholen, 1 hfM ins erste vRStb (30)

R6 2 Lm, *4 vRStb, 2 vRStb inf*, noch 2x von * bis * wiederholen, 1 hStb, 3 vRStb, 2 vRStb inf, noch 2x von * bis * wiederholen, 1 hfM ins erste vRStb (36)

R7 2 Lm, *5 vRStb, 2 vRStb inf*, noch 2x von * bis * wiederholen, 1 hStb, 4 vRStb, 2 vRStb inf, noch 2x von * bis * wiederholen, 1 hfM ins erste vRStb (42)

R8 2 Lm, *6 vRStb, 2 vRStb inf*, noch 2x von * bis * wiederholen, 1 hStb, 5 vRStb, 2 vRStb inf, noch 2x von * bis * wiederholen, 1 hfM ins erste vRStb (48)

R9 2 Lm, *7 vRStb, 2 vRStb inf* noch 2x von * bis * wiederholen, 1 hStb, 6 vRStb, 2 vRStb inf, noch 2x von * bis * wiederholen, 1 hfM ins erste vRStb (54)

R10-15 2 Lm, 27 vRStb, 1 hStb, 26 vRStb, 1 hfM ins erste vRStb (54)

R16 2 Lm, 27 vRStb, 1 hStb, 1 vRStb, *1 vRStb auslassen, 1 hfM-Masche ins folgende vRStb, 1 vRStb auslassen*, bis zum letzten vRStb von * bis * wiederholen (du hast jetzt 8 hfM-Maschen), 1 vRStb, 1 hfM ins erste vRStb (54)

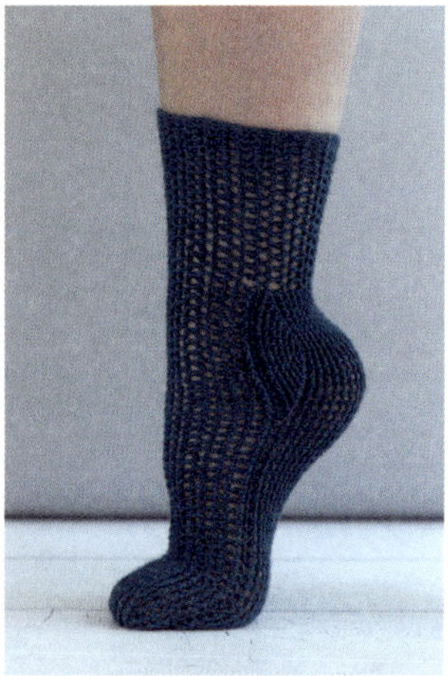
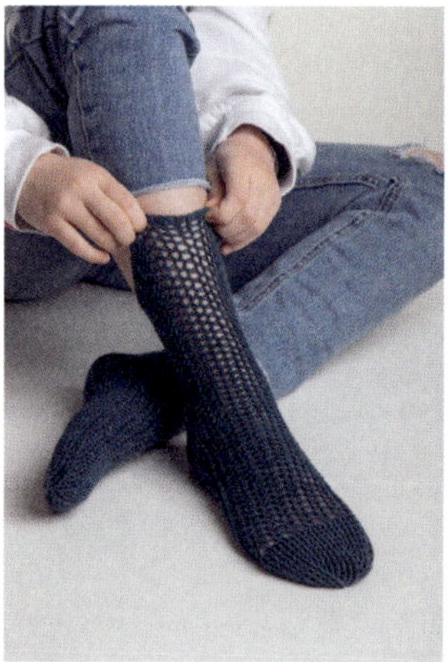
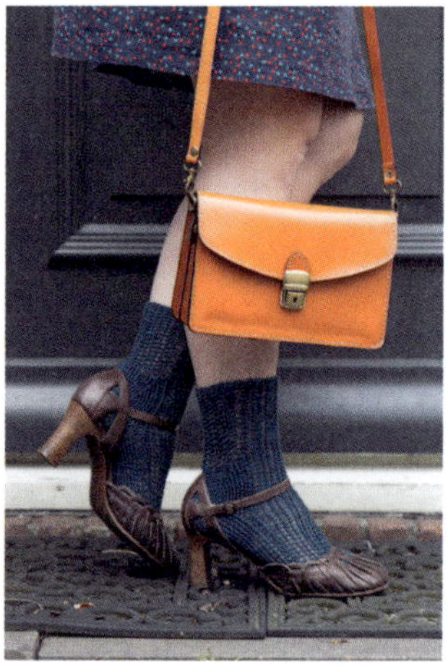

R17-37 2 Lm, 27 vRStb, 1 hStb, 1 vRStb, *1 hfM-Masche in jede hfM-Masche (immer an der Stelle unterhalb der 1 Lm), bis zum letzten vRStb von * bis * wiederholen, 1 vRStb, 1 hfM ins erste vRStb (54)

R38 2 Lm, 2 vRStb inf, 25 vRStb, 2 vRStb inf, 1 hStb, 1 vRStb, bis zum letzten vRStb 1 hfM-Masche in jede folgende hfM-Masche, 1 vRStb, 1 hfM ins erste vRStb (56)

R39 2 Lm, 1 vRStb, 2 vRStb inf, 25 vRStb, 2 vRStb inf, 1 vRStb, 1 hStb, 1 vRStb, bis zum letzten vRStb 1 hfM-Masche in jede folgende hfM-Masche, 1 vRStb, 1 hfM ins erste vRStb (58)

R40 2 Lm, 2 vRStb, 2 vRStb inf, 25 vRStb, 2 vRStb inf, 2 vRStb, 1 hStb, 1 vRStb, bis zum letzten vRStb 1 hfM-Masche in jede folgende hfM-Masche, 1 vRStb, 1 hfM ins erste vRStb (60)

R41 2 Lm, 3 vRStb, 2 vRStb inf, 25 vRStb, 2 vRStb inf, 3 vRStb, 1 hStb, 1 vRStb, bis zum letzten vRStb 1 hfM-Masche in jede folgende hfM-Masche, 1 vRStb, 1 hfM ins erste vRStb (62)

R42 2 Lm, 4 vRStb, 2 vRStb inf, 25 vRStb, 2 vRStb inf, 4 vRStb, 1 hStb, 1 vRStb, bis zum letzten vRStb 1 hfM-Masche in jede folgende hfM-Masche, 1 vRStb, 1 hfM ins erste vRStb (64)

R43 2 Lm, 5 vRStb, 2 vRStb inf, 25 vRStb, 2 vRStb inf, 5 vRStb, 1 hStb, 1 vRStb, bis zum letzten vRStb 1 hfM-Masche in jede folgende hfM-Masche, 1 vRStb, 1 hfM ins erste vRStb (66)

R44 2 Lm, 6 vRStb, 2 vRStb inf, 25 vRStb, 2 vRStb inf, 6 vRStb, 1 hStb, 1 vRStb, bis zum letzten vRStb 1 hfM-Masche in jede folgende hfM-Masche, 1 vRStb, 1 hfM ins erste vRStb (68)

R45 2 Lm, 7 vRStb, 2 vRStb inf, 25 vRStb, 2 vRStb inf, 7 vRStb, 1 hStb, 1 vRStb, bis zum letzten vRStb 1 hfM-Masche in jede folgende hfM-Masche, 1 vRStb, 1 hfM ins erste vRStb (70)

R46 2 Lm, 7 vRStb, 2 vRStb zus, 25 vRStb, 2 vRStb zus, 7 vRStb, 1 hStb, 1 vRStb, bis zum letzten vRStb 1 hfM-Masche in jede folgende hfM-Masche, 1 vRStb, 1 hfM ins erste vRStb (68)

R47 2 Lm, 6 vRStb, 2 vRStb zus, 25 vRStb, 2 vRStb zus, 6 vRStb, 1 hStb, 1 vRStb, bis zum letzten vRStb 1 hfM-Masche in jede folgende hfM-Masche, 1 vRStb, 1 hfM ins erste vRStb (66)

R48 2 Lm, 5 vRStb, 2 vRStb zus, 25 vRStb, 2 vRStb zus, 5 vRStb, 1 hStb, 1 vRStb, bis zum letzten vRStb 1 hfM-Masche in jede folgende hfM-Masche, 1 vRStb, 1 hfM ins erste vRStb (64)

R49 2 Lm, 4 vRStb, 2 vRStb zus, 25 vRStb, 2 vRStb zus, 4 vRStb, 1 hStb, 1 vRStb, bis zum letzten vRStb 1 hfM-Masche in jede folgende hfM-Masche, 1 vRStb, 1 hfM ins erste vRStb (62)

R50 2 Lm, 3 vRStb, 2 vRStb zus, 25 vRStb, 2 vRStb zus, 3 vRStb, 1 hStb, 1 vRStb, bis zum letzten vRStb 1 hfM-Masche in jede folgende hfM-Masche, 1 vRStb, 1 hfM ins erste vRStb (60)

R51 2 Lm, 2 vRStb, 2 vRStb zus, 25 vRStb, 2 vRStb zus, 2 vRStb, 1 hStb, 1 vRStb, bis zum letzten vRStb 1 hfM-Masche in jede folgende hfM-Masche, 1 vRStb, 1 hfM ins erste vRStb (58)

R52 2 Lm, 1 vRStb, 2 vRStb zus, 25 vRStb, 2 vRStb zus, 1 vRStb, 1 hStb, 1 vRStb, bis zum letzten vRStb 1 hfM-Masche in jede folgende hfM-Masche, 1 vRStb, 1 hfM ins erste vRStb (56)

R53 2 Lm, 2 vRStb zus, 25 vRStb, 2 vRStb zus, 1 hStb, 1 vRStb, bis zum letzten vRStb 1 hfM-Masche in jede folgende hfM-Masche, 1 vRStb, 1 hfM ins erste vRStb (54)

R54 3 Lm, 1 hStb ins erste vRStb (dies zählt als erste hfM-Masche), *2 vRStb auslassen, 1 hfM-Masche ins folgende vRStb*, bis zu den letzten 2 vRStb wiederholen, 2 vRStb auslassen, 1 hfM-Masche ins hStb, bis zum letzten vRStb 1 hfM-Masche in jede folgende hfM-Masche, 1 vRStb auslassen, 1 hfM um die ersten 3 Lm herum (18 hfM-Maschen)

R55-66 3 Lm, 1 hStb in die erste hfM-Masche, 1 hfM-Masche in jede folgende hfM-Masche, 1 hfM um die ersten 3 Lm herum (18 hfM-Maschen)
Abketteln, Fadenenden verstecken.

Lokomotive

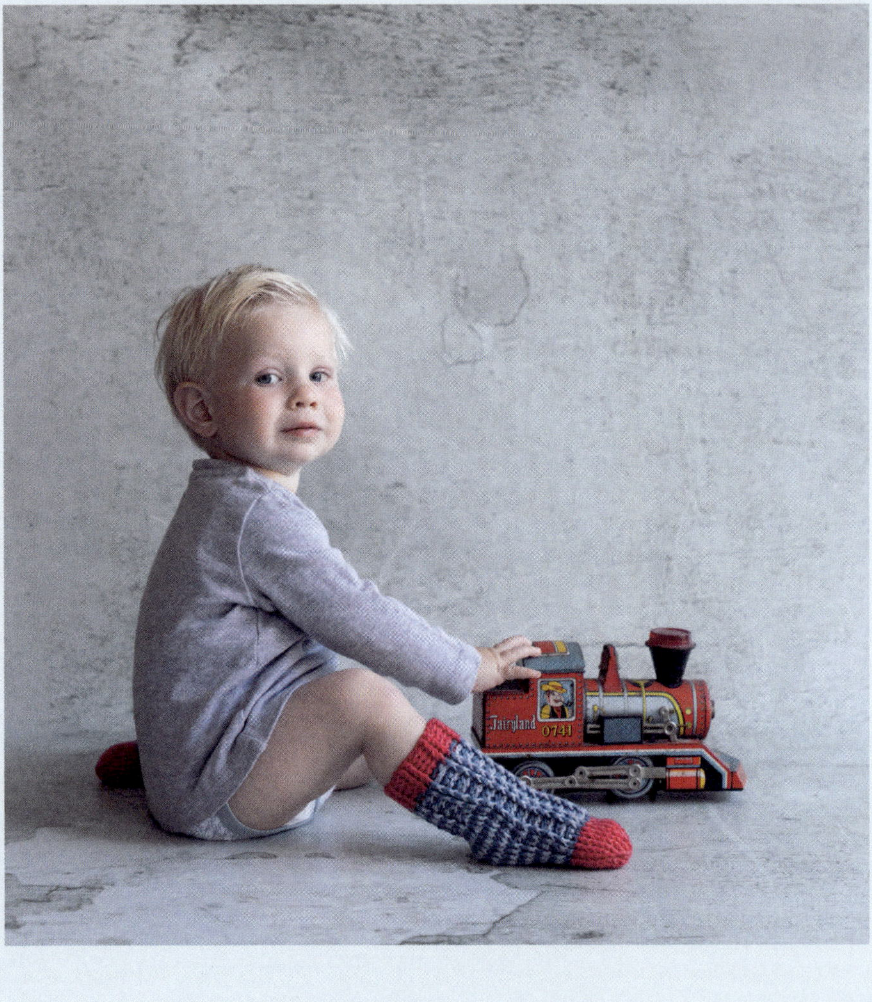

Schwierigkeitsgrad: 3 von 5

DADURCH, DASS DU BEI JEDER RUNDE EINE ANDERE FARBE NIMMST, ABER AUCH UNTERSCHIEDLICHE MASCHEN VERWENDEST, ENTSTEHT EIN UNGLAUBLICH TOLLES FARBMUSTER, DAS SICH SEHR LEICHT HÄKELN LÄSST.

Für die Wahl der richtigen Größe siehe Seite 13.

DIE FARBE WECHSELN

Um die Farbe zu wechseln, häkelst du den letzten Teil der Masche vor dem Farbwechsel bereits mit der neuen Farbe. Bei diesen Socken bedeutet das, dass du beim letzten vRStb vor dem Wechsel den letzten Umschlag und Fadendurchzug bereits mit der neuen Farbe häkelst (die hfM, mit der du deine Runde schließt, zählt also nicht als letzte Masche). Zwischen den Farbwechseln kannst du das Garn, das du gerade nicht verwendest, einfach hängen lassen, bis du es wieder brauchst. Der Faden sollte aber nicht gespannt sein, sondern sich noch etwas in die Länge ziehen lassen!

MATERIALIEN

Sockenwolle für Nadelstärke 2,5-3,5.
Ich habe folgende Garne verwendet:

Rosa/Grün Scheepjes Metropolis (50 g/210 m), Farbe: 047, 048 und 022

Rot/Blau Scheepjes Metropolis (50 g/200 m), Farbe: 045, 008 und 015

Häkelnadel 4 mm
Für die Wahl der richtigen Häkelnadel siehe: Maschenprobe S. 14.

Geschätzter Materialbedarf
0-6: 210 m, 12-24: 210 m, 3-5: 420 m, 6-10: 420 m, Small: 630 m, Medium: 630 m

ABKÜRZUNGEN

Lm	Luftmasche
Stb	Stäbchen
vRStb	Vorderes Reliefstäbchen
hRStb	Hinteres Reliefstäbchen
hfM	Halbe feste Masche
vRStb zus	Vorderes Reliefstäbchen zusammenhäkeln
2vRStb inf	2 vordere Reliefstäbchen in folgende Masche

GRÖSSE: 0-6 MONATE

R1 Mit der Farbe für die Fußspitze mit einem Fadenring anfangen, 2 Lm (die ersten 2 Lm zählen im ganzen Modell nicht als erstes Stb), 6 Stb in den Ring häkeln, 1 hfM ins erste Stb (6)
R2 2 Lm, 2 vRStb in jedes Stb rundum, 1 hfM ins erste vRStb (12)
R3 2 Lm, * vRStb, 2 vRStb inf*, noch 2x von * bis * wiederholen, 1 hStb, 2 vRStb inf, noch 2x von * bis * wiederholen, 1 hfM ins erste vRStb (18)
R4 2 Lm, *2 vRStb, 2 vRStb inf*, noch 2x von * bis * wiederholen, 1 hStb, 1 vRStb, 2 vRStb inf, noch 2x von * bis * wiederholen, 1 hfM ins erste vRStb (24)
R5-7 2 Lm, 12 vRStb, 1 hStb, 11 vRStb, 1 hfM ins erste vRStb (24)

Ab hier nach jeder Runde die Farbe für den Schaft wechseln (siehe auch die Tipps & Tricks zum Farbwechsel auf S. 51), den Faden für die Fußspitze kannst du jetzt abschneiden.

R8 2 Lm, 12 vRStb, 1 hStb, 11 vRStb, 1 hfM ins erste vRStb (24)
R9-12 2 Lm, 12 vRStb, 1 hStb, 1 vRStb, 2 hRStb, *2 vRStb, 2 hRStb*, bis zum Ende von * bis * wiederholen, 1 hfM ins erste vRStb (24)
R13 2 Lm, 2 vRStb inf, 10 vRStb, 2 vRStb inf, 1 hStb, 1 vRStb, 2 hRStb, *2 vRStb, 2 hRStb*, bis zum Ende von * bis * wiederholen, 1 hfM ins erste vRStb (26)
R14 2 Lm, 1 vRStb, 2 vRStb inf, 10 vRStb, 2 vRStb inf, 1 vRStb, 1 hStb, 1 vRStb, 2 hRStb, *2 vRStb, 2 hRStb*, bis zum Ende von* bis * wiederholen, 1 hfM ins erste vRStb (28)
R15 2 Lm, 2 vRStb, 2 vRStb inf, 10 vRStb, 2 vRStb inf, 2 vRStb, 1 hStb, 1 vRStb, 2 hRStb, *2 vRStb, 2 hRStb*, bis zum Ende von * bis * wiederholen, 1 hfM ins erste vRStb (30)
R16 2 Lm, 2 vRStb, 2 vRStb zus, 10 vRStb, 2 vRStb zus, 2 vRStb, 1 hStb, 1 vRStb, 2 hRStb, *2 vRStb, 2 hRStb*, bis zum Ende von * bis * wiederholen, 1 hfM ins erste vRStb (28)
R17 2 Lm, 1 vRStb, 2 vRStb zus, 10 vRStb, 2 vRStb zus, 1 vRStb, 1 hStb, 1 vRStb, 2 hRStb, *2 vRStb, 2 hRStb*, bis zum Ende von* bis * wiederholen, 1 hfM ins erste vRStb (26)
R18 2 Lm, 2 vRStb zus, 10 vRStb, 2 vRStb zus, 1 hStb, 1 vRStb, 2 hRStb, *2 vRStb, 2 hRStb*, bis zum Ende von * bis * wiederholen, 1 hfM ins erste vRStb (24)
R19-21 2 Lm, *2 vRStb, 2 hRStb}, bis zum Ende von * bis * wiederholen, 1 hfM ins erste vRStb (24)

Ab hier mit der Farbe fürs Bündchen weiterhäkeln, die Garne für den Schaft der Socke können jetzt abgeschnitten werden.

R22 – 24 22 Lm, *2 vRStb, 2 hRStb*, bis zum Ende von * bis * wiederholen, 1 hfM ins erste vRStb (24)
Abketteln, Fadenenden verstecken.

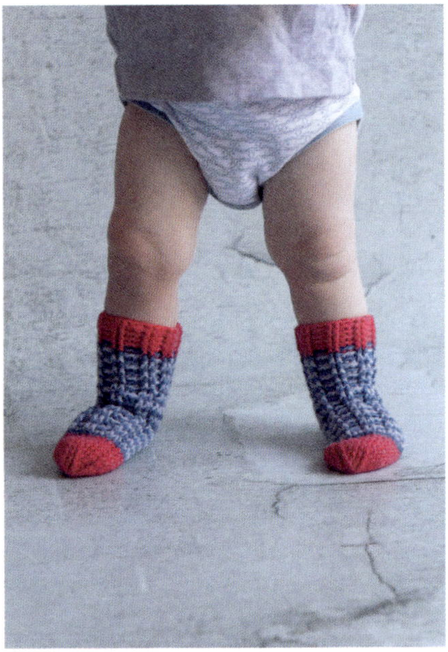

GRÖSSE: 12-24 MONATE

R1 Mit der Farbe für die Fußspitze mit einem Fadenring anfangen, 2 Lm (die ersten 2 Lm zählen im ganzen Modell nicht als erstes Stb), 6 Stb in den Ring häkeln, 1 hfM ins erste Stb (6)
R2 2 Lm, 2 vRStb in jedes Stb rundum, 1 hfM ins erste vRStb (12)
R3 2 Lm, * vRStb, 2 vRStb inf*, noch 2x von * bis * wiederholen, 1 hStb, 2 vRStb inf, noch 2x von * bis * wiederholen, 1 hfM ins erste vRStb (18)
R4 2 Lm, *2 vRStb, 2 vRStb inf*, noch 2x von * bis * wiederholen, 1 hStb, 1 vRStb, 2 vRStb inf, noch 2x von * bis * wiederholen, 1 hfM ins erste vRStb (24)
R5 2 Lm, *3 vRStb, 2 vRStb inf*, noch 2x von * bis * wiederholen, 1 hStb, 2 vRStb, 2 vRStb inf, noch 2x von * bis * wiederholen, 1 hfM ins erste vRStb (30)
R6-9 2 Lm, 15 vRStb, 1 hStb, 14 vRStb, 1 hfM ins erste vRStb (30)

Ab hier nach jeder Runde die Farbe für den Schaft wechseln (siehe auch die Tipps & Tricks zum Farbwechsel auf S. 51), den Faden für die Fußspitze kannst du jetzt abschneiden.

R10 2 Lm, 15 vRStb, 1 hStb, 14 vRStb, 1 hfM ins erste vRStb (30)
R11-17 2 Lm, 15 vRStb, 1 hStb, 2 vRStb, *2 hRStb, 2 vRStb*, bis zum Ende von * bis * wiederholen, 1 hfM ins erste vRStb (30)
R18 2 Lm, 2 vRStb inf, 13 vRStb, 2 vRStb inf, 1 hStb, 2 vRStb, *2 hRStb, 2 vRStb*, bis zum Ende von * bis * wiederholen, 1 hfM ins erste vRStb (32)
R19 2 Lm, 1 vRStb, 2 vRStb inf, 13 vRStb, 2 vRStb inf, 1 vRStb, 1 hStb, 2 vRStb, *2 hRStb, 2 vRStb*, bis zum Ende von * bis * wiederholen, 1 hfM ins erste vRStb (34)
R20 2 Lm, 2 vRStb, 2 vRStb inf, 13 vRStb, 2 vRStb inf, 2 vRStb, 1 hStb, 2 vRStb, *2 hRStb, 2 vRStb*, bis zum Ende von * bis * wiederholen, 1 hfM ins erste vRStb (36)
R21 2 Lm, 3 vRStb, 2 vRStb inf, 13 vRStb, 2 vRStb inf, 3 vRStb, 1 hStb, 2 vRStb, *2 hRStb, 2 vRStb*, bis zum Ende von * bis * wiederholen, 1 hfM ins erste vRStb (38)
R22 2 Lm, 3 vRStb, 2 vRStb zus, 13 vRStb, 2 vRStb zus, 3 vRStb, 1 hStb, 2 vRStb, *2 hRStb, 2 vRStb*, bis zum Ende von * bis * wiederholen, 1 hfM ins erste vRStb (36)
R23 2 Lm, 2 vRStb, 2 vRStb zus, 13 vRStb, 2 vRStb zus, 2 vRStb, 1 hStb, 2 vRStb, *2 hRStb, 2 vRStb*, bis zum Ende von * bis * wiederholen, 1 hfM ins erste vRStb (34)
R24 2 Lm, 1 vRStb, 2 vRStb zus, 13 vRStb, 2 vRStb zus, 1 vRStb, 1 hStb, 2 vRStb, *2 hRStb, 2 vRStb*, bis zum Ende von * bis * wiederholen, 1 hfM ins erste vRStb (32)
R25 2 Lm, 2 vRStb zus, 13 vRStb, 2 vRStb zus, 1 hStb < dieses hStb markieren, 2 vRStb, *2 hRStb, 2 vRStb*, bis zum Ende von * bis * wiederholen, 1 hfM ins erste vRStb (30)
R26-30 2 Lm, 1 hRStb, 2 vRStb, *2 hRStb, 2 vRStb*, bis zum Markierer von * bis * wiederholen, 1 hRStb in die markierte Masche und dann den Markierer wieder hier einsetzen, 2 vRStb, bis zum Ende von * bis * wiederholen, 1 hfM ins erste hRStb (30)

Ab hier mit der Farbe fürs Bündchen weiterhäkeln, die Garne für den Schaft der Socke können jetzt abgeschnitten werden.

R31 – 34 Lm, 1 hRStb, 2 vRStb, *2 hRStb, 2 vRStb*, bis zum Markierer von * bis * wiederholen, 1 hRStb in die markierte Masche und dann den Markierer wieder hier einsetzen, 2 vRStb, bis zum Ende von * bis * wiederholen, 1 hfM ins erste hRStb (30)
Abketteln, Fadenenden verstecken.

GRÖSSE: 3-5 JAHRE

R1 Mit der Farbe für die Fußspitze mit einem Fadenring anfangen, 2 Lm (die ersten 2 Lm zählen im ganzen Modell nicht als erstes Stb), 6 Stb in den Ring häkeln, 1 hfM ins erste Stb (6)

R2 2 Lm, 2 vRStb in jedes Stb rundum, 1 hfM ins erste vRStb (12)

R3 2 Lm, * vRStb, 2 vRStb inf*, noch 2x von * bis * wiederholen, 1 hStb, 2 vRStb inf, noch 2x von * bis * wiederholen, 1 hfM ins erste vRStb (18)

R4 2 Lm, *2 vRStb, 2 vRStb inf*, noch 2x von * bis * wiederholen, 1 hStb, 1 vRStb, 2 vRStb inf, noch 2x von * bis * wiederholen, 1 hfM ins erste vRStb (24)

R5 2 Lm, *3 vRStb, 2 vRStb inf*, noch 2x von * bis * wiederholen, 1 hStb, 2 vRStb, 2 vRStb inf, noch 2x von * bis * wiederholen, 1 hfM ins erste vRStb (30)

R6 2 Lm, *4 vRStb, 2 vRStb inf*, noch 2x von * bis * wiederholen, 1 hStb, 3 vRStb, 2 vRStb inf, noch 2x von * bis * wiederholen, 1 hfM ins erste vRStb (36)

R7-11 2 Lm, 18 vRStb, 1 hStb, 17 vRStb, 1 hfM ins erste vRStb (36)

Ab hier nach jeder Runde die Farbe für den Schaft wechseln (siehe auch die Tipps & Tricks zum Farbwechsel auf S. 51), den Faden für die Fußspitze kannst du jetzt abschneiden.

R12 2 Lm, 18 vRStb, 1 hStb, 17 vRStb, 1 hfM ins erste vRStb (36)

R13-22 2 Lm, 18 vRStb, 1 hStb, 1 hRStb, *2 vRStb, 2 hRStb*, bis zum Ende von * bis * wiederholen, 1 hfM ins erste vRStb (36)

R23 2 Lm, 2 vRStb inf, 16 vRStb, 2 vRStb inf, 1 hStb, 1 hRStb, *2 vRStb, 2 hRStb*, bis zum Ende von * bis * wiederholen, 1 hfM ins erste vRStb (38)

R24 2 Lm, 1 vRStb, 2 vRStb inf, 16 vRStb, 2 vRStb inf, 1 vRStb, 1 hStb, 1 hRStb, *2 vRStb, 2 hRStb*, bis zum Ende von * bis * wiederholen, 1 hfM ins erste vRStb (40)

R25 2 Lm, 2 vRStb, 2 vRStb inf, 16 vRStb, 2 vRStb inf, 2 vRStb, 1 hStb, 1 hRStb, *2 vRStb, 2 hRStb*, bis zum Ende von * bis * wiederholen, 1 hfM ins erste vRStb (42)

R26 2 Lm, 3 vRStb, 2 vRStb inf, 16 vRStb, 2 vRStb inf, 3 vRStb, 1 hStb, 1 hRStb, *2 vRStb, 2 hRStb*, bis zum Ende von * bis * wiederholen, 1 hfM ins erste vRStb (44)

R27 2 Lm, 4 vRStb, 2 vRStb inf, 16 vRStb, 2 vRStb inf, 4 vRStb, 1 hStb, 1 hRStb, *2 vRStb, 2 hRStb*, bis zum Ende von * bis * wiederholen, 1 hfM ins erste vRStb (46)

R28 2 Lm, 4 vRStb, 2 vRStb zus, 16 vRStb, 2 vRStb zus, 4 vRStb, 1 hStb, 1 hRStb, *2 vRStb, 2 hRStb*, bis zum Ende von * bis * wiederholen, 1 hfM ins erste vRStb (44)

R29 2 Lm, 3 vRStb, 2 vRStb zus, 16 vRStb, 2 vRStb zus, 3 vRStb, 1 hStb, 1 hRStb, *2 vRStb, 2 hRStb*, bis zum Ende von * bis * wiederholen, 1 hfM ins erste vRStb (42)

R30 2 Lm, 2 vRStb, 2 vRStb zus, 16 vRStb, 2 vRStb zus, 2 vRStb, 1 hStb, 1 hRStb, *2 vRStb, 2 hRStb*, bis zum Ende von * bis * wiederholen, 1 hfM ins erste vRStb (40)

R31 2 Lm, 1 vRStb, 2 vRStb zus, 16 vRStb, 2 vRStb zus, 1 vRStb, 1 hStb, 1 hRStb, *2 vRStb, 2 hRStb*, bis zum Ende von * bis * wiederholen, 1 hfM ins erste vRStb (38)

R32-39 2 Lm, *2 vRStb, 2 hRStb*, bis zum Ende von * bis * wiederholen, 1 hfM ins erste vRStb (36)

Ab hier mit der Farbe fürs Bündchen weiterhäkeln, die Garne für den Schaft der Socke können jetzt abgeschnitten werden.

R40 – 44 2 Lm, *2 vRStb, 2 hRStb*, bis zum Ende von * bis * wiederholen, 1 hfM ins erste vRStb (36)
Abketteln, Fadenenden verstecken.

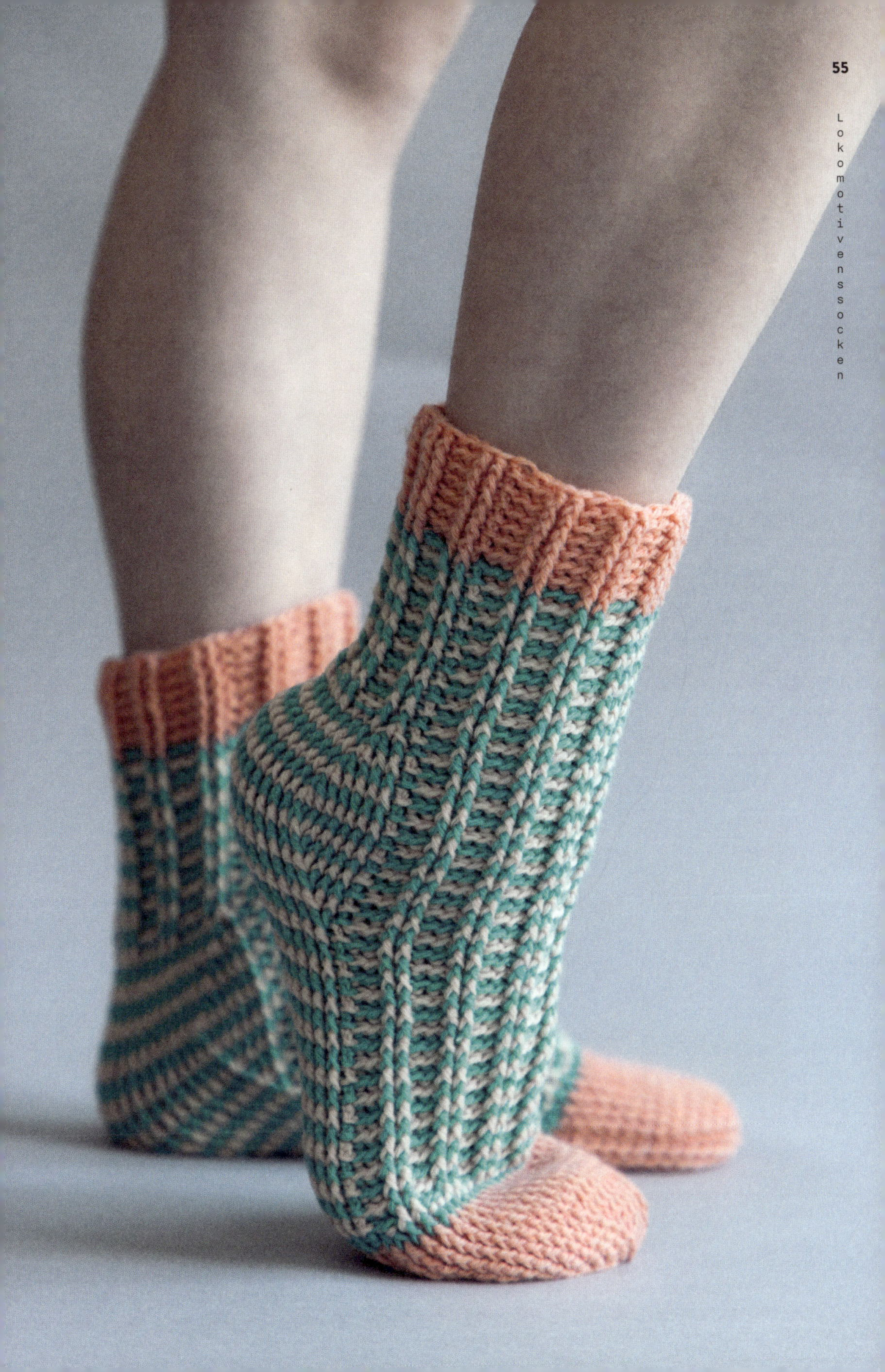

GRÖSSE: 6-10 JAHRE

R1 Mit der Farbe für die Fußspitze mit einem Fadenring anfangen, 2 Lm (die ersten 2 Lm zählen im ganzen Modell nicht als erstes Stb), 6 Stb in den Ring häkeln, 1 hfM ins erste Stb (6)

R2 2 Lm, 2 vRStb in jedes Stb rundum, 1 hfM ins erste vRStb (12)

R3 2 Lm, * vRStb, 2 vRStb inf*, noch 2x von * bis * wiederholen, 1 hStb, 2 vRStb inf, noch 2x von * bis * wiederholen, 1 hfM ins erste vRStb (18)

R4 2 Lm, *2 vRStb, 2 vRStb inf*, noch 2x von * bis * wiederholen, 1 hStb, 1 vRStb, 2 vRStb inf, noch 2x von * bis * wiederholen, 1 hfM ins erste vRStb (24)

R5 2 Lm, *3 vRStb, 2 vRStb inf*, noch 2x von * bis * wiederholen, 1 hStb, 2 vRStb, 2 vRStb inf, noch 2x von * bis * wiederholen, 1 hfM ins erste vRStb (30)

R6 2 Lm, *4 vRStb, 2 vRStb inf*, noch 2x von * bis * wiederholen, 1 hStb, 3 vRStb, 2 vRStb inf, noch 2x von * bis * wiederholen, 1 hfM ins erste vRStb (36)

R7 2 Lm, *5 vRStb, 2 vRStb inf*, noch 2x von * bis * wiederholen, 1 hStb, 4 vRStb, 2 vRStb inf, noch 2x von * bis * wiederholen, 1 hfM ins erste vRStb (42)

R8-13 2 Lm, 21 vRStb, 1 hStb, 20 vRStb, 1 hfM ins erste vRStb (42)

Ab hier nach jeder Runde die Farbe für den Schaft wechseln (siehe auch die Tipps & Tricks zum Farbwechsel auf S. 51), den Faden für die Fußspitze kannst du jetzt abschneiden.

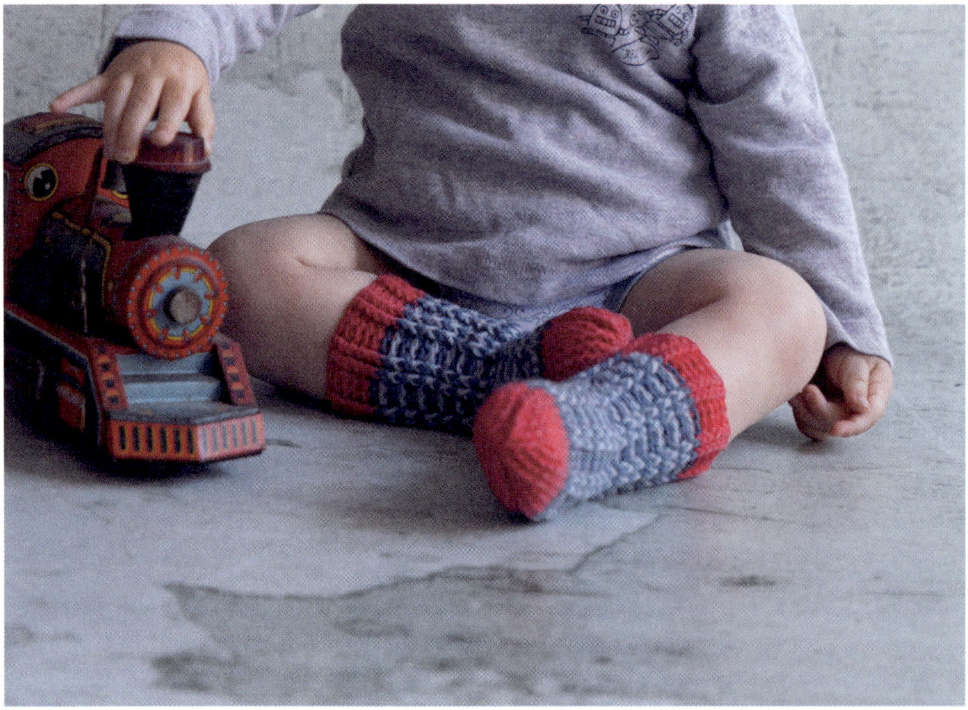

R14 2 Lm, 21 vRStb, 1 hStb, 20 vRStb, 1 hfM ins erste vRStb ⟨42⟩

R15-27 2 Lm, 21 vRStb, 1 hStb, *1 vRStb, 2 hRStb, 1 vRStb*, bis zum Ende von * bis * wiederholen, 1 hfM ins erste vRStb ⟨42⟩

R28 2 Lm, 2 vRStb inf, 19 vRStb, 2 vRStb inf, 1 hStb, *1 vRStb, 2 hRStb, 1 vRStb*, bis zum Ende von * bis * wiederholen, 1 hfM ins erste vRStb ⟨44⟩

R29 2 Lm, 1 vRStb, 2 vRStb inf, 19 vRStb, 2 vRStb inf, 1 vRStb, 1 hStb, *1 vRStb, 2 hRStb, 1 vRStb*, bis zum Ende von * bis * wiederholen, 1 hfM ins erste vRStb ⟨46⟩

R30 2 Lm, 2 vRStb, 2 vRStb inf, 19 vRStb, 2 vRStb inf, 2 vRStb, 1 hStb, *1 vRStb, 2 hRStb, 1 vRStb*, bis zum Ende von * bis * wiederholen, 1 hfM ins erste vRStb ⟨48⟩

R31 2 Lm, 3 vRStb, 2 vRStb inf, 19 vRStb, 2 vRStb inf, 3 vRStb, 1 hStb, *1 vRStb, 2 hRStb, 1 vRStb*, bis zum Ende von * bis * wiederholen, 1 hfM ins erste vRStb ⟨50⟩

R32 2 Lm, 4 vRStb, 2 vRStb inf, 19 vRStb, 2 vRStb inf, 4 vRStb, 1 hStb, *1 vRStb, 2 hRStb, 1 vRStb*, bis zum Ende von * bis * wiederholen, 1 hfM ins erste vRStb ⟨52⟩

R33 2 Lm, 5 vRStb, 2 vRStb inf, 19 vRStb, 2 vRStb inf, 5 vRStb, 1 hStb, *1 vRStb, 2 hRStb, 1 vRStb*, bis zum Ende von * bis * wiederholen, 1 hfM ins erste vRStb ⟨54⟩

R34 2 Lm, 5 vRStb, 2 vRStb zus, 19 vRStb, 2 vRStb zus, 5 vRStb, 1 hStb, *1 vRStb, 2 hRStb, 1 vRStb*, bis zum Ende von * bis * wiederholen, 1 hfM ins erste vRStb ⟨52⟩

R35 2 Lm, 4 vRStb, 2 vRStb zus, 19 vRStb, 2 vRStb zus, 4 vRStb, 1 hStb, 1 hRStb, *1 vRStb, 2 hRStb, 1 vRStb*, bis zum Ende von * bis * wiederholen, 1 hfM ins erste vRStb ⟨50⟩

R36 2 Lm, 3 vRStb, 2 vRStb zus, 19 vRStb, 2 vRStb zus, 3 vRStb, 1 hStb, *1 vRStb, 2 hRStb, 1 vRStb*, bis zum Ende von * bis * wiederholen, 1 hfM ins erste vRStb ⟨48⟩

R37 2 Lm, 2 vRStb, 2 vRStb zus, 19 vRStb, 2 vRStb zus, 2 vRStb, 1 hStb, *1 vRStb, 2 hRStb, 1 vRStb*, bis zum Ende von * bis * wiederholen, 1 hfM ins erste vRStb ⟨46⟩

R38 2 Lm, 1 vRStb, 2 vRStb zus, 19 vRStb, 2 vRStb zus, 1 vRStb, 1 hStb, *1 vRStb, 2 hRStb, 1 vRStb*, bis zum Ende von * bis * wiederholen, 1 hfM ins erste vRStb ⟨44⟩

R39 2 Lm, 2 vRStb zus, 19 vRStb, 2 vRStb zus, 1 hStb < den Markierer in dieses hStb einsetzen, *1 vRStb, 2 hRStb,1 vRStb*, bis zum Ende von * bis * wiederholen, 1 hfM ins erste vRStb ⟨42⟩

R40-48 2 Lm, 1 hRStb, *1 vRStb, 2 hRStb, 1 vRStb*, bis zum Markierer von * bis * wiederholen, 1 hRStb in die markierte Masche und dann den Markierer wieder hier einsetzen, *1 vRStb, 2 hRStb, 1 vRStb*, bis zum Ende von * bis * wiederholen, 1 hfM ins erste hRStb ⟨42⟩

Ab hier mit der Farbe fürs Bündchen weiterhäkeln, die Garne für den Schaft der Socke können jetzt abgeschnitten werden.

R49 – 54 2 Lm, 1 hRStb, *1 vRStb, 2 hRStb, 1 vRStb*, bis zum Markierer von * bis * wiederholen, 1 hRStb in die markierte Masche und dann den Markierer wieder hier einsetzen, *1 vRStb, 2 hRStb, 1 vRStb*, bis zum Ende von * bis * wiederholen, 1 hfM ins erste hRStb ⟨42⟩

Abketteln, Fadenenden verstecken.

GRÖSSE: SMALL

R1 Mit der Farbe für die Fußspitze mit einem Fadenring anfangen, 2 Lm (die ersten 2 Lm zählen im ganzen Modell nicht als erstes Stb), 6 Stb in den Ring häkeln, 1 hfM ins erste Stb (6)

R2 2 Lm, 2 vRStb in jedes Stb rundum, 1 hfM ins erste vRStb (12)

R3 2 Lm, * vRStb, 2 vRStb inf*, noch 2x von * bis * wiederholen, 1 hStb, 2 vRStb inf, noch 2x von * bis * wiederholen, 1 hfM ins erste vRStb (18)

R4 2 Lm, *2 vRStb, 2 vRStb inf*, noch 2x von * bis * wiederholen, 1 hStb, 1 vRStb, 2 vRStb inf, noch 2x von * bis * wiederholen, 1 hfM ins erste vRStb (24)

R5 2 Lm, *3 vRStb, 2 vRStb inf*, noch 2x von * bis * wiederholen, 1 hStb, 2 vRStb, 2 vRStb inf, noch 2x von * bis * wiederholen, 1 hfM ins erste vRStb (30)

R6 2 Lm, *4 vRStb, 2 vRStb inf*, noch 2x von * bis * wiederholen, 1 hStb, 3 vRStb, 2 vRStb inf, noch 2x von * bis * wiederholen, 1 hfM ins erste vRStb (36)

R7 2 Lm, *5 vRStb, 2 vRStb inf*, noch 2x von * bis * wiederholen, 1 hStb, 4 vRStb, 2 vRStb inf, noch 2x von * bis * wiederholen, 1 hfM ins erste vRStb (42)

R8 2 Lm, *6 vRStb, 2 vRStb inf*, noch 2x von * bis * wiederholen, 1 hStb, 5 vRStb, 2 vRStb inf, noch 2x von * bis * wiederholen, 1 hfM ins erste vRStb (48)

R9-15 2 Lm, 24 vRStb, 1 hStb, 23 vRStb, 1 hfM ins erste vRStb (48)

Ab hier nach jeder Runde die Farbe für den Schaft wechseln (siehe auch die Tipps & Tricks zum Farbwechsel auf S. 51), den Faden für die Fußspitze kannst du jetzt abschneiden.

R16 2 Lm, 24 vRStb, 1 hStb, 23 vRStb, 1 hfM ins erste vRStb (48)

R17-32 2 Lm, 24 vRStb, 1 hStb, 1 vRStb, 2 hRStb, *2 vRStb, 2 hRStb*, bis zum Ende von * bis * wiederholen, 1 hfM ins erste vRStb (48)

R33 2 Lm, 2 vRStb inf, 22 vRStb, 2 vRStb inf, 1 hStb, 1 vRStb, 2 hRStb, *2 vRStb, 2 hRStb*, bis zum Ende von * bis * wiederholen, 1 hfM ins erste vRStb (50)

R34 2 Lm, 1 vRStb, 2 vRStb inf, 22 vRStb, 2 vRStb inf, 1 vRStb, 1 hStb, 1 vRStb, 2 hRStb, *2 vRStb, 2 hRStb*, bis zum Ende von* bis * wiederholen, 1 hfM ins erste vRStb (52)

R35 2 Lm, 2 vRStb, 2 vRStb inf, 22 vRStb, 2 vRStb inf, 2 vRStb, 1 hStb, 1 vRStb, 2 hRStb, *2 vRStb, 2 hRStb*, bis zum Ende von * bis * wiederholen, 1 hfM ins erste vRStb (54)

R36 2 Lm, 3 vRStb, 2 vRStb inf, 22 vRStb, 2 vRStb inf, 3 vRStb, 1 hStb, 1 vRStb, 2 hRStb, *2 vRStb, 2 hRStb*, bis zum Ende von * bis * wiederholen, 1 hfM ins erste vRStb (56)

R37 2 Lm, 4 vRStb, 2 vRStb inf, 22 vRStb, 2 vRStb inf, 4 vRStb, 1 hStb, 1 vRStb, 2 hRStb, *2 vRStb, 2 hRStb*, bis zum Ende von* bis * wiederholen, 1 hfM ins erste vRStb (58)

R38 2 Lm, 5 vRStb, 2 vRStb inf, 22 vRStb, 2 vRStb inf, 5 vRStb, 1 hStb, 1 vRStb, 2 hRStb, *2 vRStb, 2 hRStb*, bis zum Ende von * bis * wiederholen, 1 hfM ins erste vRStb (60)

R39 2 Lm, 6 vRStb, 2 vRStb inf, 22 vRStb, 2 vRStb inf, 6 vRStb, 1 hStb, 1 vRStb, 2 hRStb, *2 vRStb, 2 hRStb*, bis zum Ende von * bis * wiederholen, 1 hfM ins erste vRStb (62)

R40 2 Lm, 6 vRStb, 2 vRStb zus, 22 vRStb, 2 vRStb zus, 6 vRStb, 1 hStb, 1 vRStb, 2 hRStb, *2 vRStb, 2 hRStb*, bis zum Ende von* bis * wiederholen, 1 hfM ins erste vRStb (60)

R41 2 Lm, 5 vRStb, 2 vRStb zus, 22 vRStb, 2 vRStb zus, 5 vRStb, 1 hStb, 1 vRStb, 2 hRStb, *2 vRStb, 2 hRStb*, bis zum Ende von * bis * wiederholen, 1 hfM ins erste vRStb (58)

R42 2 Lm, 4 vRStb, 2 vRStb zus, 22 vRStb, 2 vRStb zus, 4 vRStb, 1 hStb, 1 vRStb, 2 hRStb, *2 vRStb, 2 hRStb*, bis zum Ende von* bis * wiederholen, 1 hfM ins erste vRStb (56)

R43 2 Lm, 3 vRStb, 2 vRStb zus, 22 vRStb, 2 vRStb zus, 3 vRStb, 1 hStb, 1 vRStb, 2 hRStb, *2 vRStb, 2 hRStb*, bis zum Ende von* bis * wiederholen, 1 hfM ins erste vRStb (54)

R44 2 Lm, 2 vRStb, 2 vRStb zus, 22 vRStb, 2 vRStb zus, 2 vRStb, 1 hStb, 1 vRStb, 2 hRStb, *2 vRStb, 2 hRStb*, bis zum Ende von * bis * wiederholen, 1 hfM ins erste vRStb (52)

R45 2 Lm, 1 vRStb, 2 vRStb zus, 22 vRStb, 2 vRStb zus, 1 vRStb, 1 hStb, 1 vRStb, 2 hRStb, *2 vRStb, 2 hRStb*, bis zum Ende von* bis * wiederholen, 1 hfM ins erste vRStb (50)

R46 2 Lm, 2 vRStb zus, 22 vRStb, 2 vRStb zus, 1 hStb, 1 vRStb, 2 hRStb, *2 vRStb, 2 hRStb*, bis zum Ende von * bis * wiederholen, 1 hfM ins erste vRStb (48)

R47-57 2 Lm, *2 vRStb, 2 hRStb*, bis zum Ende von * bis * wiederholen, 1 hfM ins erste vRStb (48)

Ab hier mit der Farbe fürs Bündchen weiterhäkeln, die Garne für den Schaft der Socke können abgeschnitten werden.

R58 – 64 2 Lm, *2 vRStb, 2 hRStb*, bis zum Ende von * bis * wiederholen, 1 hfM ins erste vRStb (48) Abketteln, Fadenenden verstecken.

GRÖSSE: MEDIUM

R1 Mit der Farbe für die Fußspitze mit einem Fadenring anfangen, 2 Lm (die ersten 2 Lm zählen im ganzen Modell nicht als erstes Stb), 6 Stb in den Ring häkeln, 1 hfM ins erste Stb (6)

R2 2 Lm, 2 vRStb in jedes Stb rundum, 1 hfM ins erste vRStb (12)

R3 2 Lm, * vRStb, 2 vRStb inf*, noch 2x von * bis * wiederholen, 1 hStb, 2 vRStb inf, noch 2x von * bis * wiederholen, 1 hfM ins erste vRStb (18)

R4 2 Lm, *2 vRStb, 2 vRStb inf*, noch 2x von * bis * wiederholen, 1 hStb, 1 vRStb, 2 vRStb inf, noch 2x von * bis * wiederholen, 1 hfM ins erste vRStb (24)

R5 2 Lm, *3 vRStb, 2 vRStb inf*, noch 2x von * bis * wiederholen, 1 hStb, 2 vRStb, 2 vRStb inf, noch 2x von * bis * wiederholen, 1 hfM ins erste vRStb (30)

R6 2 Lm, *4 vRStb, 2 vRStb inf*, noch 2x von * bis * wiederholen, 1 hStb, 3 vRStb, 2 vRStb inf, noch 2x von * bis * wiederholen, 1 hfM ins erste vRStb (36)

R7 2 Lm, *5 vRStb, 2 vRStb inf*, noch 2x von * bis * wiederholen, 1 hStb, 4 vRStb, 2 vRStb inf, noch 2x von * bis * wiederholen, 1 hfM ins erste vRStb (42)

R8 2 Lm, *6 vRStb, 2 vRStb inf*, noch 2x von * bis * wiederholen, 1 hStb, 5 vRStb, 2 vRStb inf, noch 2x von * bis * wiederholen, 1 hfM ins erste vRStb (48)

R9 2 Lm, *7 vRStb, 2 vRStb inf*, noch 2x von * bis * wiederholen, 1 hStb, 6 vRStb, 2 vRStb inf, noch 2x von * bis * wiederholen, 1 hfM ins erste vRStb (54)

R10-17 2 Lm, 27 vRStb, 1 hStb, 26 vRStb, 1 hfM ins erste vRStb (54)

Ab hier nach jeder Runde die Farbe für den Schaft wechseln (siehe auch die Tipps & Tricks zum Farbwechsel auf S. 51), den Faden für die Fußspitze kannst du jetzt abschneiden.

R18 2 Lm, 27 vRStb, 1 hStb, 26 vRStb, 1 hfM ins erste vRStb (54)

R19-37 2 Lm, 27 vRStb, 1 hStb, 2 vRStb, *2 hRStb, 2 vRStb*, bis zum Ende von * bis * wiederholen, 1 hfM ins erste vRStb (54)

R38 2 Lm, 2 vRStb inf, 25 vRStb, 2 vRStb inf, 1 hStb, 2 vRStb, *2 hRStb,2 vRStb*, bis zum Ende von * bis * wiederholen, 1 hfM ins erste vRStb (56)

R39 2 Lm, 1 vRStb, 2 vRStb inf, 25 vRStb, 2 vRStb inf, 1 vRStb, 1 hStb, 2 vRStb, *2 hRStb, 2 vRStb*, bis zum Ende von * bis * wiederholen, 1 hfM ins erste vRStb (58)

R40 2 Lm, 2 vRStb, 2 vRStb inf, 25 vRStb, 2 vRStb inf, 2 vRStb, 1 hStb, 2 vRStb,

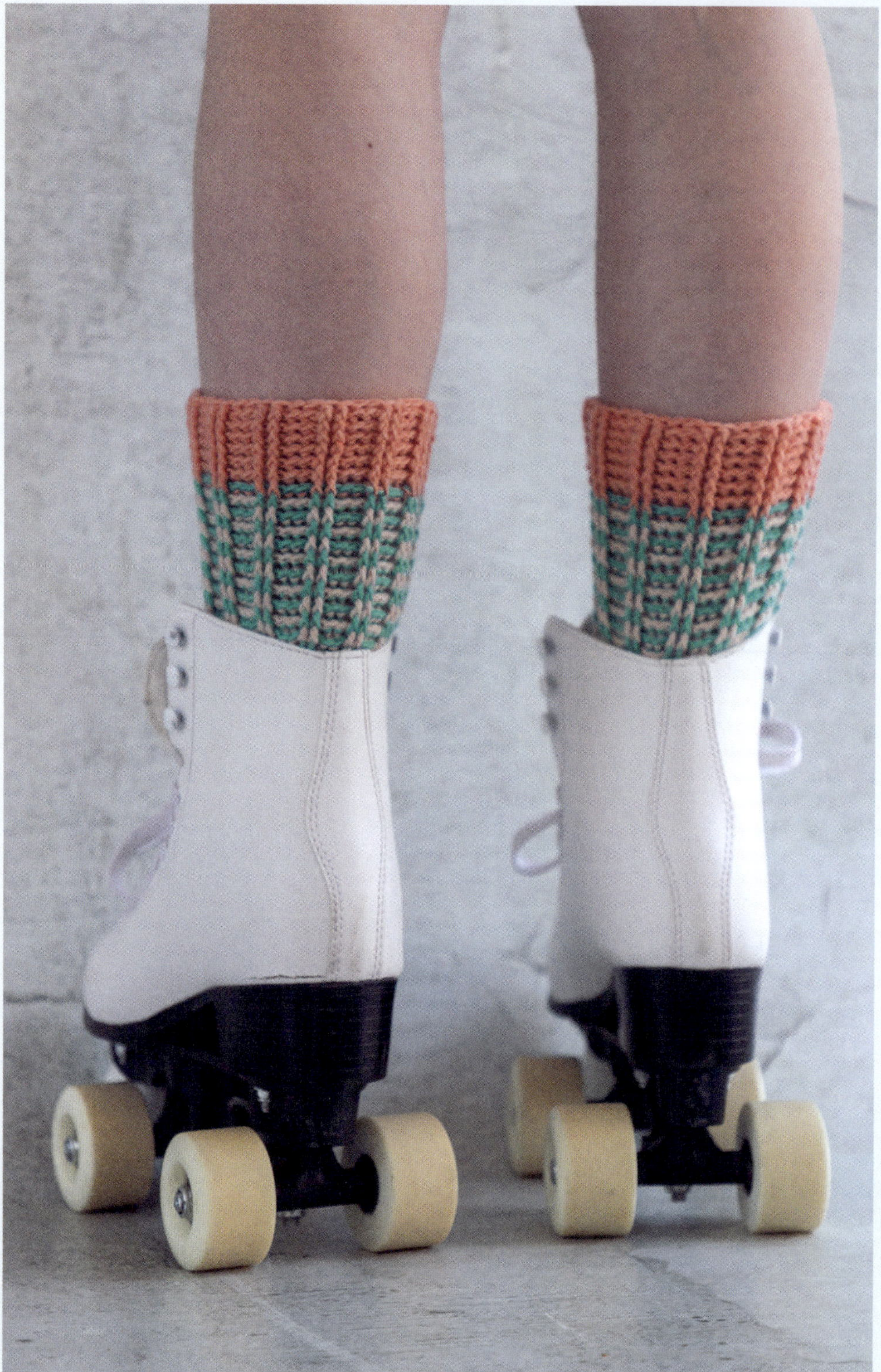

2 hRStb, 2 vRStb, bis zum Ende von * bis * wiederholen, 1 hfM ins erste vRStb ⟨60⟩

R41 2 Lm, 3 vRStb, 2 vRStb inf, 25 vRStb, 2 vRStb inf, 3 vRStb, 1 hStb, 2 vRStb, *2 hRStb, 2 vRStb*, bis zum Ende von * bis * wiederholen, 1 hfM ins erste vRStb ⟨62⟩

R42 2 Lm, 4 vRStb, 2 vRStb inf, 25 vRStb, 2 vRStb inf, 4 vRStb, 1 hStb, 2 vRStb, *2 hRStb, 2 vRStb*, bis zum Ende von * bis * wiederholen, 1 hfM ins erste vRStb ⟨64⟩

R43 2 Lm, 5 vRStb, 2 vRStb inf, 25 vRStb, 2 vRStb inf, 5 vRStb, 1 hStb, 2 vRStb, *2 hRStb, 2 vRStb*, bis zum Ende von * bis * wiederholen, 1 hfM ins erste vRStb ⟨66⟩

R44 2 Lm, 6 vRStb, 2 vRStb inf, 25 vRStb, 2 vRStb inf, 6 vRStb, 1 hStb, 2 vRStb, *2 hRStb, 2 vRStb*, bis zum Ende von * bis * wiederholen, 1 hfM ins erste vRStb ⟨68⟩

R45 2 Lm, 7 vRStb, 2 vRStb inf, 25 vRStb, 2 vRStb inf, 7 vRStb, 1 hStb, 2 vRStb, *2 hRStb, 2 vRStb*, bis zum Ende von * bis * wiederholen, 1 hfM ins erste vRStb ⟨70⟩

R46 2 Lm, 7 vRStb, 2 vRStb zus, 25 vRStb, 2 vRStb zus, 7 vRStb, 1 hStb, 2 vRStb, *2 hRStb, 2 vRStb*, bis zum Ende von * bis * wiederholen, 1 hfM ins erste vRStb ⟨68⟩

R47 2 Lm, 6 vRStb, 2 vRStb zus, 25 vRStb, 2 vRStb zus, 6 vRStb, 1 hStb, 2 vRStb, *2 hRStb, 2 vRStb*, bis zum Ende von * bis * wiederholen, 1 hfM ins erste vRStb ⟨66⟩

R48 2 Lm, 5 vRStb, 2 vRStb zus, 25 vRStb, 2 vRStb zus, 5 vRStb, 1 hStb, 2 vRStb, *2 hRStb, 2 vRStb*, bis zum Ende von * bis * wiederholen, 1 hfM ins erste vRStb ⟨64⟩

R49 2 Lm, 4 vRStb, 2 vRStb zus, 25 vRStb, 2 vRStb zus, 4 vRStb, 1 hStb, 2 vRStb, *2 hRStb, 2 vRStb*, bis zum Ende von * bis * wiederholen, 1 hfM ins erste vRStb ⟨62⟩

R50 2 Lm, 3 vRStb, 2 vRStb zus, 25 vRStb, 2 vRStb zus, 3 vRStb, 1 hStb, 2 vRStb, *2 hRStb, 2 vRStb*, bis zum Ende von * bis * wiederholen, 1 hfM ins erste vRStb ⟨60⟩

R51 2 Lm, 2 vRStb, 2 vRStb zus, 25 vRStb, 2 vRStb zus, 2 vRStb, 1 hStb, 2 vRStb, *2 hRStb, 2 vRStb*, bis zum Ende von * bis * wiederholen, 1 hfM ins erste vRStb ⟨58⟩

R52 2 Lm, 1 vRStb, 2 vRStb zus, 25 vRStb, 2 vRStb zus, 1 vRStb, 1 hStb, 2 vRStb, *2 hRStb, 2 vRStb*, bis zum Ende von * bis * wiederholen, 1 hfM ins erste vRStb ⟨56⟩

R53 2 Lm, 2 vRStb zus, 25 vRStb, 2 vRStb zus, 1 hStb < dieses hStb markieren, 2 vRStb, *2 hRStb, 2 vRStb*, bis zum Ende von * bis * wiederholen, 1 hfM ins erste vRStb ⟨54⟩

R54-66 2 Lm, 1 hRStb, 2 vRStb, *2 hRStb, 2 vRStb*, bis zum Markierer von * bis * wiederholen, 1 hRStb in die markierte Masche und dann den Markierer wieder hier einsetzen, 2 vRStb, bis zum Ende von * bis * wiederholen, 1 hfM ins erste hRStb ⟨54⟩

Ab hier mit der Farbe fürs Bündchen weiterhäkeln, die Garne für den Schaft der Socke können jetzt abgeschnitten werden.

R67 – 74 2 Lm, 1 hRStb, 2 vRStb, *2 hRStb, 2 vRStb*, bis zum Markierer von * bis * wiederholen, 1 hRStb in die markierte Masche und dann den Markierer wieder hier einsetzen, 2 vRStb, bis zum Ende von * bis * wiederholen, 1 hfM ins erste hRStb ⟨54⟩
Abketteln, Fadenenden verstecken.

Kaffeebohnen

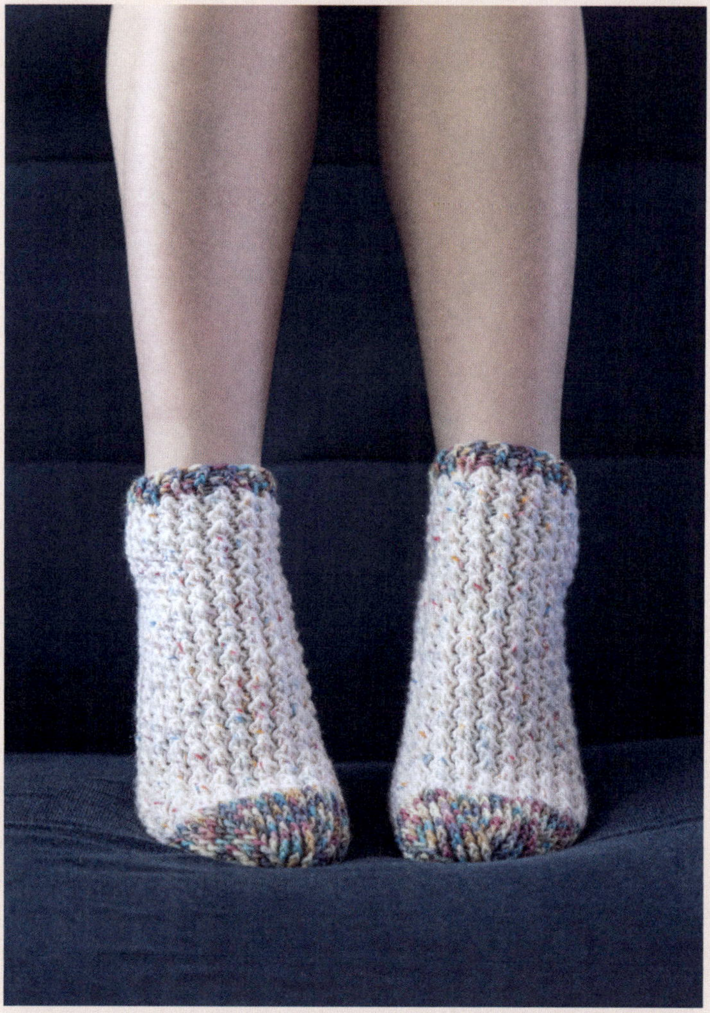

Schwierigkeitsgrad: 3 von 5

DAS MUSTER DIESER SOCKEN BASIERT AUF DER GESTRICKTEN »KAFFEEBOHNEN-MASCHE«, EIN SCHÖNES, ELEGANTES MUSTER, DAS SICH AUCH SEHR GUT HÄKELN LÄSST.

Für die Wahl der richtigen Größe siehe Seite 13.

MATERIALIEN

Sockenwolle für Nadelstärke 2,5-3,5.
Ich habe folgende Garne verwendet:

Blau Lang Yarns Jawoll Twin (50 g/210 m), Farbe: 0501

Weiß/mehrfarbig
Regia 4-fädig (100 g/420 m), Farbe: 05062 und 05025

Häkelnadel 4 mm
Für die Wahl der richtigen Häkelnadel siehe: Maschenprobe S. 14.

Geschätzter Materialbedarf
0-6: 210 m, 12-24: 210 m, 3-5: 420 m, 6-10: 420 m, Small: 420 m, Medium: 630 m

ABKÜRZUNGEN

Lm	Luftmasche
Stb	Stäbchen
vRStb	Vorderes Reliefstäbchen
hRStb	Hinteres Reliefstäbchen
hfM	Halbe feste Masche
hStb	Halbes Stäbchen
2 vRStb inf	2 vordere Reliefstäbchen in folgende Masche
2 vRStb zus	2 vordere Reliefstäbchen zusammenhäkeln
3 vRStb inf	3 vordere Reliefstäbchen in folgende Masche
3 vRStb zus	3 vordere Reliefstäbchen zusammenhäkeln

Kaffeebohnen-Muster 0-6

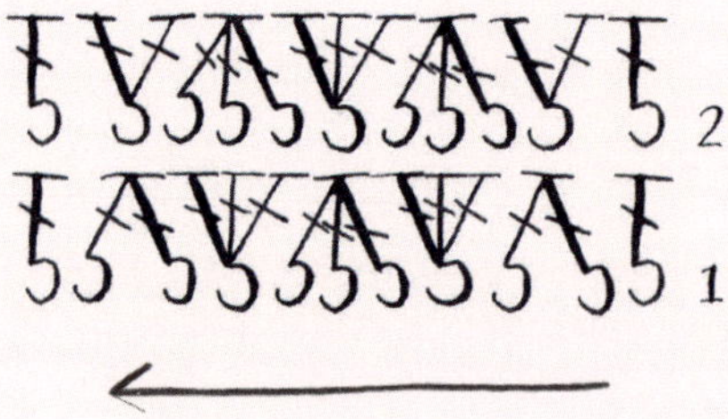

GRÖSSE: 0-6 MONATE

MUSTER 1: 1 vRStb, 2 vRStb zus, 3 vRStb inf, 3 vRStb zus, 3 vRStb inf, 2 vRStb zus, 1 vRStb.

MUSTER 2: 1vRStb, 2 vRStb inv, 3 vRStb zus, 3 vRStb inf, 3 vRStb zus, 2 vRStb inv, 1 vRStb.

R1 Mit einem Fadenring anfangen, 2 Lm ⟨die ersten 2 Lm zählen im ganzen Modell nicht als erstes Stb⟩, 6 Stb in den Ring häkeln, 1 hfM ins erste Stb ⟨6⟩

R2 2 Lm, 2 vRStb in jedes Stb rundum, 1 hfM ins erste vRStb ⟨12⟩

R3 2 Lm, * vRStb, 2 vRStb inf*, noch 2x von * bis * wiederholen, 1 hStb, 2 vRStb inf, noch 2x von * bis * wiederholen, 1 hfM ins erste vRStb ⟨18⟩

R4 2 Lm, *2 vRStb, 2 vRStb inf*, noch 2x von * bis * wiederholen, 1 hStb, 1 vRStb, 2 vRStb inf, noch 2x von * bis * wiederholen, 1 hfM ins erste vRStb ⟨24⟩

R5 2 Lm, *12 vRStb, 1 hStb, 11 vRStb, 1 hfM ins erste vRStb ⟨24⟩

R6 2 Lm, 12 vRStb, 1 hStb, Kaffeebohnen 0-6, Muster 1, 1 hfM ins erste vRStb ⟨24⟩

R7 2 Lm, 12 vRStb, 1 hStb, Kaffeebohnen 0-6, Muster 2, 1 hfM ins erste vRStb ⟨24⟩

R8-12 Rd 6-7 wiederholen, dabei mit Rd 6 enden.

R13 2 Lm, 2 vRStb inf, 10 vRStb, 2 vRStb inf, 1 hStb, Kaffeebohnen 0-6, Muster 2, 1 hfM ins erste vRStb ⟨26⟩

R14 2 Lm, 1 vRStb, 2 vRStb inf, 10 vRStb, 2 vRStb inf, 1 vRStb, 1 hStb, Kaffeebohnen 0-6, Muster 1, 1 hfM ins erste vRStb ⟨28⟩

R15 2 Lm, 2 vRStb, 2 vRStb inf, 10 vRStb, 2 vRStb inf, 2 vRStb, 1 hStb, Kaffeebohnen 0-6, Muster 2, 1 hfM ins erste vRStb ⟨30⟩

R16 2 Lm, 2 vRStb, 2 vRStb zus, 10 vRStb, 2 vRStb zus, 1 hStb, Kaffeebohnen 0-6, Muster 1, 1 hfM ins erste vRStb ⟨28⟩

R17 2 Lm, 1 vRStb, 2 vRStb zus, 10 vRStb, 2 vRStb zus, 1 vRStb, 1 hStb, Kaffeebohnen 0-6, Muster 2, 1 hfM ins erste vRStb ⟨26⟩

R18 2 Lm, 2 vRStb zus, 10 vRStb, 2 vRStb zus, 1 hStb, Kaffeebohnen 0-6, Muster 1, 1 hfM ins erste vRStb ⟨24⟩

R19 2 Lm, 1 hRStb, Kaffeebohnen 0-6, Muster 2, 1 hStb, Kaffeebohnen 0-6, Muster 2, 1 hfM ins erste hRStb ⟨24⟩

R20 2 Lm, 1 hRStb, Kaffeebohnen 0-6, Muster 1, 1 hStb, Kaffeebohnen 0-6, Muster 1, 1 hfM ins erste hRStb ⟨24⟩

R21 Rd 19 wiederholen.

R22 2 Lm, 1 hRStb, 1 vRStb in jede Masche bis zum hStb, 1 hStb, bis zum Ende 1 vRStb in jede Masche, 1 hfM ins erste hRStb ⟨24⟩

R23-24 2 Lm, *1 hRStb, 1 vRStb*, von * bis * rundum wiederholen, 1 hfM ins erste hRStb ⟨24⟩

Abketteln, Fadenenden verstecken.

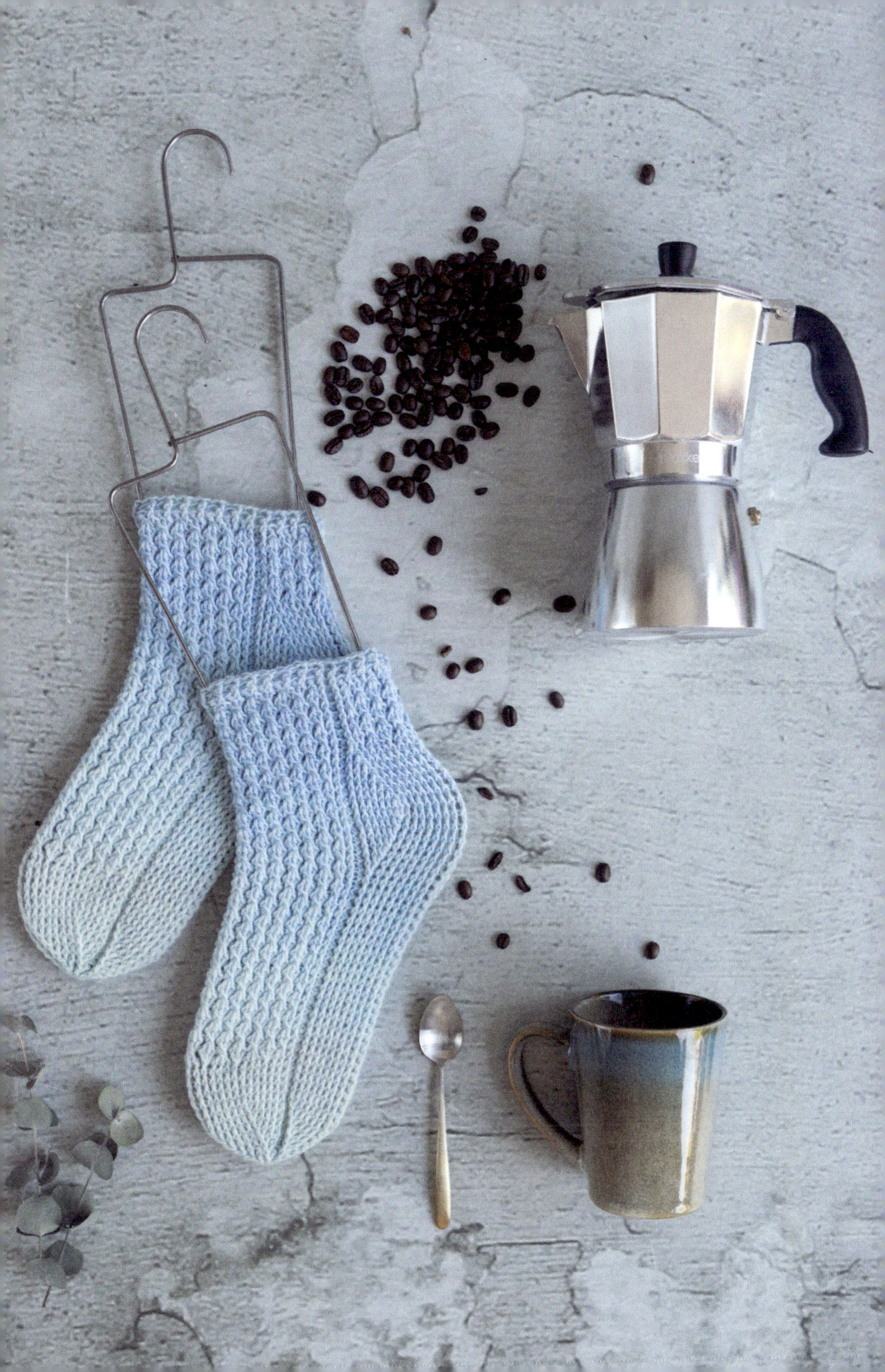

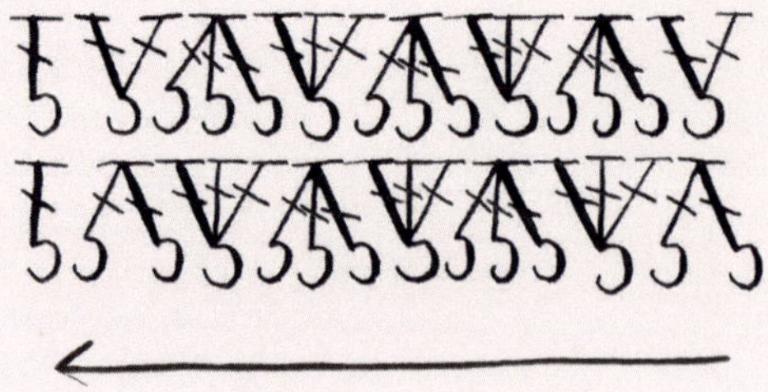

GRÖSSE: 12-24 MONATE

MUSTER 1: 2 vRStb zus, 3 vRStb inf, 3 vRStb zus, 3 vRStb inf, 3 vRStb zus, 3 vRStb inf, 2 vRStb zus, 1 vRStb.
MUSTER 2: 2 vRStb inf 3 vRStb zus, 3 vRStb inv, 3 vRStb zus, 3 vRStb inf, 3 vRStb zus, 2 vRStb inv, 1 vRStb.

R1 Mit einem Fadenring anfangen, 2 Lm (die ersten 2 Lm zählen im ganzen Modell nicht als erstes Stb), 6 Stb in den Ring häkeln, 1 hfM ins erste Stb (6)
R2 2 Lm, 2 vRStb in jedes Stb rundum, 1 hfM ins erste vRStb (12)
R3 2 Lm, * vRStb, 2 vRStb inf*, noch 2x von * bis * wiederholen, 1 hStb, 2 vRStb inf, noch 2x von * bis * wiederholen, 1 hfM ins erste vRStb (18)
R4 2 Lm, *2 vRStb, 2 vRStb inf*, noch 2x von * bis * wiederholen, 1 hStb, 1 vRStb, 2 vRStb inf, noch 2x von * bis * wiederholen, 1 hfM ins erste vRStb (24)
R5 2 Lm, *3 vRStb, 2 vRStb inf*, noch 2x von * bis * wiederholen, 1 hStb, 2 vRStb, 2 vRStb inf, noch 2x von * bis * wiederholen, 1 hfM ins erste vRStb (30)
R6-7 2 Lm, 15 vRStb, 1 hStb, 14 vRStb, 1 hfM ins erste vRStb (30)
R8 2 Lm, 15 vRStb, 1 hStb, Kaffeebohnen 12-24, Muster 1, 1 hfM ins erste vRStb (30)
R9 2 Lm, 15 vRStb, 1 hStb, Kaffeebohnen 12-24, Muster 2, 1 hfM ins erste vRStb (30)
R10-17 Rd 8-9 wiederholen.
R18 2 Lm, 2 vRStb inf, 13 vRStb, 2 vRStb inf, 1 hStb, Kaffeebohnen 12-24, Muster 1, 1 hfM ins erste vRStb (32)
R19 2 Lm, 1 vRStb, 2 vRStb inf, 13 vRStb, 2 vRStb inf, 1 vRStb, 1 hStb, Kaffeebohnen 12-24, Muster 2, 1 hfM ins erste vRStb (34)
R20 2 Lm, 2 vRStb, 2 vRStb inf, 13 vRStb, 2 vRStb inf, 2 vRStb, 1 hStb, Kaffeebohnen 12-24, Muster 1, 1 hfM ins erste vRStb (36)
R21 2 Lm, 3 vRStb, 2 vRStb inf, 13 vRStb, 2 vRStb inf, 3 vRStb, 1 hStb, Kaffeebohnen 12-24, Muster 2, 1 hfM ins erste vRStb (38)
R22 2 Lm, 3 vRStb, 2 vRStb zus, 13 vRStb, 2 vRStb zus, 3 vRStb, 1 hStb, Kaffeebohnen 12-24, Muster 1, 1 hfM ins erste vRStb (36)
R23 2 Lm, 2 vRStb, 2 vRStb zus, 13 vRStb, 2 vRStb zus, 2 vRStb, 1 hStb, Kaffeebohnen 12-24, Muster 2, 1 hfM ins erste vRStb (34)
R24 2 Lm, 1 vRStb, 2 vRStb zus, 13 vRStb, 2 vRStb zus, 1 vRStb, 1 hStb, Kaffeebohnen 12-24, Muster 1, 1 hfM ins erste vRStb (32)
R25 2 Lm, 2 vRStb zus, 13 vRStb, 2 vRStb zus, 1 hStb, Kaffeebohnen 12-24, Muster 2, 1 hfM ins erste vRStb (30)
R26 2 Lm, 1 hRStb, Kaffeebohnen 12-24, Muster 1, 1 hStb, Kaffeebohnen

Kaffeebohnen-Muster 3-5

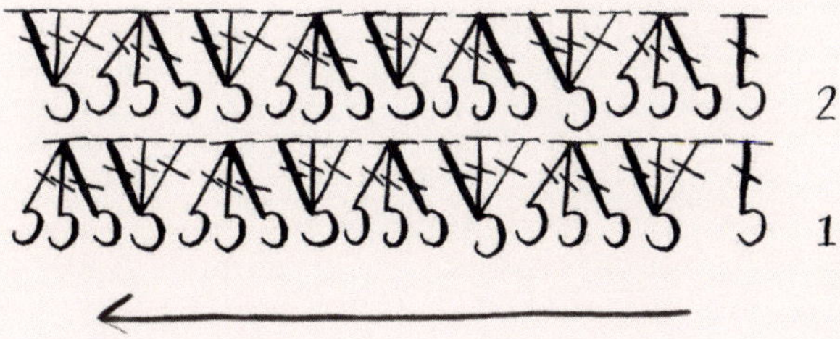

12-24, Muster 1, 1 hfM ins erste hRStb ⟨30⟩

R27 2 Lm, 1 hRStb, Kaffeebohnen 12-24, Muster 2, 1 hStb, Kaffeebohnen 12-24, Muster 2, 1 hfM ins erste hRStb ⟨30⟩

R28-29 Rd 26-27 wiederholen.

R30 2 Lm, 1 hRStb, 1 vRStb in jede Masche bis zum hStb, 1 hStb, bis zum Ende 1 vRStb in jede Masche, 1 hfM ins erste hRStb ⟨30⟩

R31-32 2 Lm, *1 hRStb, 1 vRStb*, von * bis * rundum wiederholen, 1 hfM ins erste hRStb ⟨30⟩
Abketteln, Fadenenden verstecken.

GRÖSSE: 3-5 JAHRE

MUSTER 1: 1 vRStb, *3 vRStb inf,3 vRStb zus*, bis zum Ende von * bis * wiederholen.

MUSTER 2: 1 vRStb, *3 vRStb zus,3 vRStb inf*, bis zum Ende von * bis * wiederholen.

R1 Mit einem Fadenring anfangen, 2 Lm ⟨die ersten 2 Lm zählen im ganzen Modell nicht als erstes Stb⟩, 6 Stb in den Ring häkeln, 1 hfM ins erste Stb ⟨6⟩

R2 2 Lm, 2 vRStb in jedes Stb rundum, 1 hfM ins erste vRStb ⟨12⟩

R3 2 Lm, * vRStb, 2 vRStb inf*, noch 2x von * bis * wiederholen, 1 hStb, 2 vRStb inf, noch 2x von * bis * wiederholen, 1 hfM ins erste vRStb ⟨18⟩

R4 2 Lm, *2 vRStb, 2 vRStb inf*, noch 2x von * bis * wiederholen, 1 hStb, 1 vRStb, 2 vRStb inf, noch 2x von * bis * wiederholen, 1 hfM ins erste vRStb ⟨24⟩

R5 2 Lm, *3 vRStb, 2 vRStb inf*, noch 2x von * bis * wiederholen, 1 hStb, 2 vRStb, 2 vRStb inf, noch 2x von * bis * wiederholen, 1 hfM ins erste vRStb ⟨30⟩

R6 2 Lm, *4 vRStb, 2 vRStb inf*, noch 2x von * bis * wiederholen, 1 hStb, 3 vRStb, 2 vRStb inf, noch 2x von * bis * wiederholen, 1 hfM ins erste vRStb ⟨36⟩

R7-9 2 Lm, 18 vRStb, 1 hStb, 17 vRStb, 1 hfM ins erste vRStb ⟨36⟩

R10 2 Lm, 18 vRStb, 1 hStb, Kaffeebohnen 3-5, Muster 1, 1 hfM ins erste vRStb ⟨36⟩

R11 2 Lm, 18 vRStb, 1 hStb, Kaffeebohnen 3-5, Muster 2, 1 hfM ins erste vRStb ⟨36⟩

R12-21 Rd 10-11 wiederholen.

R22 2 Lm, 2 vRStb inf, 16 vRStb, 2 vRStb inf, 1 hStb, Kaffeebohnen 3-5, Muster 1, 1 hfM ins erste vRStb ⟨38⟩

R23 2 Lm, 1 vRStb, 2 vRStb inf, 16 vRStb, 2 vRStb inf, 1 vRStb, 1 hStb, Kaffeebohnen 3-5, Muster 2, 1 hfM ins erste vRStb ⟨40⟩

R24 2 Lm, 2 vRStb, 2 vRStb inf, 16 vRStb, 2 vRStb inf, 2 vRStb, 1 hStb, Kaffeebohnen 3-5, Muster 1, 1 hfM ins erste vRStb ⟨42⟩

R25 2 Lm, 3 vRStb, 2 vRStb inf, 16 vRStb, 2 vRStb inf, 3 vRStb, 1 hStb, Kaffeebohnen 3-5, Muster 2, 1 hfM ins erste vRStb ⟨44⟩

R26 2 Lm, 4 vRStb, 2 vRStb inf, 16 vRStb, 2 vRStb inf, 4 vRStb, 1 hStb, Kaffeebohnen 3-5, Muster 1, 1 hfM ins erste vRStb ⟨46⟩

R27 2 Lm, 4 vRStb, 2 vRStb zus, 16 vRStb, 2 vRStb zus, 4 vRStb, 1 hStb, Kaffeebohnen 3-5, Muster 2, 1 hfM ins erste vRStb ⟨44⟩

R28 2 Lm, 3 vRStb, 2 vRStb zus, 16 vRStb, 2 vRStb zus, 3 vRStb, 1 hStb, Kaffeebohnen 3-5, Muster 1, 1 hfM ins erste vRStb ⟨42⟩

R29 2 Lm, 2 vRStb, 2 vRStb zus, 16 vRStb, 2 vRStb zus, 2 vRStb, 1 hStb, Kaffeebohnen 3-5, Muster 2, 1 hfM ins erste vRStb ⟨40⟩

R30 2 Lm, 1 vRStb, 2 vRStb zus, 16 vRStb, 2 vRStb zus, 1 vRStb, 1 hStb, Kaffeebohnen 3-5, Muster 1, 1 hfM ins erste vRStb ⟨38⟩

R31 2 Lm, 2 vRStb zus, 16 vRStb, 2 vRStb zus, 1 hStb, Kaffeebohnen 3-5, Muster 2, 1 hfM ins erste vRStb ⟨36⟩

R32 2 Lm, 1 hRStb, Kaffeebohnen 3-5, Muster 1, 1 hStb, Kaffeebohnen 3-5, Muster 1, 1 hfM ins erste hRStb ⟨36⟩

R33 2 Lm, 1 hRStb, Kaffeebohnen 3-5, Muster 2, 1 hStb, Kaffeebohnen 3-5, Muster 2, 1 hfM ins erste hRStb ⟨36⟩

R34-37 Rd 32-33 wiederholen.

R38 2 Lm, 1 hRStb, 1 vRStb in jede Masche bis zum hStb, 1 hStb, bis zum Ende 1 vRStb in jede Masche, 1 hfM ins erste hRStb ⟨36⟩

R39-40 2 Lm, *1 hRStb, 1 vRStb*, von * bis * rundum wiederholen, 1 hfM ins erste hRStb ⟨36⟩

Abketteln, Fadenenden vernähen.

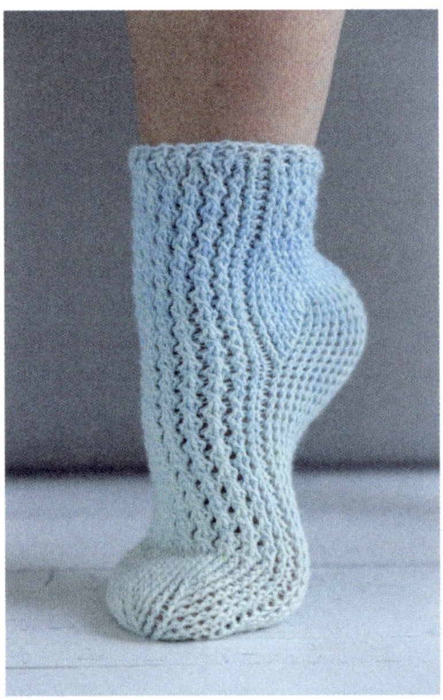

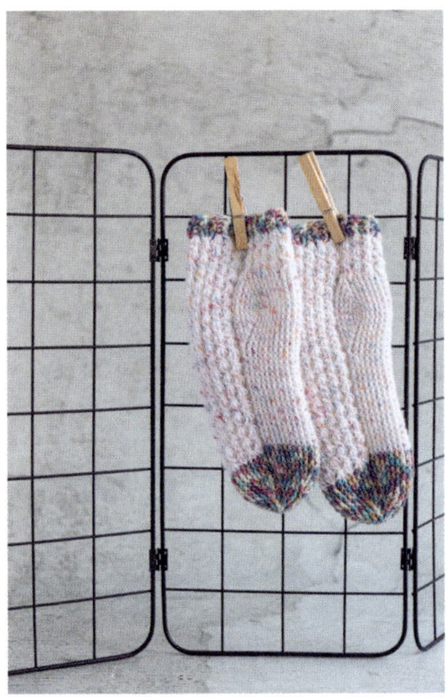

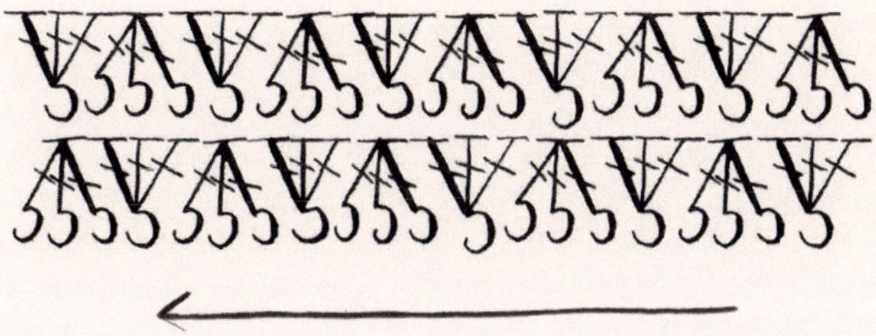

GRÖSSE: 6-10 JAHRE

MUSTER 1: *3 vRStb inf,3 vRStb zus*, bis zum Ende von * bis * wiederholen.
MUSTER 2: *3 vRStb zus,3 vRStb inf*, bis zum Ende von * bis * wiederholen.

R1 Mit einem Fadenring anfangen, 2 Lm (die ersten 2 Lm zählen im ganzen Modell nicht als erstes Stb), 6 Stb in den Ring häkeln, 1 hfM ins erste Stb (6)

R2 2 Lm, 2 vRStb in jedes Stb rundum, 1 hfM ins erste vRStb (12)

R3 2 Lm, * vRStb, 2 vRStb inf*, noch 2x von * bis * wiederholen, 1 hStb, 2 vRStb inf, noch 2x von * bis * wiederholen, 1 hfM ins erste vRStb (18)

R4 2 Lm, *2 vRStb, 2 vRStb inf*, noch 2x von * bis * wiederholen, 1 hStb, 1 vRStb, 2 vRStb inf, noch 2x von * bis * wiederholen, 1 hfM ins erste vRStb (24)

R5 2 Lm, *3 vRStb, 2 vRStb inf*, noch 2x von * bis * wiederholen, 1 hStb, 2 vRStb, 2 vRStb inf, noch 2x von * bis * wiederholen, 1 hfM ins erste vRStb (30)

R6 2 Lm, *4 vRStb, 2 vRStb inf*, noch 2x von * bis * wiederholen, 1 hStb, 3 vRStb, 2 vRStb inf, noch 2x von * bis * wiederholen, 1 hfM ins erste vRStb (36)

R7 2 Lm, *5 vRStb, 2 vRStb inf*, noch 2x von * bis * wiederholen, 1 hStb, 4 vRStb, 2 vRStb inf, noch 2x von * bis * wiederholen, 1 hfM ins erste vRStb (42)

R8-11 2 Lm, 21 vRStb, 1 hStb, 20 vRStb, 1 hfM ins erste vRStb (42)

R12 2 Lm, 21 vRStb, 1 hStb, Kaffeebohnen 6-10, Muster 1, 1 hfM ins erste vRStb (42)

R13 2 Lm, 21 vRStb, 1 hStb, Kaffeebohnen 6-10, Muster 2, 1 hfM ins erste vRStb (42)

R14-27 Rd 12-13 wiederholen.

R28 2 Lm, 2 vRStb inf, 19 vRStb, 2 vRStb inf, 1 hStb, Kaffeebohnen 6-10,Muster 1, 1 hfM ins erste vRStb (44)

R29 2 Lm, 1 vRStb, 2 vRStb inf, 19 vRStb, 2 vRStb inf, 1 vRStb, 1 hStb, Kaffeebohnen 6-10, Muster 2, 1 hfM ins erste vRStb (46)

R30 2 Lm, 2 vRStb, 2 vRStb inf, 19 vRStb, 2 vRStb inf, 2 vRStb, 1 hStb, Kaffeebohnen 6-10, Muster 1, 1 hfM ins erste vRStb (48)

R31 2 Lm, 3 vRStb, 2 vRStb inf, 19 vRStb, 2 vRStb inf, 3 vRStb, 1 hStb, Kaffeebohnen 6-10, Muster 2, 1 hfM ins erste vRStb (50)

R32 2 Lm, 4 vRStb, 2 vRStb inf, 19 vRStb, 2 vRStb inf, 4 vRStb, 1 hStb, Kaffeebohnen 6-10, Muster 1, 1 hfM ins erste vRStb (52)

R33 2 Lm, 5 vRStb, 2 vRStb inf, 19 vRStb, 2 vRStb inf, 5 vRStb, 1 hStb, Kaffeebohnen 6-10, Muster 2, 1 hfM ins erste vRStb (54)

R34 2 Lm, 5 vRStb, 2 vRStb zus, 19 vRStb, 2 vRStb zus, 5 vRStb, 1 hStb, Kaffee-

Kaffeebohnen-Muster Small

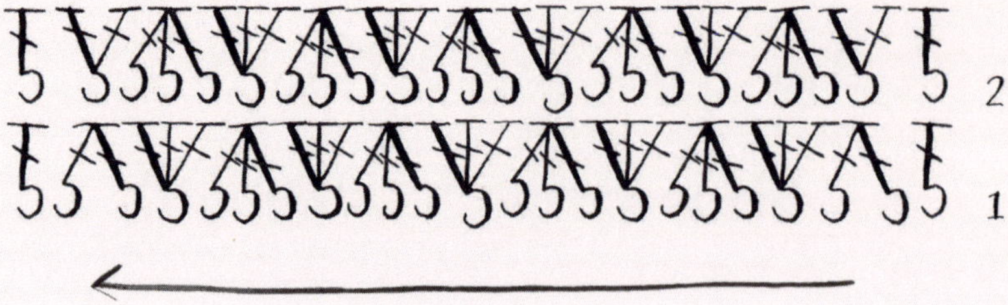

bohnen 6-10, Muster 1, 1 hfM ins erste vRStb ⟨54⟩

R35 2 Lm, 4 vRStb, 2 vRStb zus, 19 vRStb, 2 vRStb zus, 4 vRStb, 1 hStb, Kaffeebohnen 6-10, Muster 2, 1 hfM ins erste vRStb ⟨50⟩

R36 2 Lm, 3 vRStb, 2 vRStb zus, 19 vRStb, 2 vRStb zus, 3 vRStb, 1 hStb, Kaffeebohnen 6-10, Muster 1, 1 hfM ins erste vRStb ⟨48⟩

R37 2 Lm, 2 vRStb, 2 vRStb zus, 19 vRStb, 2 vRStb zus, 2 vRStb, 1 hStb, Kaffeebohnen 6-10, Muster 2, 1 hfM ins erste vRStb ⟨46⟩

R38 2 Lm, 1 vRStb, 2 vRStb zus, 19 vRStb, 2 vRStb zus, 1 vRStb, 1 hStb, Kaffeebohnen 6-10, Muster 1, 1 hfM ins erste vRStb ⟨44⟩

R39 2 Lm, 2 vRStb zus, 19 vRStb, 2 vRStb zus, 1 hStb, Kaffeebohnen 6-10, Muster 2, 1 hfM ins erste vRStb ⟨42⟩

R40 2 Lm, 1 hRStb, Kaffeebohnen 6-10, Muster 1, 1 hStb, Kaffeebohnen 6-10, Muster 1, 1 hfM ins erste hRStb ⟨42⟩

R41 2 Lm, 1 hRStb, Kaffeebohnen 6-10, Muster 2, 1 hStb, Kaffeebohnen 6-10, Muster 2, 1 hfM ins erste hRStb ⟨42⟩

R42-45 Rd 40-41 wiederholen.

R46 2 Lm, 1 hRStb, 1 vRStb in jede Masche bis zum hStb, 1 hStb, bis zum Ende 1 vRStb in jede Masche, 1 hfM ins erste hRStb ⟨42⟩

R47-48 2 Lm, *1 hRStb, 1 vRStb*, von * bis * rundum wiederholen, 1 hfM ins erste hRStb ⟨42⟩

Abketteln, Fadenenden verstecken.

GRÖSSE: SMALL

MUSTER 1: 1 vRStb, 2 vRStb zus, *3 vRStb inf, 3 vRStb zus*, bis auf die letzten 4 Maschen von * bis * wiederholen, 3 vRStb inf, 2 vRStb zus, 1 vRStb.

MUSTER 2: 1 vRStb, 2 vRStb inf, *3 vRStb zus, 3 vRStb inf*, bis auf die letzten 5 Maschen von * bis * wiederholen, 3 vRStb zus, 2 vRStb inf, 1 vRStb.

R1 Mit einem Fadenring anfangen, 2 Lm ⟨die ersten 2 Lm zählen im ganzen Modell nicht als erstes Stb⟩, 6 Stb in den Ring häkeln, 1 hfM ins erste Stb ⟨6⟩

R2 2 Lm, 2 vRStb in jedes Stb rundum, 1 hfM ins erste vRStb ⟨12⟩

R3 2 Lm, * vRStb, 2 vRStb inf*, noch 2x von * bis * wiederholen, 1 hStb, 2 vRStb inf, noch 2x von * bis *x wiederholen, 1 hfM ins erste vRStb ⟨18⟩

R4 2 Lm, *2 vRStb, 2 vRStb inf*, noch 2x von * bis * wiederholen, 1 hStb, 1 vRStb, 2 vRStb inf, noch 2x von * bis * wiederholen, 1 hfM ins erste vRStb ⟨24⟩

R5 2 Lm, *3 vRStb, 2 vRStb inf*, noch 2x von * bis * wiederholen, 1 hStb, 2 vRStb, 2 vRStb inf, noch 2x von * bis * wiederholen, 1 hfM ins erste vRStb ⟨30⟩

R6 2 Lm, *4 vRStb, 2 vRStb inf*, noch 2x von * bis * wiederholen, 1 hStb, 3 vRStb, 2 vRStb inf, noch 2x von *

bis * wiederholen, 1 hfM ins erste vRStb (36)

R7 2 Lm, *5 vRStb, 2 vRStb inf*, noch 2x von * bis * wiederholen, 1 hStb, 4 vRStb, 2 vRStb inf, noch 2x von * bis * wiederholen, 1 hfM ins erste vRStb (42)

R8 2 Lm, *6 vRStb, 2 vRStb inf*, noch 2x von * bis * wiederholen, 1 hStb, 5 vRStb, 2 vRStb inf, noch 2x von * bis * wiederholen, 1 hfM ins erste vRStb (48)

R9-13 2 Lm, 24 vRStb, 1 hStb, 23 vRStb, 1 hfM ins erste vRStb (48)

R14 2 Lm, 24 vRStb, 1 hStb, Kaffeebohnen Small, Muster 1, 1 hfM ins erste vRStb (48)

R15 2 Lm, 24 vRStb, 1 hStb, Kaffeebohnen Small, Muster 2, 1 hfM ins erste vRStb (48)

R16-32 Rd 14-15 wiederholen, dabei mit Rd 14 enden.

R33 2 Lm, 2 vRStb inf, 22 vRStb, 2 vRStb inf, 1 hStb, Kaffeebohnen Small, Muster 2, 1 hfM ins erste vRStb (50)

R34 2 Lm, 1 vRStb, 2 vRStb inf, 22 vRStb, 2 vRStb inf, 1 vRStb, 1 hStb, Kaffeebohnen Small, Muster 1, 1 hfM ins erste vRStb (52)

R35 2 Lm, 2 vRStb, 2 vRStb inf, 22 vRStb, 2 vRStb inf, 2 vRStb, 1 hStb, Kaffeebohnen Small, Muster 2, 1 hfM ins erste vRStb (54)

R36 2 Lm, 3 vRStb, 2 vRStb inf, 22 vRStb, 2 vRStb inf, 3 vRStb, 1 hStb, Kaffeebohnen Small, Muster 1, 1 hfM ins erste vRStb (56)

R37 2 Lm, 4 vRStb, 2 vRStb inf, 22 vRStb, 2 vRStb inf, 4 vRStb, 1 hStb, Kaffeebohnen Small, Muster 2, 1 hfM ins erste vRStb (58)

R38 2 Lm, 5 vRStb, 2 vRStb inf, 22 vRStb, 2 vRStb inf, 5 vRStb, 1 hStb, Kaffeebohnen Small, Muster 1, 1 hfM ins erste vRStb (60)

R39 2 Lm, 6 vRStb, 2 vRStb inf, 22 vRStb, 2 vRStb inf, 6 vRStb, 1 hStb, Kaffeebohnen Small, Muster 2, 1 hfM ins erste vRStb (62)

R40 2 Lm, 6 vRStb, 2 vRStb zus, 22 vRStb, 2 vRStb zus, 6 vRStb, 1 hStb, Kaffeebohnen Small, Muster 1, 1 hfM ins erste vRStb (60)

R41 2 Lm, 5 vRStb, 2 vRStb zus, 22 vRStb, 2 vRStb zus, 5 vRStb, 1 hStb, Kaffeebohnen Small, Muster 2, 1 hfM ins erste vRStb (58)

R42 2 Lm, 4 vRStb, 2 vRStb zus, 22 vRStb, 2 vRStb zus, 4 vRStb, 1 hStb, Kaffeebohnen Small, Muster 1, 1 hfM ins erste vRStb (56)

R43 2 Lm, 3 vRStb, 2 vRStb zus, 22 vRStb, 2 vRStb zus, 3 vRStb, 1 hStb, Kaffeebohnen Small, Muster 2, 1 hfM ins erste vRStb (54)

R44 2 Lm, 2 vRStb, 2 vRStb zus, 22 vRStb, 2 vRStb zus, 2 vRStb, 1 hStb, Kaffeebohnen Small, Muster 1, 1 hfM ins erste vRStb (52)

R45 2 Lm, 1 vRStb, 2 vRStb zus, 22 vRStb, 2 vRStb zus, 1 vRStb, 1 hStb, Kaffeebohnen Small, Muster 2, 1 hfM ins erste vRStb (50)

R46 2 Lm, 2 vRStb zus, 22 vRStb, 2 vRStb zus, 1 hStb, Kaffeebohnen Small, Muster 1, 1 hfM ins erste vRStb (48)

R47 2 Lm, 1 hRStb, Kaffeebohnen Small, Muster 2, 1 hStb, Kaffeebohnen Small, Muster 2, 1 hfM ins erste hRStb (48)

R48 2 Lm, 1 hRStb, Kaffeebohnen Small, Muster 1, 1 hStb, Kaffeebohnen Small, Muster 1, 1 hfM ins erste hRStb (48)

R49-52 Rd 47-48 wiederholen.

R53 2 Lm, 1 hRStb, 1 vRStb in jede Masche bis zum hStb, 1 hStb, bis zum Ende 1 vRStb in jede Masche, 1 hfM ins erste hRStb (48)

R54-55 2 Lm, *1 hRStb, 1 vRStb*, von * bis * rundum wiederholen, 1 hfM ins erste hRStb (48)
Abketteln, Fadenenden verstecken.

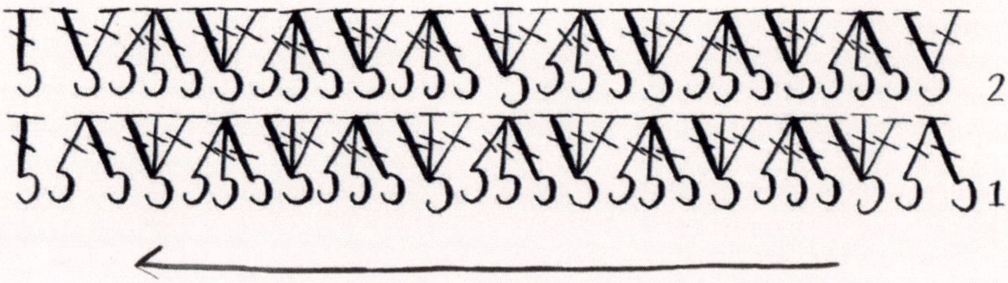

Kaffeebohnen-Muster Medium

GRÖSSE: MEDIUM

MUSTER 1: 2 vRStb zus, *3 vRStb inf, 3 vRStb zus*, bis auf die letzten 4 Maschen von * bis * wiederholen, 3 vRStb inf, 2 vRStb zus, 1 vRStb.
MUSTER 2: 2 vRStb inf, *3 vRStb zus, 3 vRStb inf*, bis auf die letzten 5 Maschen von * bis * wiederholen, 3 vRStb zus, 2 vRStb inf, 1 vRStb.

R1 Mit einem Fadenring anfangen, 2 Lm (die ersten 2 Lm zählen im ganzen Modell nicht als erstes Stb), 6 Stb in den Ring häkeln, 1 hfM ins erste Stb (6)
R2 2 Lm, **2** vRStb in jedes Stb rundum, 1 hfM ins erste vRStb (12)
R3 2 Lm, * vRStb, 2 vRStb inf*, noch 2x von * bis * wiederholen, 1 hStb, 2 vRStb inf, noch 2x von * bis * wiederholen, 1 hfM ins erste vRStb (18)
R4 2 Lm, *2 vRStb, 2 vRStb inf*, noch 2x von * bis * wiederholen, 1 hStb, 1 vRStb, 2 vRStb inf, noch 2x von * bis * wiederh., 1 hfM ins erste vRStb (24)
R5 2 Lm, *3 vRStb, 2 vRStb inf*, noch 2x von * bis * wiederholen, 1 hStb, 2 vRStb, 2 vRStb inf, noch 2x von * bis * wiederh., 1 hfM ins erste vRStb (30)
R6 2 Lm, *4 vRStb, 2 vRStb inf*, noch 2x von * bis * wiederholen, 1 hStb, 3 vRStb, 2 vRStb inf, noch 2x von * bis * wiederholen, 1 hfM ins erste vRStb (36)
R7 2 Lm, *5 vRStb, 2 vRStb inf*, noch 2x von * bis * wiederholen, 1 hStb, 4 vRStb, 2 vRStb inf, noch 2x von * bis * wiederholen, 1 hfM ins erste vRStb (42)
R8 2 Lm, *6 vRStb, 2 vRStb inf*, noch 2x von * bis * wiederholen, 1 hStb, 5 vRStb, 2 vRStb inf, noch 2x von * bis * wiederholen, 1 hfM ins erste vRStb (48)
R9 2 Lm, *7 vRStb, 2 vRStb inf*, noch 2x von * bis * wiederholen, 1 hStb, 6 vRStb, 2 vRStb inf, noch 2x von * bis * wiederholen, 1 hfM ins erste vRStb (54)
R10-15 2 Lm, 27 vRStb, 1 hStb, 26 vRStb, 1 hfM ins erste vRStb (54)
R16 2 Lm, 27 vRStb, 1 hStb, Kaffeebohnen Medium, Muster 1, 1 hfM ins erste vRStb (54)
R17 2 Lm, 27 vRStb, 1 hStb, Kaffeebohnen Medium, Muster 2, 1 hfM ins erste vRStb (54)
R18-37 Rd 16-17 wiederholen.
R38 2 Lm, 2 vRStb inf, 25 vRStb, 2 vRStb inf, 1 hStb, Kaffeebohnen Medium, Muster 1, 1 hfM ins erste vRStb (56)
R39 2 Lm, 1 vRStb, 2 vRStb inf, 25 vRStb, 2 vRStb inf, 1 vRStb, 1 hStb, Kaffeebohnen Medium, Muster 2, 1 hfM ins erste vRStb (58)
R40 2 Lm, 2 vRStb, 2 vRStb inf, 25 vRStb, 2 vRStb inf, 2 vRStb, 1 hStb, Kaffeebohnen Medium, Muster 1, 1 hfM ins erste vRStb (60)

R41 2 Lm, 3 vRStb, 2 vRStb inf, 25 vRStb, 2 vRStb inf, 3 vRStb, 1 hStb, Kaffeebohnen Medium, Muster 2, 1 hfM ins erste vRStb (62)

R42 2 Lm, 4 vRStb, 2 vRStb inf, 25 vRStb, 2 vRStb inf, 4 vRStb, 1 hStb, Kaffeebohnen Medium, Muster 1, 1 hfM ins erste vRStb (64)

R43 2 Lm, 5 vRStb, 2 vRStb inf, 25 vRStb, 2 vRStb inf, 5 vRStb, 1 hStb, Kaffeebohnen Medium, Muster 2, 1 hfM ins erste vRStb (66)

R44 2 Lm, 6 vRStb, 2 vRStb inf, 25 vRStb, 2 vRStb inf, 6 vRStb, 1 hStb, Kaffeebohnen Medium, Muster 1, 1 hfM ins erste vRStb (68)

R45 2 Lm, 7 vRStb, 2 vRStb inf, 25 vRStb, 2 vRStb inf, 7 vRStb, 1 hStb, Kaffeebohnen Medium, Muster 2, 1 hfM ins erste vRStb (70)

R46 2 Lm, 7 vRStb, 2 vRStb zus, 25 vRStb, 2 vRStb zus, 7 vRStb, 1 hStb, Kaffeebohnen Medium, Muster 1, 1 hfM ins erste vRStb (68)

R47 2 Lm, 6 vRStb, 2 vRStb zus, 25 vRStb, 2 vRStb zus, 6 vRStb, 1 hStb, Kaffeebohnen Medium, Muster 2, 1 hfM ins erste vRStb (66)

R48 2 Lm, 5 vRStb, 2 vRStb zus, 25 vRStb, 2 vRStb zus, 5 vRStb, 1 hStb, Kaffeebohnen Medium, Muster 1, 1 hfM ins erste vRStb (64)

R49 2 Lm, 4 vRStb, 2 vRStb zus, 25 vRStb, 2 vRStb zus, 4 vRStb, 1 hStb, Kaffeebohnen Medium, Muster 2, 1 hfM ins erste vRStb (62)

R50 2 Lm, 3 vRStb, 2 vRStb zus, 25 vRStb, 2 vRStb zus, 3 vRStb, 1 hStb, Kaffeebohnen Medium, Muster 1, 1 hfM ins erste vRStb (60)

R51 2 Lm, 2 vRStb, 2 vRStb zus, 25 vRStb, 2 vRStb zus, 2 vRStb, 1 hStb, Kaffeebohnen Medium, Muster 2, 1 hfM ins erste vRStb (58)

R52 2 Lm, 1 vRStb, 2 vRStb zus, 25 vRStb, 2 vRStb zus, 1 vRStb, 1 hStb, Kaffeebohnen Medium, Muster 1, 1 hfM ins erste vRStb (56)

R53 2 Lm, 2 vRStb zus, 25 vRStb, 2 vRStb zus, 1 hStb, Kaffeebohnen Medium, Muster 2, 1 hfM ins erste vRStb (54)

R54 2 Lm, 1 hRStb, Kaffeebohnen Medium, Muster 1, 1 hStb, Kaffeebohnen Medium, Muster 1, 1 hfM ins erste hRStb (54)

R55 2 Lm, 2 hRStb, Kaffeebohnen Medium, Muster 2, 1 hStb, Kaffeebohnen Medium, Muster 2, 1 hfM ins erste hRStb (54)

R56-61 Rd 54-55 wiederholen.

R62 2 Lm, 1 hRStb, 1 vRStb in jede Masche bis zum hStb, 1 hStb, bis zum Ende 1 vRStb in jede Masche, 1 hfM ins erste hRStb (54)

R63-64 2 Lm, *1 hRStb, 1 vRStb*, von * bis * rundum wiederholen, 1 hfM ins erste hRStb (54)
Abketteln, Fadenenden verstecken.

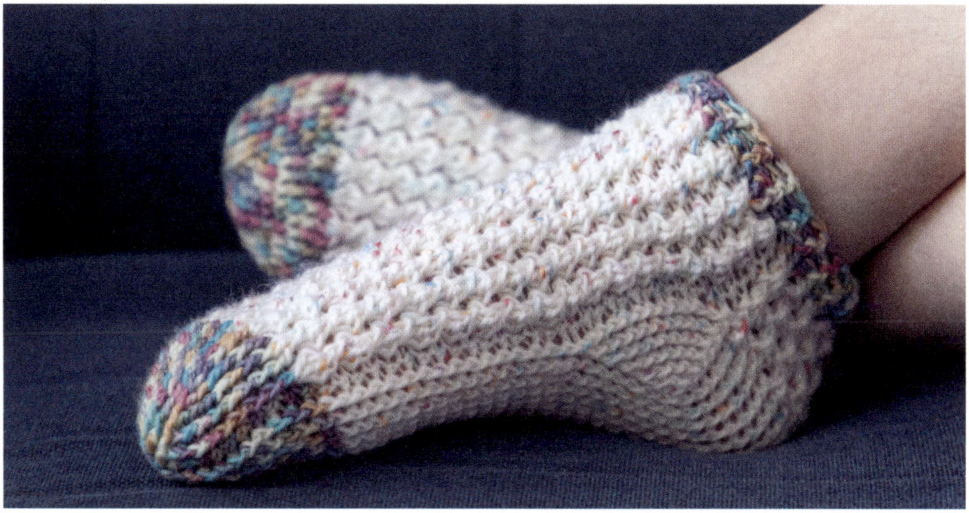

Bärchen

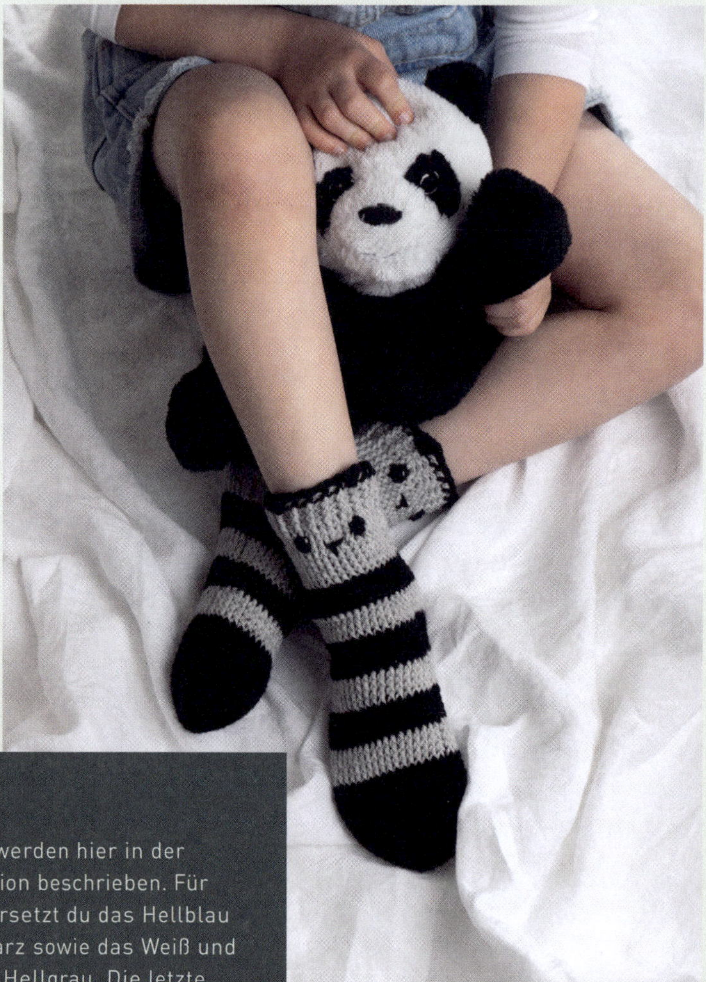

ACHTUNG
Die Socken werden hier in der Bärchenversion beschrieben. Für den Panda ersetzt du das Hellblau durch Schwarz sowie das Weiß und Beige durch Hellgrau. Die letzte Runde häkelst du wieder in Schwarz.

Schwierigkeitsgrad: 3 von 5

DIE NIEDLICHEN KÖPFCHEN DIESER BÄRCHEN-SOCKEN SPRECHEN DOCH WIRKLICH JEDEN AN! DIESE KNUFFIGE VARIANTE KOMMT BEI GROSS UND KLEIN RICHTIG GUT AN.

Für die Wahl der richtigen Größe siehe Seite 13.

DIE FARBE WECHSELN

Um die Farbe zu wechseln, häkelst du den letzten Teil der Masche vor dem Farbwechsel bereits mit der neuen Farbe. Bei diesen Socken bedeutet das, dass du beim letzten vRStb vor dem Wechsel den letzten Umschlag und Fadendurchzug schon mit der neuen Farbe häkelst (die hfM, mit der du deine Runde schließt, zählt also nicht als letzte Masche). Zwischen den Farbwechseln kannst du das Garn, das du gerade nicht verwendest, einfach hängen lassen, bis du es wieder brauchst. Der Faden sollte aber nicht gespannt sein, sondern sich noch etwas in die Länge ziehen lassen!

MATERIALIEN

Sockenwolle für Nadelstärke 2,5-3,5.
Ich habe folgende Garne verwendet:

Bärchenversion
Durable Soqs (50 g/210 m),
Farbe: 289, 326 und 422

Pandabärenversion
Scheepjes Metropolis (50 g/200 m),
Farbe: 080 und 025

Häkelnadel 4 mm
Für die Wahl der richtigen Häkelnadel siehe: Maschenprobe S. 14.

Geschätzter Materialbedarf

0-6: 210 m, 12-24: 210 m, 3-5: 420 m,
6-10: 420 m, Small: 420 m, Medium: 630 m

ABKÜRZUNGEN

Lm	Luftmasche
Stb	Stäbchen
vRStb	Vorderes Reliefstäbchen
hRStb	Hinteres Reliefstäbchen
hfM	Halbe feste Masche
vRStb zus	Vorderes Reliefstäbchen zusammenhäkeln
2 vRStb inf	2 vordere Reliefstäbchen in folgende Masche

AUGEN

GRÖSSE 0-6 MONATE UND 12-24 MONATE

Mit Schwarz mit einem Fadenring anfangen, 2 Lm, 4 fM in die erste Schlaufe, 1 hfM in die erste fM, einen langen Faden abschneiden, um das Auge damit in R21 (0-6 Monate) bzw. R30 (12-24 Monate) direkt unterhalb der Ohren zu fixieren. Zum Schluss einen kleinen weißen Punkt in den Augenwinkel sticken, um die Augen zum Strahlen zu bringen.

GRÖSSE 3-5 JAHRE BIS MEDIUM

Mit Schwarz mit einem Fadenring anfangen, 2 Lm, 6 fM in die erste Schlaufe, 1 hfM in die erste fM, einen langen Faden abschneiden, um das Auge damit in R39 (3-5 Jahre), R48 (6-10 Jahre), R57 (Small) bzw. R66 (Medium) direkt unterhalb der Ohren zu befestigen. Zum Schluss einen kleinen weißen Punkt in den Augenwinkel sticken, um die Augen zum Strahlen zu bringen.

SCHNAUZE

Die Schnauze über 3 Maschen mitten zwischen die Augen sticken.

GRÖSSE: 0 – 6 MONATE

R1 Mit Hellblau mit einem Fadenring anfangen, 2 Lm (die ersten 2 Lm zählen im ganzen Modell nicht als erstes Stb), 6 Stb in den Ring häkeln, 1 hfM ins erste Stb (6)

R2 2 Lm, 2 vRStb in jedes Stb rundum, 1 hfM ins erste vRStb (12)

R3 2 Lm, * 1 vRStb, 2 vRStb inf*, noch 2x von * bis * wiederholen, 1 hStb, 2 vRStb inf, noch 2x von * bis * wiederholen, 1 hfM ins erste vRStb (18)

R4 2 Lm, *2 vRStb, 2 vRStb inf*, noch 2x von * bis * wiederholen, 1 hStb, 1 vRStb, 2 vRStb inf, noch 2x von * bis * wiederholen, 1 hfM ins erste vRStb (24)

R5-8 2 Lm, 12 vRStb, 1 hStb, 11 vRStb, 1 hfM ins erste vRStb (24)

R9 Mit Weiß weiterhäkeln (siehe auch die Tipps und Tricks zum Farbwechsel auf S. 75), 2 Lm, 12 vRStb, 1 hStb, 11 vRStb, 1 hfM ins erste vRStb (24)

R10 Mit Hellblau weiterhäkeln, 2 Lm, 12 vRStb, 1 hStb, 11 vRStb, 1 hfM ins erste vRStb (24)

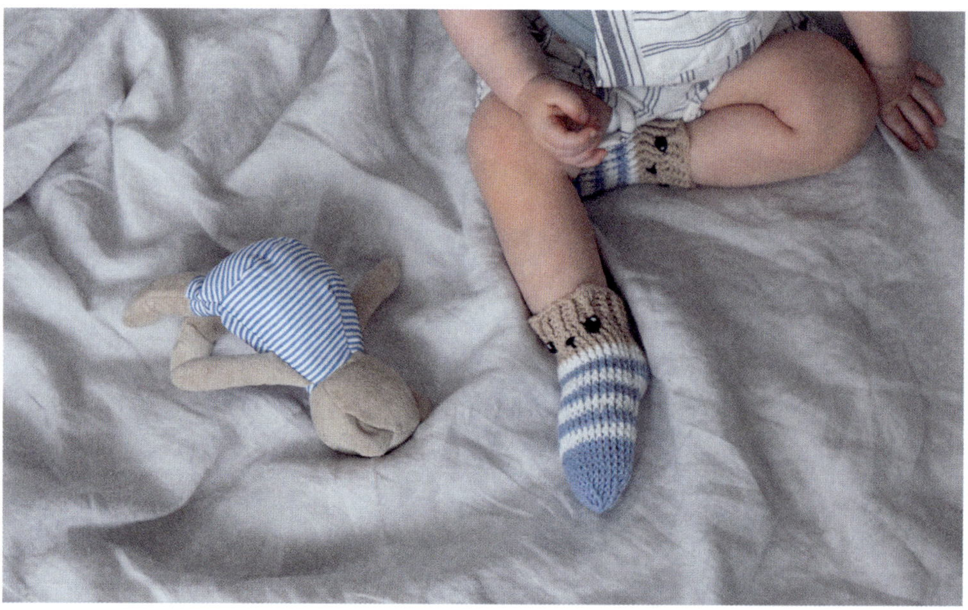

R11 Mit Weiß weiterhäkeln, 2 Lm, 12 vRStb, 1 hStb, 11 vRStb, 1 hfM ins erste vRStb (24)
R12 Mit Hellblau weiterhäkeln, 2 Lm, 12 vRStb, 1 hStb, 11 vRStb, 1 hfM ins erste vRStb (24)
R13 Mit Weiß weiterhäkeln, 2 Lm, 2 vRStb inf, 10 vRStb, 2 vRStb inf, 1 hStb, 11 vRStb, 1 hfM ins erste vRStb (26)
R14 Mit Hellblau weiterhäkeln, 2 Lm, 1 vRStb, 2 vRStb inf, 10 vRStb, 2 vRStb inf, 1 vRStb, 1 hStb, 11 vRStb, 1 hfM ins erste vRStb (28)
R15 Mit Weiß weiterhäkeln, 2 Lm, 2 vRStb, 2 vRStb inf, 10 vRStb, 2 vRStb inf, 2 vRSt,1 hStb, 11 vRStb, 1 hfM ins erste vRStb (30)
R16 Mit Beige weiterhäkeln (du kannst den weißen und hellblauen Faden jetzt abschneiden), 2 Lm, 2 vRStb, 2 vRStb zus, 10 vRStb, 2 vRStb zus, 2 vRStb, 1 hStb, 11 vRStb, 1 hfM ins erste vRStb (28)
R17 2 Lm, 1 vRStb, 2 vRStb zus, 10 vRStb, 2 vRStb zus, 1 vRStb, 1 hStb, 11 vRStb, 1 hfM ins erste vRStb (26)
R18 2 Lm, 2 vRStb zus, 10 vRStb, 2 vRStb zus, 1 hStb, 11 vRStb, 1 hfM ins erste vRStb (24)
R19-21 2 Lm, 12 vRStb, 1 hStb, 11 vRStb, 1 hfM ins erste vRStb (24)
R22-23 2 Lm, * 1 vRStb, 1 hRStb*, von * bis * rundum wiederholen, 1 hfM ins erste vRStb (24)
R24 2 Lm, *1 vRStb, 1 hRStb*, über 14 Maschen von * bis * wiederholen, 6 vRStb in die folgende Masche, 1 hRStb, über 4 Maschen von * bis * wiederholen, 6 vRStb in die folgende Masche, 1 hRStb, 1 vRStb, 1 hRStb, 1 hfM ins erste vRStb (24)
Abketteln, Fadenenden verstecken.

GRÖSSE: 12-24 MONATE

R1 Mit Hellblau mit einem Fadenring anfangen, 2 Lm (die ersten 2 Lm zählen im ganzen Modell nicht als erstes Stb), 6 Stb in den Ring häkeln, 1 hfM ins erste Stb (6)
R2 2 Lm, 2 vRStb in jedes Stb rundum, 1 hfM ins erste vRStb (12)
R3 2 Lm, * 1 vRStb, 2 vRStb inf*, noch 2x von * bis * wiederholen, 1 hStb, 2 vRStb inf, noch 2x von * bis * wiederholen, 1 hfM ins erste vRStb (18)
R4 2 Lm, *2 vRStb, 2 vRStb inf*, noch 2x von * bis * wiederholen, 1 hStb, 1 vRStb, 2 vRStb inf, noch 2x von * bis * wiederholen, 1 hfM ins erste vRStb (24)
R5 2 Lm, *3 vRStb, 2 vRStb inf*, noch 2x von * bis * wiederholen, 1 hStb, 2 vRStb, 2 vRStb inf, noch 2x von * bis * wiederholen, 1 hfM ins erste vRStb (30)
R6-10 2 Lm, 15 vRStb, 1 hStb, 14 vRStb, 1 hfM ins erste vRStb (30)
R11-12 Mit Weiß weiterhäkeln (siehe auch die Tipps und Tricks zum Farbwechsel auf S. 75), 2 Lm, 15 vRStb, 1 hStb, 14 vRStb, 1 hfM ins erste vRStb (30)
R13-14 Mit Hellblau weiterhäkeln, 2 Lm, 15 vRStb, 1 hStb, 14 vRStb, 1 hfM ins erste vRStb (30)
R15-16 Mit Weiß weiterhäkeln, 2 Lm, 15 vRStb, 1 hStb, 14 vRStb, 1 hfM ins erste vRStb (30)
R17 Mit Hellblau weiterhäkeln, 2 Lm, 15 vRStb, 1 hStb, 14 vRStb, 1 hfM ins erste vRStb (30)
R18 2 Lm, 2 vRStb inf, 13 vRStb, 2 vRStb inf, 1 hStb, 14 vRStb, 1 hfM ins erste vRStb (32)
R19 Mit Weiß weiterhäkeln, 2 Lm, 1 vRStb, 2 vRStb inf, 13 vRStb, 2 vRStb inf, 1 vRSt,1 hStb, 14 vRStb, 1 hfM ins erste vRStb (34)
R20 2 Lm, 2 vRStb, 2 vRStb inf, 13 vRStb, 2 vRStb inf, 2 vRStb, 1 hStb, 14 vRStb, 1 hfM ins erste vRStb (36)
R21 Mit Hellblau weiterhäkeln, 2 Lm, 3 vRStb, 2 vRStb inf, 13 vRStb, 2 vRStb inf, 3 vRSt, 1 hStb, 14 vRStb, 1 hfM ins erste vRStb (38)
R22 2 Lm, 3 vRStb, 2 vRStb zus, 13 vRStb, 2 vRStb zus, 3 vRStb, 1 hStb, 14 vRStb, 1 hfM ins erste vRStb (36)
R23 Mit Weiß weiterhäkeln, 2 Lm, 2 vRStb, 2 vRStb zus, 13 vRStb, 2 vRStb zus, 2 vRSt,1 hStb, 14 vRStb, 1 hfM ins erste vRStb (34)

R24 2 Lm, 1 vRStb, 2 vRStb zus, 13 vRStb, 2 vRStb zus, 1 vRStb, 1 hStb, 14 vRStb, 1 hfM ins erste vRStb ⟨32⟩

R25 Mit Beige weiterhäkeln ⟨du kannst den weißen und hellblauen Faden jetzt abschneiden⟩, 2 Lm, 2 vRStb zus, 13 vRStb, 2 vRStb zus, 1 hStb, 14 vRStb, 1 hfM ins erste vRStb ⟨30⟩

R26-30 2 Lm, 15 vRStb, 1 hStb, 14 vRStb, 1 hfM ins erste vRStb ⟨30⟩

R31-33 2 Lm, *1 vRStb, 1 hRStb*, von * bis * rundum wiederholen, 1 hfM ins erste vRStb ⟨30⟩

R34 2 Lm, *1 vRStb, 1 hRStb*, über 18 Maschen von * bis * wiederholen, 6 vRStb in die folgende Masche, 1 hRStb, über 6 Maschen von * bis * wiederholen, 6 vRStb in die folgende Masche, 1 hRStb, 1 vRStb, 1 hRStb, 1 hfM ins erste vRStb ⟨30⟩ Abketteln, Fadenenden verstecken.

GRÖSSE: 3 – 5 JAHRE

R1 Mit Hellblau mit einem Fadenring anfangen, 2 Lm ⟨die ersten 2 Lm zählen im ganzen Modell nicht als erstes Stb⟩, 6 Stb in den Ring häkeln, 1 hfM ins erste Stb ⟨6⟩

R2 2 Lm, 2 vRStb in jedes Stb rundum, 1 hfM ins erste vRStb ⟨12⟩

R3 2 Lm, * 1 vRStb, 2 vRStb inf*, noch 2x von * bis * wiederholen, 1 hStb, 2 vRStb inf, noch 2x von * bis * wiederholen, 1 hfM ins erste vRStb ⟨18⟩

R4 2 Lm, *2 vRStb, 2 vRStb inf*, noch 2x von * bis * wiederholen, 1 hStb, 1 vRStb, 2 vRStb inf, noch 2x von * bis * wiederholen, 1 hfM ins erste vRStb ⟨24⟩

R5 2 Lm, *3 vRStb, 2 vRStb inf*, noch 2x von * bis * wiederholen, 1 hStb, 2 vRStb, 2 vRStb inf, noch 2x von * bis * wiederholen, 1 hfM ins erste vRStb ⟨30⟩

R6 2 Lm, *4 vRStb, 2 vRStb inf*, noch 2x von * bis * wiederholen, 1 hStb, 3 vRStb, 2 vRStb inf, noch 2x von * bis * wiederholen, 1 hfM ins erste vRStb ⟨36⟩

R7-12 2 Lm, 18 vRStb, 1 hStb, 17 vRStb, 1 hfM ins erste vRStb ⟨36⟩

R13-15 Mit Weiß weiterhäkeln ⟨siehe auch die Tipps und Tricks zum Farbwechsel auf S. 75⟩, 2 Lm, 18 vRStb, 1 hStb, 17 vRStb, 1 hfM ins erste vRStb ⟨36⟩

R16-18 Mit Hellblau weiterhäkeln, 2 Lm, 18 vRStb, 1 hStb, 17 vRStb, 1 hfM ins erste vRStb ⟨36⟩

R19-21 Mit Weiß weiterhäkeln, 2 Lm, 18 vRStb, 1 hStb, 17 vRStb, 1 hfM ins erste vRStb ⟨36⟩

R22 Mit Hellblau weiterhäkeln, 2 Lm, 18 vRStb, 1 hStb, 17 vRStb, 1 hfM ins erste vRStb ⟨36⟩

R23 2 Lm, 2 vRStb inf, 16 vRStb, 2 vRStb inf, 1 hStb, 17 vRStb, 1 hfM ins erste vRStb ⟨38⟩

R24 2 Lm, 1 vRStb, 2 vRStb inf, 16 vRStb, 2 vRStb inf, 1 vRStb, 1 hStb, 17 hRStb, 1 hfM ins erste vRStb ⟨40⟩

R25 Mit Weiß weiterhäkeln, 2 Lm, 2 vRStb, 2 vRStb inf, 16 vRStb, 2 vRStb inf, 2 vRSt,1 hStb, 17 vRStb, 1 hfM ins erste vRStb ⟨42⟩

R26 2 Lm, 3 vRStb, 2 vRStb inf, 16 vRStb, 2 vRStb inf, 3 vRStb, 1 hStb, 17 vRStb, 1 hfM ins erste vRStb ⟨44⟩

R27 2 Lm, 4 vRStb, 2 vRStb inf, 16 vRStb, 2 vRStb inf, 4 vRStb, 1 hStb, 17 vRStb, 1 hfM ins erste vRStb ⟨46⟩

R28 Mit Hellblau weiterhäkeln, 2 Lm, 4 vRStb, 2 vRStb zus, 16 vRStb, 2 vRStb zus, 4 vRStb, 1 hStb, 17 vRStb, 1 hfM ins erste vRStb ⟨44⟩

R29 2 Lm, 3 vRStb, 2 vRStb zus, 16 vRStb, 2 vRStb zus, 3 vRStb, 1 hStb, 17 vRStb, 1 hfM ins erste vRStb ⟨42⟩

R30 2 Lm, 2 vRStb, 2 vRStb zus, 16 vRStb, 2 vRStb zus, 2 vRStb, 1 hStb, 17 vRStb, 1 hfM ins erste vRStb ⟨40⟩

R31 Mit Weiß weiterhäkeln, 2 Lm, 1 vRStb, 2 vRStb zus, 16 vRStb, 2 vRStb zus, 1 vRSt, 1 hStb, 17 vRStb, 1 hfM ins erste vRStb ⟨38⟩

R32 2 Lm, 2 vRStb zus, 16 vRStb, 2 vRStb zus, 1 hStb, 17 vRStb, 1 hfM ins erste vRStb ⟨36⟩

R33 2 Lm, 18 vRStb, 1 hStb, 17 vRStb, 1 hfM ins erste vRStb ⟨36⟩

R34 Mit Beige weiterhäkeln ⟨du kannst den weißen und hellblauen Faden jetzt abschneiden), 2 Lm, 18 vRStb, 1 hStb, 17 vRStb, 1 hfM ins erste vRStb (36)

R35-39 2 Lm, 18 vRStb, 1 hStb, 17 vRStb, 1 hfM ins erste vRStb (36)

R40-43 2 Lm, *1 vRStb, 1 hRStb*, von * bis * rundum wiederholen, 1 hfM ins erste vRStb (36)

R44 2 Lm, *1 vRStb, 1 hRStb*, über 22 Maschen von * bis * wiederholen, 6 vRStb in die folgende Masche, 1 hRStb, über 6 Maschen von * bis * wiederholen, 6 vRStb in die folgende Masche, 1 hRStb, über 4 Maschen von * bis * wiederholen, 1 hfM ins erste vRStb (36)
Abketteln, Fadenenden verstecken.

GRÖSSE: 6 – 10 JAHRE

R1 Mit Hellblau mit einem Fadenring anfangen, 2 Lm (die ersten 2 Lm zählen im ganzen Modell nicht als erstes Stb), 6 Stb in den Ring häkeln, 1 hfM ins erste Stb (6)

R2 2 Lm, 2 vRStb in jedes Stb rundum, 1 hfM ins erste vRStb (12)

R3 2 Lm, * 1 vRStb, 2 vRStb inf*, noch 2x von * bis * wiederholen, 1 hStb, 2 vRStb inf, noch 2x von * bis * wiederholen, 1 hfM ins erste vRStb (18)

R4 2 Lm, *2 vRStb, 2 vRStb inf*, noch 2x von * bis * wiederholen, 1 hStb, 1 vRStb, 2 vRStb inf, noch 2x von * bis * wiederholen, 1 hfM ins erste vRStb (24)

R5 2 Lm, *3 vRStb, 2 vRStb inf*, noch 2x von * bis * wiederholen, 1 hStb, 2 vRStb, 2 vRStb inf, noch 2x von * bis * wiederholen, 1 hfM ins erste vRStb (30)

R6 2 Lm, *4 vRStb, 2 vRStb inf*, noch 2x von * bis * wiederholen, 1 hStb, 3 vRStb, 2 vRStb inf, noch 2x von * bis * wiederholen, 1 hfM ins erste vRStb (36)

R7 2 Lm, *5 vRStb, 2 vRStb inf*, noch 2x von * bis * wiederholen, 1 hStb, 4 vRStb, 2 vRStb inf, noch 2x von * bis * wiederholen, 1 hfM ins erste vRStb (42)

R8-14 2 Lm, 21 vRStb, 1 hStb, 20 vRStb, 1 hfM ins erste vRStb (42)

R15-18 Mit Weiß weiterhäkeln (siehe auch die Tipps und Tricks zum Farbwechsel auf S. 75), 2 Lm, 21 vRStb, 1 hStb, 20 vRStb, 1 hfM ins erste vRStb (42)

R19-22 Mit Hellblau weiterhäkeln, 2 Lm, 21 vRStb, 1 hStb, 20 vRStb, 1 hfM ins erste vRStb (42)

R23-26 Mit Weiß weiterhäkeln, 2 Lm, 21 vRStb, 1 hStb, 20 vRStb, 1 hfM ins erste vRStb (42)

R27 Mit Hellblau weiterhäkeln, 2 Lm, 21 vRStb, 1 hStb, 20 vRStb, 1 hfM ins erste vRStb (42)

R28 2 Lm, 2 vRStb inf, 19 vRStb, 2 vRStb inf, 1 hStb, 20 vRStb, 1 hfM ins erste vRStb (44)

R29 2 Lm, 1 vRStb, 2 vRStb inf, 19 vRStb, 2 vRStb inf, 1 vRStb, 1 hStb, 20 vRStb, 1 hfM ins erste vRStb (46)

R30 2 Lm, 2 vRStb, 2 vRStb inf, 19 vRStb, 2 vRStb inf, 2 vRStb, 1 hStb, 20 vRStb, 1 hfM ins erste vRStb (48)

R31 Mit Weiß weiterhäkeln, 2 Lm, 3 vRStb, 2 vRStb inf, 19 vRStb, 2 vRStb inf, 3 vRSt,1 hStb, 20 vRStb, 1 hfM ins erste vRStb (50)

R32 2 Lm, 4 vRStb, 2 vRStb inf, 19 vRStb, 2 vRStb inf, 4 vRStb, 1 hStb, 20 vRStb, 1 hfM ins erste vRStb (52)

R33 2 Lm, 5 vRStb, 2 vRStb inf, 19 vRStb, 2 vRStb inf, 5 vRStb, 1 hStb, 20 vRStb, 1 hfM ins erste vRStb (54)

R34 2 Lm, 5 vRStb, 2 vRStb zus, 19 vRStb, 2 vRStb zus, 5 vRStb, 1 hStb, 20 vRStb, 1 hfM ins erste vRStb (52)

R35 Mit Hellblau weiterhäkeln, 2 Lm, 4 vRStb, 2 vRStb zus, 19 vRStb, 2 vRStb zus, 4 vRStb, 1 hStb, 20 vRStb, 1 hfM ins erste vRStb (50)

R36 2 Lm, 3 vRStb, 2 vRStb zus, 19 vRStb, 2 vRStb zus, 3 vRStb, 1 hStb, 20 vRStb, 1 hfM ins erste vRStb (48)

R37 2 Lm, 2 vRStb, 2 vRStb zus, 19 vRStb, 2 vRStb zus, 2 vRStb, 1 hStb, 20 vRStb, 1 hfM ins erste vRStb (46)

R38 2 Lm, 1 vRStb, 2 vRStb zus, 19 vRStb, 2 vRStb zus, 1 vRStb, 1 hStb, 20 vRStb, 1 hfM ins erste vRStb (44)

R39 Mit Weiß weiterhäkeln, 2 Lm, 2 vRStb zus, 19 vRStb, 2 vRStb zus, 1 hStb,

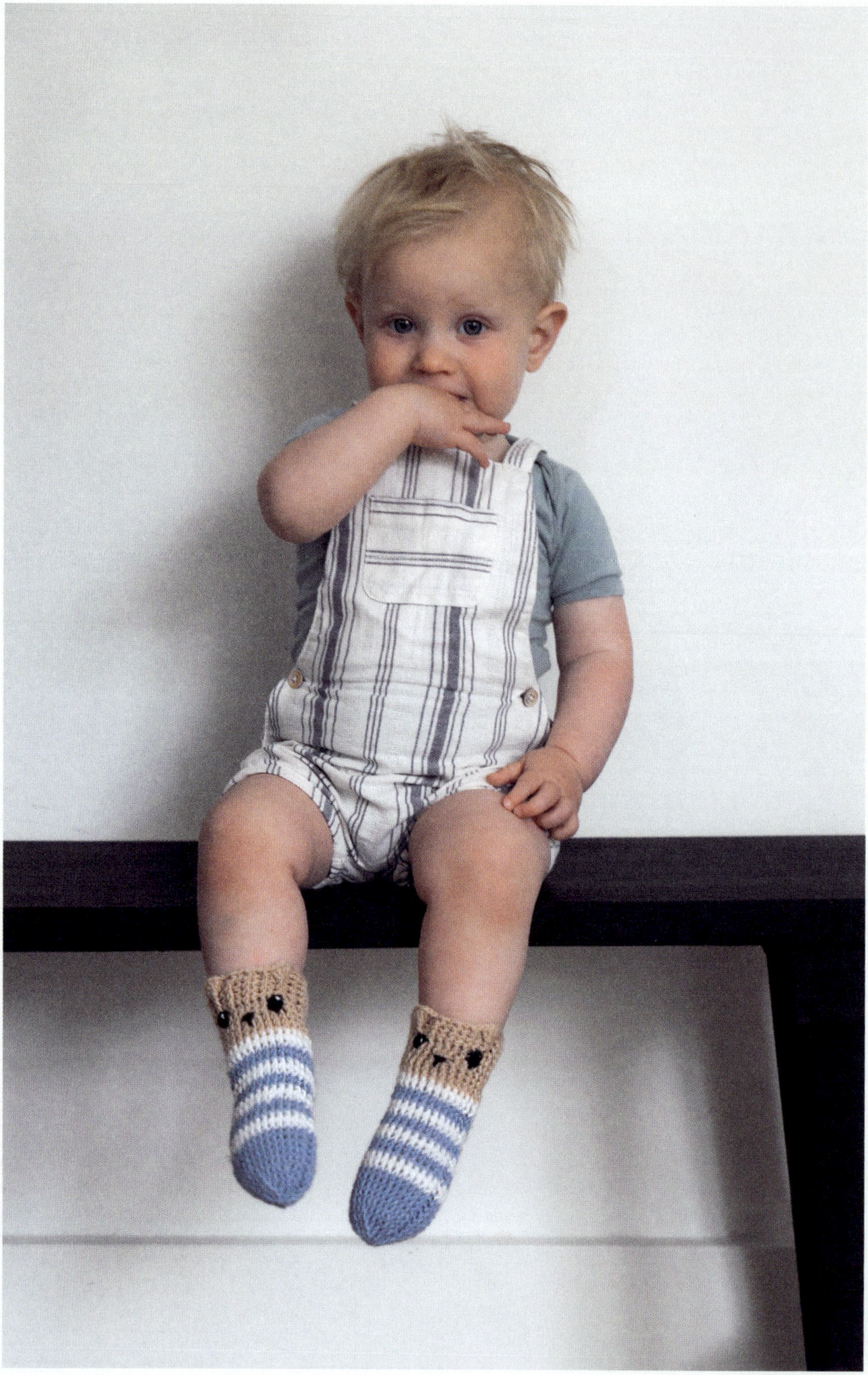

20 vRStb, 1 hfM ins erste vRStb ⟨42⟩

R40-42 2 Lm, 21 vRStb, 1 hStb, 20 vRStb, 1 hfM ins erste vRStb ⟨42⟩

R43 Mit Beige weiterhäkeln ⟨du kannst den weißen und hellblauen Faden jetzt abschneiden⟩, 2 Lm, 21 vRStb, 1 hStb, 20 vRStb, 1 hfM ins erste vRStb ⟨42⟩

R44-48 2 Lm, 21 vRStb, 1 hStb, 20 vRStb, 1 hfM ins erste vRStb ⟨42⟩

R49-53 2 Lm, *1 vRStb, 1 hRStb*, von * bis * rundum wiederholen, 1 hfM ins erste vRStb ⟨42⟩

R54 2 Lm, *1 vRStb, 1 hRStb*, über 26 Maschen von * bis * wiederholen, 6 vRStb in die folgende Masche, 1 hRStb, über 6 Maschen von * bis * wiederholen, 6 vRStb in die folgende Masche, 1 hRStb, über 6 Maschen von * bis * wiederholen, 1 hfM ins erste vRStb ⟨42⟩

Abketteln, Fadenenden verstecken.

GRÖSSE: SMALL

R1 Mit Hellblau mit einem Fadenring anfangen, 2 Lm ⟨die ersten 2 Lm zählen im ganzen Modell nicht als erstes Stb⟩, 6 Stb in den Ring häkeln, 1 hfM ins erste Stb ⟨6⟩

R2 2 Lm, 2 vRStb in jedes Stb rundum, 1 hfM ins erste vRStb ⟨12⟩

R3 2 Lm, * 1 vRStb, 2 vRStb inf*, noch 2x von * bis * wiederholen, 1 hStb, 2 vRStb inf, noch 2x von * bis * wiederholen, 1 hfM ins erste vRStb ⟨18⟩

R4 2 Lm, *2 vRStb, 2 vRStb inf*, noch 2x von * bis * wiederholen, 1 hStb, 1 vRStb, 2 vRStb inf, noch 2x von * bis * wiederholen, 1 hfM ins erste vRStb ⟨24⟩

R5 2 Lm, *3 vRStb, 2 vRStb inf*, noch 2x von * bis * wiederholen, 1 hStb, 2 vRStb, 2 vRStb inf, noch 2x von * bis * wiederholen, 1 hfM ins erste vRStb ⟨30⟩

R6 2 Lm, *4 vRStb, 2 vRStb inf*, noch 2x von * bis * wiederholen, 1 hStb, 3 vRStb, 2 vRStb inf, noch 2x von * bis * wiederholen, 1 hfM ins erste vRStb ⟨36⟩

R7 2 Lm, *5 vRStb, 2 vRStb inf*, noch 2x von * bis * wiederholen, 1 hStb, 4 vRStb, 2 vRStb inf, noch 2x von * bis * wiederholen, 1 hfM ins erste vRStb ⟨42⟩

R8 2 Lm, *6 vRStb, 2 vRStb inf*, noch 2x von * bis * wiederholen, 1 hStb, 5 vRStb, 2 vRStb inf, noch 2x von * bis * wiederholen, 1 hfM ins erste vRStb ⟨48⟩

R9-16 2 Lm, 24 vRStb, 1 hStb, 23 vRStb, 1 hfM ins erste vRStb ⟨48⟩

R17-21 Mit Weiß weiterhäkeln ⟨siehe auch die Tipps und Tricks zum Farb wechsel auf S. 75⟩, 2 Lm, 24 vRStb, 1 hStb, 23 vRStb, 1 hfM ins erste vRStb ⟨48⟩

R22-26 Mit Hellblau weiterhäkeln, 2 Lm, 24 vRStb, 1 hStb, 23 vRStb, 1 hfM ins erste vRStb ⟨48⟩

R27-31 Mit Weiß weiterhäkeln, 2 Lm, 24 vRStb, 1 hStb, 23 vRStb, 1 hfM ins erste vRStb ⟨48⟩

R32 Mit Hellblau weiterhäkeln, 2 Lm, 24 vRStb, 1 hStb, 23 vRStb, 1 hfM ins erste vRStb ⟨48⟩

R33 2 Lm, 2 vRStb inf, 22 vRStb, 2 vRStb inf, 1 hStb, 23 vRStb, 1 hfM ins erste vRStb ⟨50⟩

R34 2 Lm, 1 vRStb, 2 vRStb inf, 22 vRStb, 2 vRStb inf, 1 vRStb, 1 hStb, 23 vRStb, 1 hfM ins erste vRStb ⟨52⟩

R35 2 Lm, 2 vRStb, 2 vRStb inf, 22 vRStb, 2 vRStb inf, 2 vRStb, 1 hStb, 23 vRStb, 1 hfM ins erste vRStb ⟨54⟩

R36 2 Lm, 3 vRStb, 2 vRStb inf, 22 vRStb, 2 vRStb inf, 3 vRStb, 1 hStb, 23 vRStb, 1 hfM ins erste vRStb ⟨56⟩

R37 Mit Weiß weiterhäkeln, 2 Lm, 4 vRStb, 2 vRStb inf, 22 vRStb, 2 vRStb inf, 4 vRSt,1 hStb, 23 vRStb, 1 hfM ins erste vRStb ⟨58⟩

R38 2 Lm, 5 vRStb, 2 vRStb inf, 22 vRStb, 2 vRStb inf, 5 vRStb, 1 hStb, 23 vRStb, 1 hfM ins erste vRStb ⟨60⟩

R39 2 Lm, 6 vRStb, 2 vRStb inf, 22 vRStb, 2 vRStb inf, 6 vRStb, 1 hStb, 23 vRStb, 1 hfM ins erste vRStb ⟨62⟩

R40 2 Lm, 6 vRStb, 2 vRStb zus, 22 vRStb, 2 vRStb zus, 6 vRStb, 1 hStb, 23 vRStb, 1 hfM ins erste vRStb ⟨60⟩

R41 2 Lm, 5 vRStb, 2 vRStb zus, 22 vRStb, 2 vRStb zus, 5 vRStb, 1 hStb, 23 vRStb, 1 hfM ins erste vRStb ⟨58⟩

R42 Mit Hellblau weiterhäkeln, 2 Lm, 4 vRStb, 2 vRStb zus, 22 vRStb, 2 vRStb zus, 4 vRStb, 1 hStb, 23 vRStb, 1 hfM ins erste vRStb ⟨56⟩

R43 2 Lm, 3 vRStb, 2 vRStb zus, 22 vRStb, 2 vRStb zus, 3 vRStb, 1 hStb, 23 vRStb, 1 hfM ins erste vRStb ⟨54⟩

R44 2 Lm, 2 vRStb, 2 vRStb zus, 22 vRStb, 2 vRStb zus, 2 vRStb, 1 hStb, 23 vRStb, 1 hfM ins erste vRStb ⟨52⟩

R45 2 Lm, 1 vRStb, 2 vRStb zus, 22 vRStb, 2 vRStb zus, 1 vRStb, 1 hStb, 23 vRStb, 1 hfM ins erste vRStb ⟨50⟩

R46 2 Lm, 2 vRStb zus, 22 vRStb, 2 vRStb zus, 1 hStb, 23 vRStb, 1 hfM ins erste vRStb ⟨48⟩

R47 Mit Weiß weiterhäkeln, 2 Lm, 24 vRStb, 1 hStb, 23 vRStb, 1 hfM ins erste vRStb ⟨48⟩

R48-51 2 Lm, 24 vRStb, 1 hStb, 23 vRStb, 1 hfM ins erste vRStb ⟨48⟩

R52 Mit Beige weiterhäkeln (du kannst den weißen und hellblauen Faden jetzt abschneiden), 2 Lm, 24 vRStb, 1 hStb, 23 vRStb, 1 hfM ins erste vRStb ⟨48⟩

R53-57 2 Lm, 24 vRStb, 1 hStb, 23 vRStb, 1 hfM ins erste vRStb ⟨48⟩

R58-63 2 Lm, *1 vRStb, 1 hRStb*, von * bis * rundum wiederholen, 1 hfM ins erste vRStb ⟨48⟩

R64 2 Lm, *1 vRStb, 1 hRStb*, über 30 Maschen von * bis * wiederholen, 6 vRStb in die folgende Masche, 1 hRStb, über 6 Maschen von * bis * wiederholen, 6 vRStb in die folgende Masche, 1 hRStb, über 8 Maschen von * bis * wiederholen, 1 hfM ins erste vRStb ⟨48⟩
Abketteln, Fadenenden verstecken.

GRÖSSE: MEDIUM

R1 Mit Hellblau mit einem Fadenring anfangen, 2 Lm (die ersten 2 Lm zählen im ganzen Modell nicht als erstes Stb), 6 Stb in den Ring häkeln, 1 hfM ins erste Stb ⟨6⟩

R2 2 Lm, 2 vRStb in jedes Stb rundum, 1 hfM ins erste vRStb ⟨12⟩

R3 2 Lm, * 1 vRStb, 2 vRStb inf*, noch 2x von * bis * wiederholen, 1 hStb, 2 vRStb inf, noch 2x von * bis * wiederholen, 1 hfM ins erste vRStb ⟨18⟩

R4 2 Lm, *2 vRStb, 2 vRStb inf*, noch 2x von * bis * wiederholen, 1 hStb, 1 vRStb, 2 vRStb inf, noch 2x von * bis * wiederholen, 1 hfM ins erste vRStb ⟨24⟩

R5 2 Lm, *3 vRStb, 2 vRStb inf*, noch 2x von * bis * wiederholen, 1 hStb, 2 vRStb, 2 vRStb inf, noch 2x von * bis * wiederholen, 1 hfM ins erste vRStb ⟨30⟩

R6 2 Lm, *4 vRStb, 2 vRStb inf*, noch 2x von * bis * wiederholen, 1 hStb, 3 vRStb, 2 vRStb inf, noch 2x von * bis * wiederholen, 1 hfM ins erste vRStb ⟨36⟩

R7 2 Lm, *5 vRStb, 2 vRStb inf*, noch 2x von * bis * wiederholen, 1 hStb, 4 vRStb, 2 vRStb inf, noch 2x von *

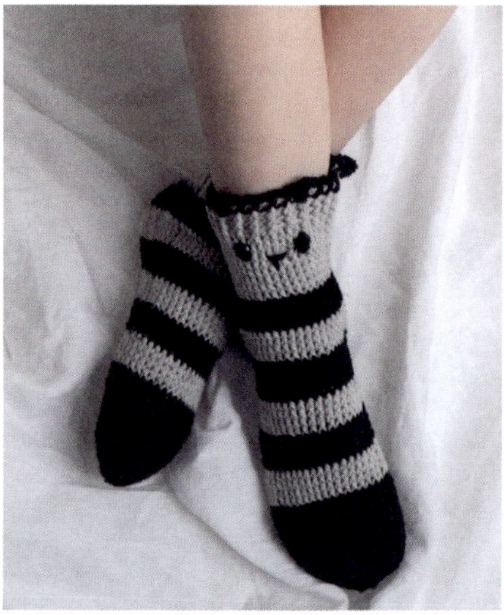

bis * wiederholen, 1 hfM ins erste vRStb (42)

R8 2 Lm, *6 vRStb, 2 vRStb inf*, noch 2x von * bis * wiederholen, 1 hStb, 5 vRStb, 2 vRStb inf, noch 2x von * bis * wiederholen, 1 hfM ins erste vRStb (48)

R9 2 Lm, *7 vRStb, 2 vRStb inf*, noch 2x von * bis * wiederholen, 1 hStb, 6 vRStb, 2 vRStb inf, noch 2x von * bis * wiederholen, 1 hfM ins erste vRStb (54)

R10-18 2 Lm, 27 vRStb, 1 hStb, 26 vRStb, 1 hfM ins erste vRStb (54)

R19-24 Mit Weiß weiterhäkeln (siehe auch die Tipps und Tricks zum Farbwechsel auf S. 75), 2 Lm, 27 vRStb, 1 hStb, 26 vRStb, 1 hfM ins erste vRStb (54)

R25-30 Mit Hellblau weiterhäkeln, 2 Lm, 27 vRStb, 1 hStb, 26 vRStb, 1 hfM ins erste vRStb (54)

R31-36 Mit Weiß weiterhäkeln, 2 Lm, 27 vRStb, 1 hStb, 26 vRStb, 1 hfM ins erste vRStb (54)

R37 Mit Hellblau weiterhäkeln, 2 Lm, 27 vRStb, 1 hStb, 26 vRStb, 1 hfM ins erste vRStb (54)

R38 2 Lm, 2 vRStb inf, 25 vRStb, 2 vRStb inf, 1 hStb, 26 vRStb, 1 hfM ins erste vRStb (56)

R39 2 Lm, 1 vRStb, 2 vRStb inf, 25 vRStb, 2 vRStb inf, 1 vRStb, 1 hStb, 26 vRStb, 1 hfM ins erste vRStb (58)

R40 2 Lm, 2 vRStb, 2 vRStb inf, 25 vRStb, 2 vRStb inf, 2 vRStb, 1 hStb, 26 vRStb, 1 hfM ins erste vRStb (60)

R41 2 Lm, 3 vRStb, 2 vRStb inf, 25 vRStb, 2 vRStb inf, 3 vRStb, 1 hStb, 26 vRStb, 1 hfM ins erste vRStb (62)

R42 2 Lm, 4 vRStb, 2 vRStb inf, 25 vRStb, 2 vRStb inf, 4 vRStb, 1 hStb, 26 vRStb, 1 hfM ins erste vRStb (64)

R43 Mit Weiß weiterhäkeln, 2 Lm, 5 vRStb, 2 vRStb inf, 25 vRStb, 2 vRStb inf, 5 vRSt, 1 hStb, 26 vRStb, 1 hfM ins erste vRStb (66)

R44 2 Lm, 6 vRStb, 2 vRStb inf, 25 vRStb, 2 vRStb inf, 6 vRStb, 1 hStb, 26 vRStb, 1 hfM ins erste vRStb (68)

R45 2 Lm, 7 vRStb, 2 vRStb inf, 25 vRStb, 2 vRStb inf, 7 vRStb, 1 hStb, 26 vRStb, 1 hfM ins erste vRStb (70)

R46 2 Lm, 7 vRStb, 2 vRStb zus, 25 vRStb, 2 vRStb zus, 7 vRStb, 1 hStb, 26 vRStb, 1 hfM ins erste vRStb (68)

R47 2 Lm, 6 vRStb, 2 vRStb zus, 25 vRStb, 2 vRStb zus, 6 vRStb, 1 hStb, 26 vRStb, 1 hfM ins erste vRStb (66)

R48 2 Lm, 5 vRStb, 2 vRStb zus, 25 vRStb, 2 vRStb zus, 5 vRStb, 1 hStb, 26 vRStb, 1 hfM ins erste vRStb (64)

R49 Mit Hellblau weiterhäkeln, 2 Lm, 4 vRStb, 2 vRStb zus, 25 vRStb, 2 vRStb zus, 4 vRStb, 1 hStb, 26 vRStb, 1 hfM ins erste vRStb (62)

R50 2 Lm, 3 vRStb, 2 vRStb zus, 25 vRStb, 2 vRStb zus, 3 vRStb, 1 hStb, 26 vRStb, 1 hfM ins erste vRStb (60)

R51 2 Lm, 2 vRStb, 2 vRStb zus, 25 vRStb, 2 vRStb zus, 2 vRStb, 1 hStb, 26 vRStb, 1 hfM ins erste vRStb (58)

R52 2 Lm, 1 vRStb, 2 vRStb zus, 25 vRStb, 2 vRStb zus, 1 vRStb, 1 hStb, 26 vRStb, 1 hfM ins erste vRStb (56)

R53 2 Lm, 2 vRStb zus, 25 vRStb, 2 vRStb zus, 1 hStb, 26 vRStb, 1 hfM ins erste vRStb (54)

R54 2 Lm, 27 vRStb, 1 hStb, 26 vRStb, 1 hfM ins erste vRStb (54)

R55 Mit Weiß weiterhäkeln, 2 Lm, 27 vRStb, 1 hStb, 26 vRStb, 1 hfM ins erste vRStb (54)

R56-60 2 Lm, 27 vRStb, 1 hStb, 26 vRStb, 1 hfM ins erste vRStb (54)

R61 Mit Beige weiterhäkeln (du kannst den weißen und hellblauen Faden jetzt abschneiden), 2 Lm, 27 vRStb, 1 hStb, 26 vRStb, 1 hfM ins erste vRStb (54)

R62-66 2 Lm, 27 vRStb, 1 hStb, 26 vRStb, 1 hfM ins erste vRStb (54)

R67-73 2 Lm, *1 vRStb, 1 hRStb*, von * bis * rundum wiederholen, 1 hfM ins erste vRStb (54)

R74 2 Lm, *1 vRStb, 1 hRStb*, über 32 Maschen von * bis * wiederholen, 6 vRStb in die folgende Masche, 1 hRStb, über 8 Maschen von * bis * wiederholen, 6 vRStb in die folgende Masche, 1 hRStb, über 10 Maschen von * bis * wiederholen, 1 hfM ins erste vRStb (54)

Abketteln, Fadenenden verstecken.

Goldfisch

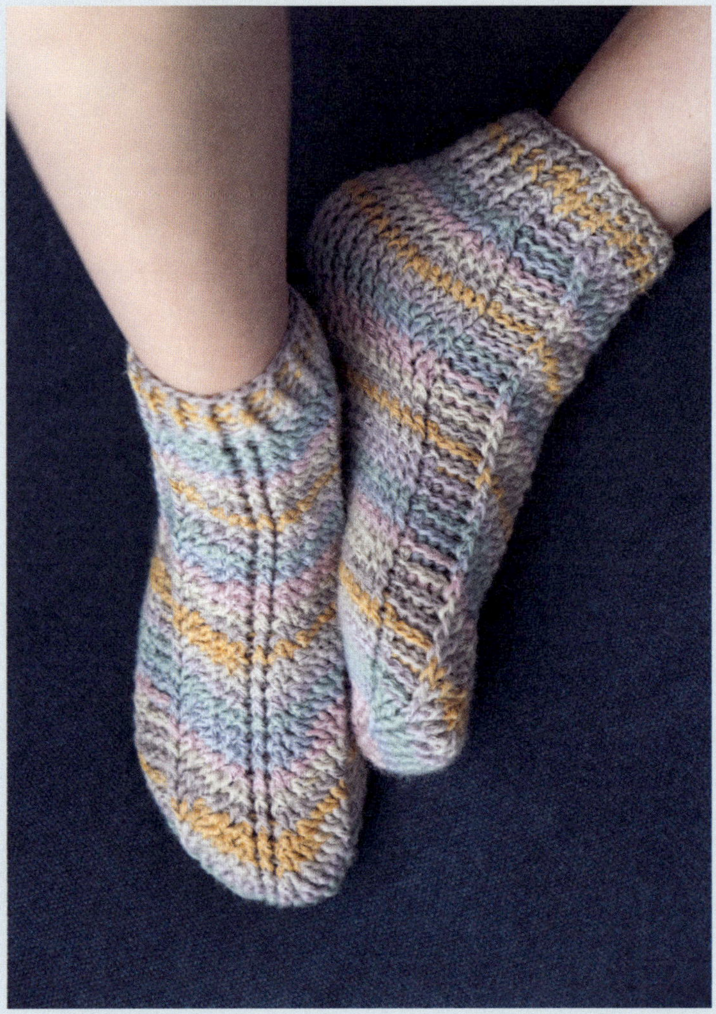

Schwierigkeitsgrad: 3 von 5

DIESES KNÖCHELHOHE MODELL MIT DEM BEZAUBERNDEN CHEVRON-MUSTER EIGNET SICH HERVORRAGEND FÜR KURZE SOCKEN ODER HAUSSCHUHE. SIE LASSEN SICH GANZ TOLL MIT VERSCHIEDENEN ARTEN VON SOCKENWOLLE HÄKELN UND SIND IM HAND-UMDREHEN FERTIG.

Für die Wahl der richtigen Größe siehe Seite 13.

MATERIALIEN

Sockenwolle für Nadelstärke 2,5-3,5.
Ich habe folgende Garne verwendet:

Türkis Lana Grossa Meilenweit Soja Soft (100 g/420 m), Farbe: 304

Mehrfarbig Lana Grossa Glamy (100 g/420 m), Farbe: 2705

Häkelnadel 4 mm
Für die Wahl der richtigen Häkelnadel siehe: Maschenprobe S. 14.

Geschätzter Materialbedarf
0-6: 210 m, 12-24: 210 m, 3-5: 420 m, 6-10: 420 m, Small: 420 m, Medium: 420 m

ABKÜRZUNGEN

Lm	Luftmasche
Stb	Stäbchen
vRStb	Vorderes Reliefstäbchen
hvRStb	Halbes vorderes Reliefstäbchen
hRStb	Hinteres Reliefstäbchen
hhRStb	Halbes hinteres Reliefstäbchen
hfM	Halbe feste Masche
hStb	Halbes Stäbchen
vRStb zus	Vorderes Reliefstäbchen zusammenhäkeln
2 vRStb inf	2 vordere Reliefstäbchen in folgende Masche

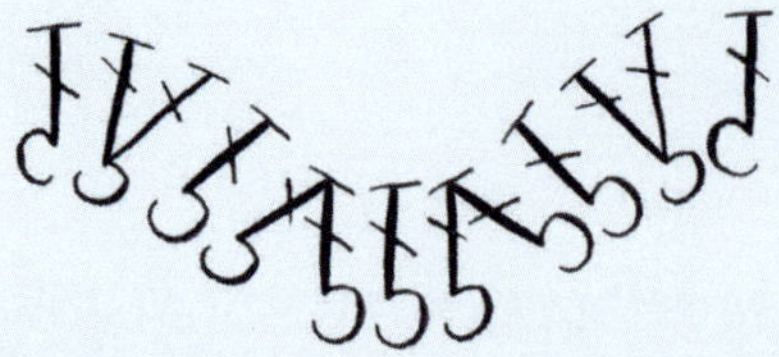

GRÖSSE: 0-6 MONATE

1 hRStb, 2 vRStb inf, 1 vRStb, 2 vRStb zus, 1 vRStb, 2 vRStb zus, 1 vRStb, 2 vRStb inf, 1 hRStb.

R1 Mit einem Fadenring anfangen, 2 Lm ⟨die ersten 2 Lm zählen im ganzen Modell nicht als erstes Stb⟩, 6 Stb in den Ring häkeln, 1 hfM ins erste Stb ⟨6⟩

R2 2 Lm, 2 vRStb in jedes Stb rundum, 1 hfM ins erste vRStb ⟨12⟩

R3 2 Lm, * 1 vRStb, 2 vRStb inf*, noch 2x von * bis * wiederholen, 1 hStb, 2 vRStb inf, noch 2x von * bis * wiederholen, 1 hfM ins erste vRStb ⟨18⟩

R4 2 Lm, *2 vRStb, 2 vRStb inf*, noch 2x von * bis * wiederholen, 1 hStb, 1 vRStb, 2 vRStb inf, noch 2x von * bis * wiederholen, 1 hfM ins erste vRStb ⟨24⟩

R5-8 2 Lm, 12 vRStb, 1 hStb, Goldfischmuster 0-6, 1 hfM ins erste vRStb ⟨24⟩

R9 2 Lm, 2 vRStb inf, 10 vRStb, 2 vRStb inf, 1 hStb, Goldfischmuster 0-6, 1 hfM ins erste vRStb ⟨26⟩

R10 2 Lm, 1 vRStb, 2 vRStb inf, 10 vRStb, 2 vRStb inf, 1 vRStb, 1 hStb, Goldfischmuster 0-6, 1 hfM ins erste vRStb ⟨28⟩

R11 2 Lm, 2 vRStb, 2 vRStb inf, 10 vRStb, 2 vRStb inf, 2 vRStb, 1 hStb, Goldfischmuster 0-6, 1 hfM ins erste vRStb ⟨30⟩

R12 2 Lm, 2 vRStb, 2 vRStb zus, 10 vRStb, 2 vRStb zus, 2 vRStb, 1 hStb, Goldfischmuster 0-6, 1 hfM ins erste vRStb ⟨28⟩

R13 2 Lm, 1 vRStb, 2 vRStb zus, 10 vRStb, 2 vRStb zus, 1 vRStb, 1 hStb, Goldfischmuster 0-6, 1 hfM in das erste vRStb ⟨26⟩

R14 2 Lm, 2 vRStb zus, 10 vRStb, 2 vRStb zus, 1 hStb, Goldfischmuster 0-6, 1 hfM ins erste vRStb ⟨24⟩

R15 2 Lm, 12 vRStb, 1 hStb <den Markierer in dieses hStb einsetzen, Goldfischmuster 0-6, 1 hfM ins erste vRStb ⟨24⟩

R16-17 2 Lm, *1 vRStb, 1 hRStb*, bis zum Markierer von * bis * wiederholen und ihn dann eine Runde höher einsetzen, {1 hvRStb, 1 hhRStb}, bis zum Ende von { bis } wiederholen, 1 hfM ins erste vRStb ⟨24⟩
Abketteln, Fadenenden verstecken.

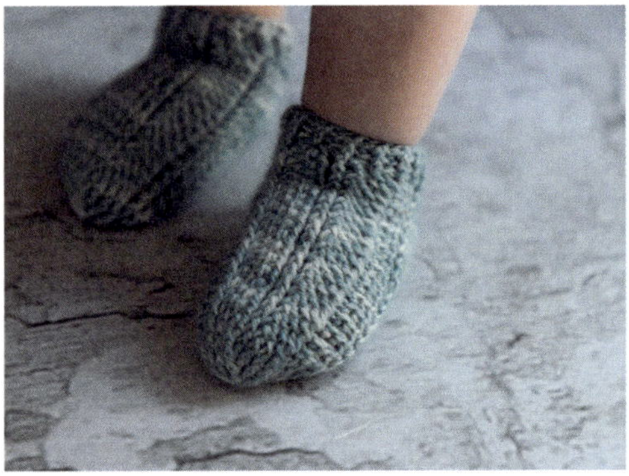

Goldfischmuster 12-24

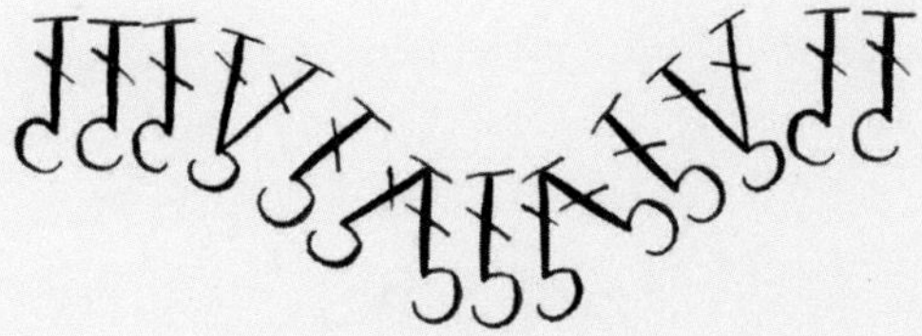

GRÖSSE: 12-24 MONATE

2 hRStb, 2 vRStb inf, 1 vRStb, 2 vRStb zus, 1 vRStb, 2 vRStb zus, 1 vRStb, 2 vRStb inf, 3 hRStb.

R1 Mit einem Fadenring anfangen, 2 Lm (die ersten 2 Lm zählen im gesamten Modell nicht als erstes Stb), 6 Stb in den Ring häkeln, 1 hfM ins erste Stb ⟨6⟩

R2 2 Lm, 2 vRStb in jedes Stb rundum, 1 hfM ins erste vRStb ⟨12⟩

R3 2 Lm, * 1 vRStb, 2 vRStb inf*, noch 2x von * bis * wiederholen, 1 hStb, 2 vRStb inf, noch 2x von * bis * wiederholen, 1 hfM ins erste vRStb ⟨18⟩

R4 2 Lm, *2 vRStb, 2 vRStb inf*, noch 2x von * bis * wiederholen, 1 hStb, 1 vRStb, 2 vRStb inf, noch 2x von * bis * wiederholen, 1 hfM ins erste vRStb ⟨24⟩

R5 2 Lm, *3 vRStb, 2 vRStb inf*, noch 2x von * bis * wiederholen, 1 hStb, 2 vRStb, 2 vRStb inf, noch 2x von * bis * wiederholen, 1 hfM ins erste vRStb ⟨30⟩

R6-13 2 Lm, 15 vRStb, 1 hStb, Goldfischmuster 12-24, 1 hfM ins erste vRStb ⟨30⟩

R14 2 Lm, 2 vRStb inf, 13 vRStb, 2 vRStb inf, 1 hStb, Goldfischmuster 12-24, 1 hfM ins erste vRStb ⟨32⟩

R15 2 Lm, 1 vRStb, 2 vRStb inf, 13 vRStb, 2 vRStb inf, 1 vRStb, 1 hStb, Goldfischmuster 12-24, 1 hfM ins erste vRStb ⟨34⟩

R16 2 Lm, 2 vRStb, 2 vRStb inf, 13 vRStb, 2 vRStb inf, 2 vRStb, 1 hStb, Goldfischmuster 12-24, 1 hfM ins erste vRStb ⟨36⟩

R17 2 Lm, 3 vRStb, 2 vRStb inf, 13 vRStb, 2 vRStb inf, 3 vRStb, 1 hStb, Goldfischmuster 12-24, 1 hfM ins erste vRStb ⟨38⟩

R18 2 Lm, 3 vRStb, 2 vRStb zus, 13 vRStb, 2 vRStb zus, 3 vRStb, 1 hStb, Goldfischmuster 12-24, 1 hfM ins erste vRStb ⟨36⟩

R19 2 Lm, 2 vRStb, 2 vRStb zus, 13 vRStb, 2 vRStb zus, 2 vRStb, 1 hStb, Gold fischmuster 12-24, 1 hfM ins erste vRStb ⟨34⟩

R20 2 Lm, 1 vRStb, 2 vRStb zus, 13 vRStb, 2 vRStb zus, 1 vRStb, 1 hStb, Goldfischmuster 12-24, 1 hfM ins erste vRStb ⟨32⟩

R21 2 Lm, 2 vRStb zus, 13 vRStb, 2 vRStb zus, 1 hStb, Goldfischmuster 12-24, 1 hfM ins erste vRStb ⟨30⟩

R22 2 Lm, 15 vRStb, 1 hStb <den Markierer in dieses hStb einsetzen, Goldfischmuster 12-24, 1 hfM ins erste vRStb ⟨30⟩

R23-25 2 Lm, 1 vRStb, *1 hRStb, 1 vRStb*, bis zum Markierer von * bis * wiederholen und ihn dann eine Runde höher einsetzen, 1 hhRStb, {1 hvRStb, 1 hhRStb}, bis zum Ende von { bis } wiederholen, 1 hfM ins erste vRStb ⟨30⟩ Abketteln, Fadenenden verstecken.

Goldfischmuster 3-5

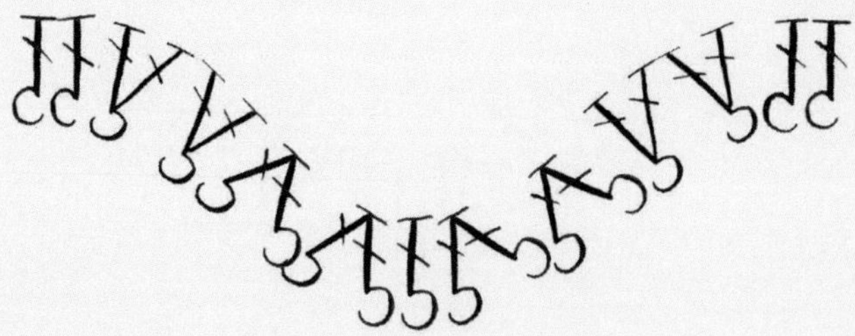

GRÖSSE: 3-5 JAHRE

2 hRStb, 2 vRStb inf 2x, 2 vRStb zus 2x, 1 vRStb, 2 vRStb zus 2x, 2 vRStb inf 2x, 2 hRStb.

R1 Mit einem Fadenring anfangen, 2 Lm (die ersten 2 Lm zählen im gesamten Modell nicht als erstes Stb), 6 Stb in den Ring häkeln, 1 hfM ins erste Stb (6)

R2 2 Lm, 2 vRStb in jedes Stb rundum, 1 hfM ins erste vRStb (12)

R3 2 Lm, * 1 vRStb, 2 vRStb inf*, noch 2x von * bis * wiederholen, 1 hStb, 2 vRStb inf, noch 2x von * bis * wiederholen, 1 hfM ins erste vRStb (18)

R4 2 Lm, *2 vRStb, 2 vRStb inf*, noch 2x von * bis * wiederholen, 1 hStb, 1 vRStb, 2 vRStb inf, noch 2x von * bis * wiederholen, 1 hfM ins erste vRStb (24)

R5 2 Lm, *3 vRStb, 2 vRStb inf*, noch 2x von * bis * wiederholen, 1 hStb, 2 vRStb, 2 vRStb inf, noch 2x von * bis * wiederholen, 1 hfM ins erste vRStb (30)

R6 2 Lm, *4 vRStb, 2 vRStb inf*, noch 2x von * bis * wiederholen, 1 hStb, 3 vRStb, 2 vRStb inf, noch 2x von * bis * wiederholen, 1 hfM ins erste vRStb (36)

R7-18 2 Lm, 18 vRStb, 1 hStb, Goldfischmuster 3-5, 1 hfM ins erste vRStb (36)

R19 2 Lm, 2 vRStb inf, 16 vRStb, 2 vRStb inf, 1 hStb, Goldfischmuster 3-5, 1 hfM ins erste vRStb (38)

R20 2 Lm, 1 vRStb, 2 vRStb inf, 16 vRStb, 2 vRStb inf, 1 vRStb, 1 hStb, Goldfischmuster 3-5, 1 hfM ins erste vRStb (40)

R21 2 Lm, 2 vRStb, 2 vRStb inf, 16 vRStb, 2 vRStb inf, 2 vRStb, 1 hStb, Goldfischmuster 3-5, 1 hfM ins erste vRStb (42)

R22 2 Lm, 3 vRStb, 2 vRStb inf, 16 vRStb, 2 vRStb inf, 3 vRStb, 1 hStb, Goldfischmuster 3-5, 1 hfM ins erste vRStb (44)

R23 2 Lm, 4 vRStb, 2 vRStb inf, 16 vRStb, 2 vRStb inf, 4 vRStb, 1 hStb, Goldfischmuster 3-5, 1 hfM ins erste vRStb (46)

R24 2 Lm, 4 vRStb, 2 vRStb zus, 16 vRStb, 2 vRStb zus, 4 vRStb, 1 hStb, Goldfischmuster 3-5, 1 hfM ins erste vRStb (44)

R25 2 Lm, 3 vRStb, 2 vRStb zus, 16 vRStb, 2 vRStb zus, 3 vRStb, 1 hStb, Goldfischmuster 3-5, 1 hfM ins erste vRStb (42)

R26 2 Lm, 2 vRStb, 2 vRStb zus, 16 vRStb, 2 vRStb zus, 2 vRStb, 1 hStb, Goldfischmuster 3-5, 1 hfM ins erste vRStb (40)

R27 2 Lm, 1 vRStb, 2 vRStb zus, 16 vRStb, 2 vRStb zus, 1 vRStb, 1 hStb, Goldfischmuster 3-5, 1 hfM ins erste vRStb (38)

R28 2 Lm, 2 vRStb zus, 16 vRStb, 2 vRStb zus, 1 hStb, Goldfischmuster 3-5, 1 hfM ins erste vRStb (36)

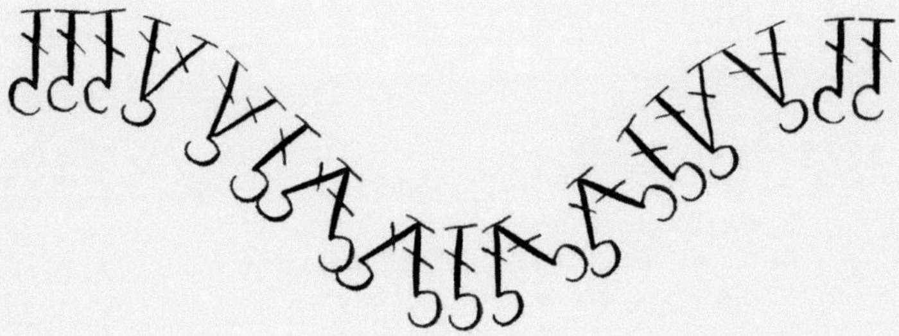

Goldfischmuster 6-10

R29 2 Lm, 18 vRStb, 1 hStb <den Markierer in dieses hStb einsetzen, Goldfischmuster 3-5, 1 hfM ins erste vRStb ⟨36⟩

R30-33 2 Lm, *1 vRStb, 1 hRStb*, bis zum Markierer von * bis * wiederholen und ihn dann eine Runde höher einsetzen, {1 hvRStb, 1 hhRStb}, bis zum Ende von { bis } wiederholen, 1 hfM ins erste vRStb ⟨36⟩
Abketteln, Fadenenden verstecken.

GRÖSSE: 6-10 JAHRE

2 hRStb, 2 vRStb inf 2x, 1 vRStb, 2 vRStb zus 2x, 1 vRStb, 2 vRStb zus 2x, 1 vRStb, 2 vRStb inf 2x, 3 hRStb.

R1 Mit einem Fadenring anfangen, 2 Lm ⟨die ersten 2 Lm zählen im gesamten Modell nicht als erstes Stb⟩, 6 Stb in den Ring häkeln, 1 hfM ins erste Stb ⟨6⟩

R2 2 Lm, 2 vRStb in jedes Stb rundum, 1 hfM ins erste vRStb ⟨12⟩

R3 2 Lm, * 1 vRStb, 2 vRStb inf*, noch 2x von * bis * wiederholen, 1 hStb, 2 vRStb inf, noch 2x von * bis * wiederholen, 1 hfM ins erste vRStb ⟨18⟩

R4 2 Lm, *2 vRStb, 2 vRStb inf*, noch 2x von * bis * wiederholen, 1 hStb, 1 vRStb, 2 vRStb inf, noch 2x von * bis * wiederholen, 1 hfM ins erste vRStb ⟨24⟩

R5 2 Lm, *3 vRStb, 2 vRStb inf*, noch 2x von * bis * wiederholen, 1 hStb, 2 vRStb, 2 vRStb inf, noch 2x von * bis * wiederholen, 1 hfM ins erste vRStb ⟨30⟩

R6 2 Lm, *4 vRStb, 2 vRStb inf*, noch 2x von * bis * wiederholen, 1 hStb, 3 vRStb, 2 vRStb inf, noch 2x von * bis * wiederholen, 1 hfM ins erste vRStb ⟨36⟩

R7 2 Lm, *5 vRStb, 2 vRStb inf*, noch 2x von * bis * wiederholen, 1 hStb, 4 vRStb, 2 vRStb inf, noch 2x von * bis * wiederholen, 1 hfM ins erste vRStb ⟨42⟩

R8-23 2 Lm, 21 vRStb, 1 hStb, Goldfischmuster 6-10, 1 hfM ins erste vRStb ⟨42⟩

R24 2 Lm, 2 vRStb inf, 19 vRStb, 2 vRStb inf, 1 hStb, Goldfischmuster 6-10, 1 hfM ins erste vRStb ⟨44⟩

R25 2 Lm, 1 vRStb, 2 vRStb inf, 19 vRStb, 2 vRStb inf, 1 vRStb, 1 hStb, Goldfischmuster 6-10, 1 hfM ins erste vRStb ⟨46⟩

R26 2 Lm, 2 vRStb, 2 vRStb inf, 19 vRStb, 2 vRStb inf, 2 vRStb, 1 hStb, Goldfischmuster 6-10, 1 hfM ins erste vRStb ⟨48⟩

R27 2 Lm, 3 vRStb, 2 vRStb inf, 19 vRStb, 2 vRStb inf, 3 vRStb, 1 hStb, Goldfischmuster 6-10, 1 hfM ins erste vRStb ⟨50⟩

R28 2 Lm, 4 vRStb, 2 vRStb inf, 19 vRStb, 2 vRStb inf, 4 vRStb, 1 hStb, Goldfischmuster 6-10, 1 hfM ins erste vRStb ⟨52⟩

R29 2 Lm, 5 vRStb, 2 vRStb inf, 19 vRStb, 2 vRStb inf, 5 vRStb, 1 hStb, Goldfischmuster 6-10, 1 hfM ins erste vRStb ⟨54⟩

R30 2 Lm, 5 vRStb, 2 vRStb zus, 19 vRStb, 2 vRStb zus, 5 vRStb, 1 hStb, Goldfischmuster 6-10, 1 hfM ins erste vRStb ⟨52⟩

R31 2 Lm, 4 vRStb, 2 vRStb zus, 19 vRStb, 2 vRStb zus, 4 vRStb, 1 hStb, Goldfischmuster 6-10, 1 hfM ins erste vRStb ⟨50⟩

R32 2 Lm, 3 vRStb, 2 vRStb zus, 19 vRStb, 2 vRStb zus, 3 vRStb, 1 hStb, Goldfischmuster 6-10, 1 hfM ins erste vRStb ⟨48⟩

R33 2 Lm, 2 vRStb, 2 vRStb zus, 19 vRStb, 2 vRStb zus, 2 vRStb, 1 hStb, Goldfischmuster 6-10, 1 hfM ins erste vRStb ⟨46⟩

R34 2 Lm, 1 vRStb, 2 vRStb zus, 19 vRStb, 2 vRStb zus, 1 vRStb, 1 hStb, Goldfischmuster 6-10, 1 hfM ins erste vRStb ⟨44⟩

R35 2 Lm, 2 vRStb zus, 19 vRStb, 2 vRStb zus, 1 hStb, Goldfischmuster 6-10, 1 hfM ins erste vRStb ⟨42⟩

R36 2 Lm, 21 vRStb, 1 hStb <den Markierer in dieses hStb einsetzen, Goldfischmuster 6-10, 1 hfM ins erste vRStb ⟨42⟩

R37-41 2 Lm, 1 vRStb, *1 hRStb, 1 vRStb*, bis zum Markierer von * bis * wiederholen und ihn dann eine Runde höher einsetzen, 1 hhRStb, {1 hvRStb, 1 hhRStb}, bis zum Ende von { bis } wiederholen, 1 hfM ins erste vRStb ⟨42⟩

Abketteln, Fadenenden verstecken.

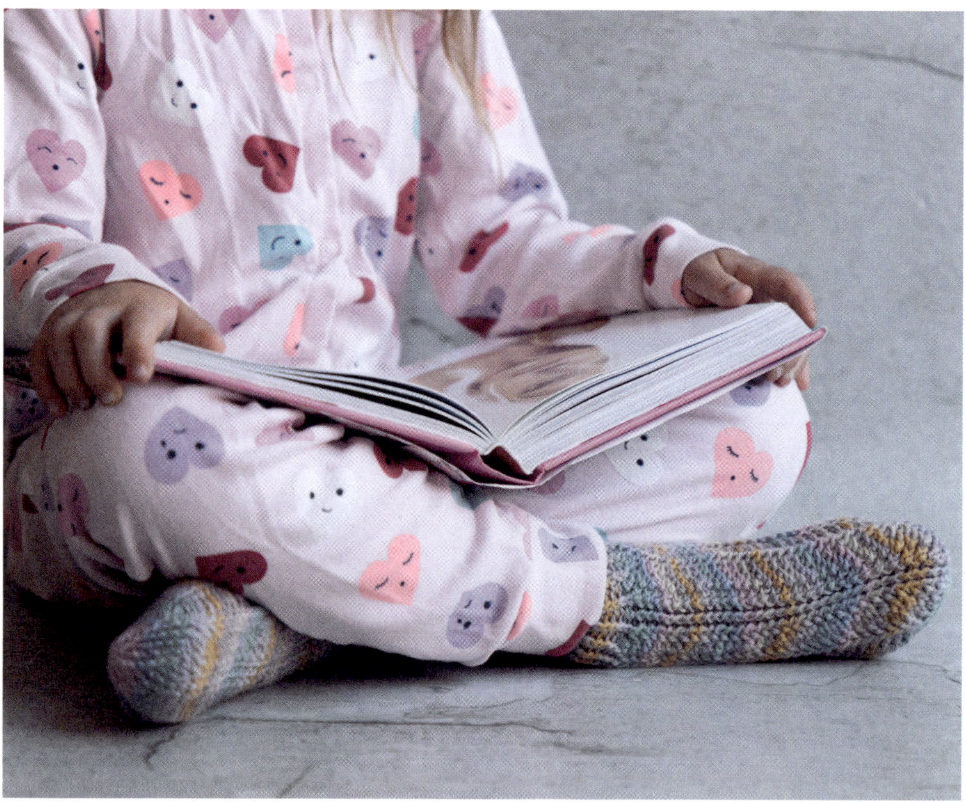

Goldfischmuster Small

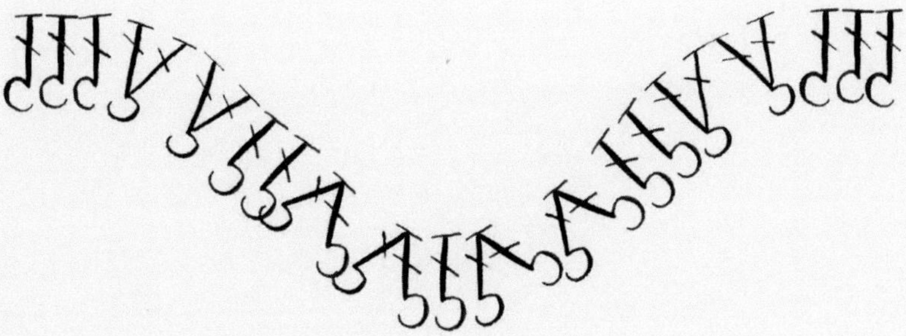

GRÖSSE: SMALL

3 hRStb, 2 vRStb inf 2x, 2 vRStb, 2 vRStb zus 2x, 1 vRStb, 2 vRStb zus 2x, 2 vRStb, 2 vRStb inf 2x, 3 hRStb.

R1 Mit einem Fadenring anfangen, 2 Lm ⟨die ersten 2 Lm zählen im ganzen Muster nicht als erstes Stb⟩, 6 Stb in den Ring, 1 hfM ins erste Stb ⟨6⟩

R2 2 Lm, 2 vRStb in jedes Stb rundum, 1 hfM ins erste vRStb ⟨12⟩

R3 2 Lm, * 1 vRStb, 2 vRStb inf*, noch 2x von * bis * wiederholen, 1 hStb, 2 vRStb inf, noch 2x von * bis * wiederholen, 1 hfM ins erste vRStb ⟨18⟩

R4 2 Lm, *2 vRStb, 2 vRStb inf*, noch 2x von * bis * wiederholen, 1 hStb, 1 vRStb, 2 vRStb inf, noch 2x von * bis * wiederholen, 1 hfM ins erste vRStb ⟨24⟩

R5 2 Lm, *3 vRStb, 2 vRStb inf*, noch 2x von * bis * wiederholen, 1 hStb, 2 vRStb, 2 vRStb inf, noch 2x von * bis * wiederholen, 1 hfM ins erste vRStb ⟨30⟩

R6 2 Lm, *4 vRStb, 2 vRStb inf*, noch 2x von * bis * wiederholen, 1 hStb, 3 vRStb, 2 vRStb inf, noch 2x von * bis * wiederholen, 1 hfM ins erste vRStb ⟨36⟩

R7 2 Lm, *5 vRStb, 2 vRStb inf*, noch 2x von * bis * wiederholen, 1 hStb, 4 vRStb, 2 vRStb inf, noch 2x von * bis * wiederholen, 1 hfM ins erste vRStb ⟨42⟩

R8 2 Lm, *6 vRStb, 2 vRStb inf*, noch 2x von * bis * wiederholen, 1 hStb, 5 vRStb, 2 vRStb inf, noch 2x von * bis * wiederholen, 1 hfM ins erste vRStb ⟨48⟩

R9-28 2 Lm, 24 vRStb, 1 hStb, Goldfischmuster Small, 1 hfM ins erste vRStb ⟨48⟩

R29 2 Lm, 2 vRStb inf, 22 vRStb, 2 vRStb inf, 1 hStb, Goldfischmuster Small, 1 hfM ins erste vRStb ⟨50⟩

R30 2 Lm, 1 vRStb, 2 vRStb inf, 22 vRStb, 2 vRStb inf, 1 vRStb, 1 hStb, Goldfischmuster Small, 1 hfM ins erste vRStb ⟨52⟩

R31 2 Lm, 2 vRStb, 2 vRStb inf, 22 vRStb, 2 vRStb inf, 2 vRStb, 1 hStb, Goldfischmuster Small, 1 hfM ins erste vRStb ⟨54⟩

R32 2 Lm, 3 vRStb, 2 vRStb inf, 22 vRStb, 2 vRStb inf, 3 vRStb, 1 hStb, Goldfischmuster Small, 1 hfM ins erste vRStb ⟨56⟩

R33 2 Lm, 4 vRStb, 2 vRStb inf, 22 vRStb, 2 vRStb inf, 4 vRStb, 1 hStb, Goldfischmuster Small, 1 hfM ins erste vRStb ⟨58⟩

R34 2 Lm, 5 vRStb, 2 vRStb inf, 22 vRStb, 2 vRStb inf, 5 vRStb, 1 hStb, Goldfischmuster Small, 1 hfM ins erste vRStb ⟨60⟩

R35 2 Lm, 6 vRStb, 2 vRStb inf, 22 vRStb, 2 vRStb inf, 6 vRStb, 1 hStb, Goldfischmuster Small, 1 hfM ins erste vRStb ⟨62⟩

R36 2 Lm, 6 vRStb, 2 vRStb zus, 22 vRStb, 2 vRStb zus, 6 vRStb, 1 hStb, Gold-

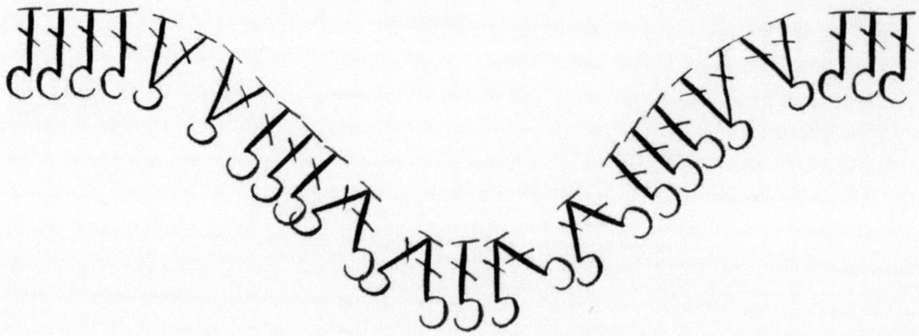

Goldfischmuster Medium

fischmuster Small, 1 hfM ins erste vRStb ⟨60⟩

R37 2 Lm, 5 vRStb, 2 vRStb zus 22 vRStb, 2 vRStb zus, 5 vRStb, 1 hStb, Goldfischmuster Small, 1 hfM ins erste vRStb ⟨58⟩

R38 2 Lm, 4 vRStb, 2 vRStb zus, 22 vRStb, 2 vRStb zus, 4 vRStb, 1 hStb, Goldfischmuster Small, 1 hfM ins erste vRStb ⟨56⟩

R39 2 Lm, 3 vRStb, 2 vRStb zus, 22 vRStb, 2 vRStb zus, 3 vRStb, 1 hStb, Goldfischmuster Small, 1 hfM ins erste vRStb ⟨54⟩

R40 2 Lm, 2 vRStb, 2 vRStb zus 22 vRStb, 2 vRStb zus, 2 vRStb, 1 hStb, Goldfischmuster Small, 1 hfM ins erste vRStb ⟨52⟩

R41 2 Lm, 1 vRStb, 2 vRStb zus, 22 vRStb, 2 vRStb zus, 1 vRStb, 1 hStb, Gold fischmuster Small, 1 hfM ins erste vRStb ⟨50⟩

R42 2 Lm, 2 vRStb zus, 22 vRStb, 2 vRStb zus, 1 hStb, Goldfischmuster Small, 1 hfM ins erste vRStb ⟨48⟩

R43 2 Lm, 24 vRStb, 1 hStb <den Markierer in dieses hStb einsetzen, Gold fischmuster Small, 1 hfM ins erste vRStb ⟨48⟩

R44-49 2 Lm, *1 vRStb, 1 hRStb*, bis zum Markierer von * bis * wiederholen und ihn dann eine Runde höher einsetzen, {1 hvRStb, 1 hhRStb}, bis zum Ende von { bis } wiederholen, 1 hfM ins erste vRStb ⟨48⟩
Abketteln, Fadenenden verstecken.

GRÖSSE: MEDIUM

3 hRStb, 2 vRStb inf 2x, 3 vRStb, 2 vRStb zus 2x, 1 vRStb, 2 vRStb zus 2x, 3 vRStb, 2 vRStb inf 2x, 4 hRStb.

R1 Mit einem Fadenring anfangen, 2 Lm ⟨die ersten 2 Lm zählen im ganzen Modell nicht als erstes Stb⟩, 6 Stb in den Ring häkeln, 1 hfM ins erste Stb ⟨6⟩

R2 2 Lm, 2 vRStb in jedes Stb rundum, 1 hfM ins erste vRStb ⟨12⟩

R3 2 Lm, * 1 vRStb, 2 vRStb inf*, noch 2x von * bis * wiederholen, 1 hStb, 2 vRStb inf, noch 2x von * bis * wiederholen, 1 hfM ins erste vRStb ⟨18⟩

R4 2 Lm, *2 vRStb, 2 vRStb inf*, noch 2x von * bis * wiederholen, 1 hStb, 1 vRStb, 2 vRStb inf, noch 2x von * bis * wiederholen, 1 hfM ins erste vRStb ⟨24⟩

R5 2 Lm, *3 vRStb, 2 vRStb inf*, noch 2x von * bis * wiederholen, 1 hStb, 2 vRStb, 2 vRStb inf, noch 2x von * bis * wiederholen, 1 hfM ins erste vRStb ⟨30⟩

R6 2 Lm, *4 vRStb, 2 vRStb inf*, noch 2x von * bis * wiederholen, 1 hStb, 3 vRStb, 2 vRStb inf, noch 2x von * bis * wiederholen, 1 hfM ins erste vRStb ⟨36⟩

R7 2 Lm, *5 vRStb, 2 vRStb inf*, noch 2x von * bis * wiederholen, 1 hStb, 4 vRStb, 2 vRStb inf,noch 2x von *

bis * wiederholen, 1 hfM ins erste vRStb (42)

R8 2 Lm, *6 vRStb, 2 vRStb inf*, noch 2x von * bis * wiederholen, 1 hStb, 5 vRStb, 2 vRStb inf, noch 2x von * bis * wiederholen, 1 hfM ins erste vRStb (48)

R9 2 Lm, *7 vRStb, 2 vRStb inf*, noch 2x von * bis * wiederholen, 1 hStb, 6 vRStb, 2 vRStb inf, noch 2x von * bis * wiederholen, 1 hfM ins erste vRStb (54)

R10-33 2 Lm, 27 vRStb, 1 hStb, Goldfisch muster Medium, 1 hfM ins erste vRStb (54)

R34 2 Lm, 2 vRStb inf, 25 vRStb, 2 vRStb inf, 1 hStb, Goldfischmuster Medium, 1 hfM ins erste vRStb (56)

R35 2 Lm, 1 vRStb, 2 vRStb inf, 25 vRStb, 2 vRStb inf, 1 vRStb, 1 hStb, Gold fischmuster Medium, 1 hfM ins erste vRStb (58)

R36 2 Lm, 2 vRStb, 2 vRStb inf, 25 vRStb, 2 vRStb inf, 2 vRStb, 1 hStb, Goldfischmuster Medium, 1 hfM ins erste vRStb (60)

R37 2 Lm, 3 vRStb, 2 vRStb inf, 25 vRStb, 2 vRStb inf, 3 vRStb, 1 hStb, Goldfischmuster Medium, 1 hfM ins erste vRStb (62)

R38 2 Lm, 4 vRStb, 2 vRStb inf, 25 vRStb, 2 vRStb inf, 4 vRStb, 1 hStb, Goldfischmuster Medium, 1 hfM ins erste vRStb (64)

R39 2 Lm, 5 vRStb, 2 vRStb inf, 25 vRStb, 2 vRStb inf, 5 vRStb, 1 hStb, Goldfischmuster Medium, 1 hfM ins erste vRStb (66)

R40 2 Lm, 6 vRStb, 2 vRStb inf, 25 vRStb, 2 vRStb inf, 6 vRStb, 1 hStb, Goldfischmuster Medium, 1 hfM ins erste vRStb (68)

R41 2 Lm, 7 vRStb, 2 vRStb inf, 25 vRStb, 2 vRStb inf, 7 vRStb, 1 hStb, Goldfischmuster Medium, 1 hfM ins erste vRStb (70)

R42 2 Lm, 7 vRStb, 2 vRStb zus, 25 vRStb, 2 vRStb zus, 7 vRStb, 1 hStb, Goldfischmuster Medium, 1 hfM ins erste vRStb (68)

R43 2 Lm, 6 vRStb, 2 vRStb zus, 25 vRStb, 2 vRStb zus, 6 vRStb, 1 hStb, Goldfischmuster Medium, 1 hfM ins erste vRStb (66)

R44 2 Lm, 5 vRStb, 2 vRStb zus, 25 vRStb, 2 vRStb zus, 5 vRStb, 1 hStb, Goldfischmuster Medium, 1 hfM ins erste vRStb (64)

R45 2 Lm, 4 vRStb, 2 vRStb zus, 25 vRStb, 2 vRStb zus, 4 vRStb, 1 hStb, Goldfischmuster Medium, 1 hfM ins erste vRStb (62)

R46 2 Lm, 3 vRStb, 2 vRStb zus, 25 vRStb, 2 vRStb zus, 3 vRStb, 1 hStb, Goldfischmuster Medium, 1 hfM ins erste vRStb (60)

R47 2 Lm, 2 vRStb, 2 vRStb zus, 25 vRStb, 2 vRStb zus, 2 vRStb, 1 hStb, Goldfischmuster Medium, 1 hfM ins erste vRStb (58)

R48 2 Lm, 1 vRStb, 2 vRStb zus, 25 vRStb, 2 vRStb zus, 1 vRStb, 1 hStb, Goldfischmuster Medium, 1 hfM ins erste vRStb (56)

R49 2 Lm, 2 vRStb zus, 25 vRStb, 2 vRStb zus, 1 hStb, Goldfischmuster Medium, 1 hfM ins erste vRStb (54)

R50 2 Lm, 27 vRStb, 1 hStb <den Markierer in dieses hStb einsetzen, Goldfischmuster Medium, 1 hfM ins erste vRStb (54)

R51-57 2 Lm, 1 vRStb, *1 hRStb, 1 vRStb*, bis zum Markierer von * bis * wiederholen und ihn dann eine Runde höher einsetzen, 1 hhRStb, {1 hvRStb, 1 hhRStb}, bis zum Ende von { bis } wiederholen, 1 hfM in das erste vRStb (54)

Abketteln, Fadenenden verstecken.

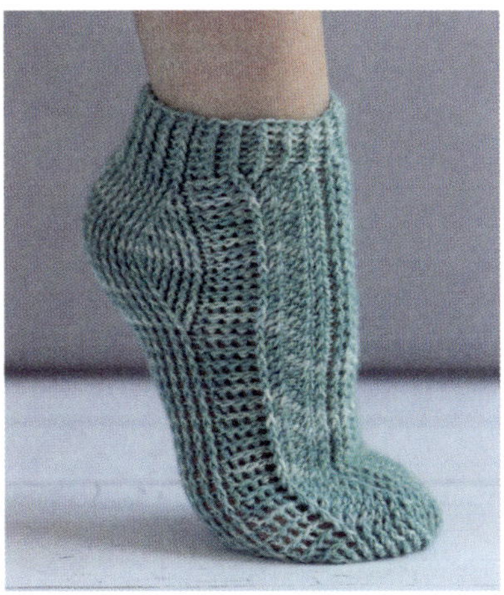

Zopfmuster

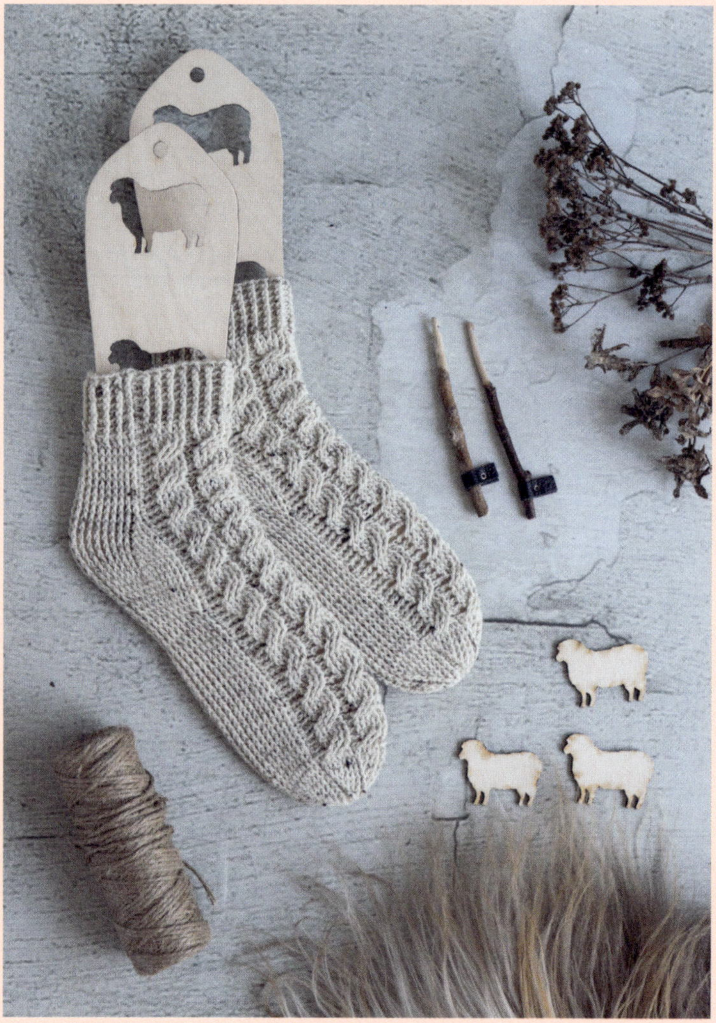

Schwierigkeitsgrad: 4 von 5

WER AN SELBSTGEMACHTE SOCKEN DENKT, DENKT AN ZOPFMUSTER, UND DIE LASSEN SICH AUCH RICHTIG TOLL HÄKELN. FÜR DAS MUSTER BRAUCHT MAN ETWAS ÜBUNG, ABER WENN MAN ES EINMAL VERINNERLICHT HAT, LOHNT SICH DIE MÜHE WIRKLICH.

Für die Wahl der richtigen Größe siehe Seite 13.

MATERIALIEN

Sockenwolle für Nadelstärke 2,5-3,5.
Ich habe folgende Garne verwendet:

Creme-farben Lana Grossa Meilenweit Tweed (100 g/420 m) Farbe: 106

Grau Regia Tweed (50 g/210 m) Farbe: 0090

Häkelnadel 4 mm

Für die Wahl der richtigen Häkelnadel siehe: Maschenprobe S. 14.

Geschätzter Materialbedarf

12-24: 210 m, 3-5: 420 m, 6-10: 420 m, Small: 630 m, Medium: 630 m

ABKÜRZUNGEN

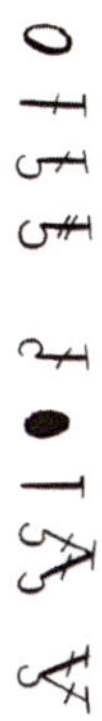

Lm	Luftmasche
Stb	Stäbchen
vRStb	Vorderes Reliefstäbchen
dvRStb	Doppeltes vorderes Reliefstäbchen
hRStb	Hinteres Reliefstäbchen
hfM	Halbe feste Masche
hStb	Halbes Stäbchen
vRStb zus	Vorderes Reliefstäbchen zusammenhäkeln
2 vRStb inf	2 vordere Reliefstäbchen in folgende Masche

Zopfmuster 12-24

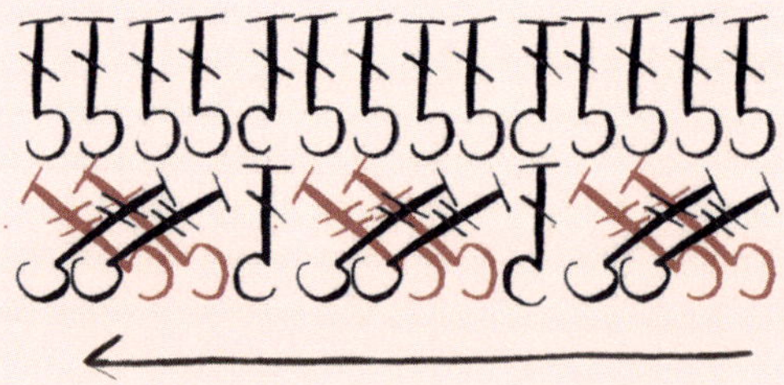

GRÖSSE: 12-24 MONATE

MUSTER 1: *2 Maschen auslassen, 2 dvRStb, von hinten 1 dvRStb in jede der 2 Maschen häkeln, die du gerade ausgelassen hast*, 1 hRStb, noch 1x von * bis * wiederholen, 1 hRStb, noch 1x von * bis * wiederholen.

MUSTER 2: 4 vRStb, 1 hRStb, 4 vStb, 1 hRStb, 4 vRStb.

R1 Mit einem Fadenring anfangen, 2 Lm (die ersten 2 Lm zählen im ganzen Modell nicht als erstes Stb), 6 Stb in den Ring häkeln, 1 hfM ins erste Stb (6)

R2 2 Lm, 2 vRStb in jedes Stb rundum, 1 hfM ins erste vRStb (12)

R3 2 Lm, * 1 vRStb, 2 vRStb inf*, noch 2x von * bis * wiederholen, 1 hStb, 2 vRStb inf,* noch 2x von * bis * wiederholen, 1 hfM ins erste vRStb (18)

R4 2 Lm, *2 vRStb, 2 vRStb inf*, noch 2x von * bis * wiederholen, 1 hStb, 1 vRStb, 2 vRStb inf, noch 2x von * bis * wiederholen, 1 hfM ins erste vRStb (24)

R5 2 Lm, *3 vRStb, 2 vRStb inf*, noch 2x von * bis * wiederholen, 1 hStb, 2 vRStb, 2 vRStb inf, noch 2x von * bis * wiederholen, 1 hfM ins erste vRStb (30)

R6 2 Lm, 15 vRStb, 1 hStb, Zopfmuster 12-24, Muster 1, 1 hfM ins erste vRStb (30)

R7 2 Lm, 15 vRStb, 1 hStb, Zopfmuster 12-24, Muster 2, 1 hfM ins erste vRStb (30)

R8 2 Lm, 15 vRStb, 1 hStb, Zopfmuster 12-24, Muster 2, 1 hfM ins erste vRStb (30)

R9-17 Rd 6-8 wiederholen.

R18 2 Lm, 2 vRStb zus, 13 vRStb, 2 vRStb zus, 1 hStb, Zopfmuster 12-24, Muster 1, 1 hfM ins erste vRStb (32)

R19 2 Lm, 1 vRStb, 2 vRStb inf, 13 vRStb, 2 vRStb inf, 1 vRStb, 1 hStb, Zopfmuster 12-24, Muster 2, 1 hfM ins erste vRStb (34)

R20 2 Lm, 2 vRStb, 2 vRStb inf, 13 vRStb, 2 vRStb inf, 2 vRStb, 1 hStb, Zopfmuster 12-24, Muster 2, 1 hfM ins erste vRStb (36)

R21 2 Lm, 3 vRStb, 2 vRStb inf, 13 vRStb, 2 vRStb inf, 3 vRStb, 1 hStb, Zopfmuster 12-24, Muster 1, 1 hfM ins erste vRStb (38)

R22 2 Lm, 3 vRStb, 2 vRStb zus, 13 vRStb, 2 vRStb zus, 3 vRStb, 1 hStb, Zopfmuster 12-24, Muster 2, 1 hfM ins erste vRStb (36)

R23 2 Lm, 2 vRStb, 2 vRStb zus, 13 vRStb, 2 vRStb zus, 2 vRStb, 1 hStb, Zopfmuster 12-24, Muster 2, 1 hfM ins erste vRStb (34)

R24 2 Lm, 1 vRStb, 2 vRStb zus, 13 vRStb, 2 vRStb zus, 1 vRStb, 1 hStb, Zopfmuster 12-24, Muster 1, 1 hfM ins erste vRStb (32)

R25 2 Lm, 2 vRStb zus, 13 vRStb, 2 vRStb zus, 1 hStb, Zopfmuster 12-24, Muster 2, 1 hfM ins erste vRStb (30)

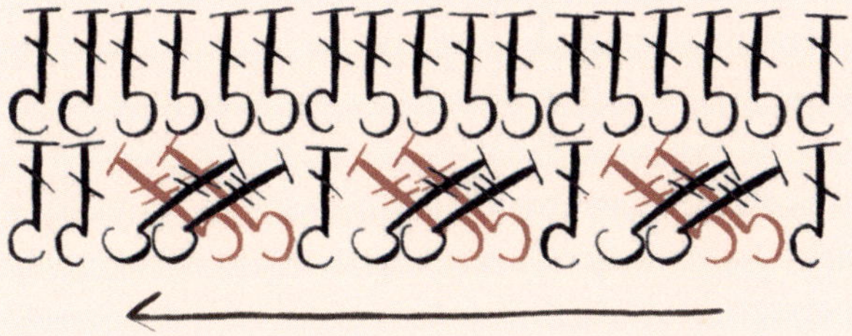

R26 2 Lm, 15 vRStb, 1 hStb, Zopfmuster 12-24, Muster 2, 1 hfM ins erste vRStb ⟨30⟩

R27-31 Rd 6-8 wiederholen, dabei mit Rd 7 enden.

R32-34 2 Lm, *1 vRStb, 1 hRStb*, von * bis * rundum wiederholen, 1 hfM ins erste vRStb ⟨30⟩
Abketteln, Fadenenden verstecken.

GRÖSSE: 3-5 JAHRE

MUSTER 1: *1 hRStb, 2 Maschen auslassen, 2 dvRStb, von hinten 1 dvRStb in jede der 2 Maschen häkeln, die du gerade ausgelassen hast*, noch 2x von * bis * wiederholen, 2 hRStb.
MUSTER 2: 1 hRStb, 4 vRStb, 1 hRStb, 4 vRStb, 1 hRStb, 4 vRStb, 2 hRStb.

R1 Mit einem Fadenring anfangen, 2 Lm ⟨die ersten 2 Lm zählen im ganzen Modell nicht als erstes Stb⟩, 6 Stb in den Ring häkeln, 1 hfM ins erste Stb ⟨6⟩

R2 2 Lm, 2 vRStb in jedes Stb rundum, 1 hfM ins erste vRStb ⟨12⟩

R3 2 Lm, * 1 vRStb, 2 vRStb inf*, noch 2x von * bis * wiederholen, 1 hStb, 2 vRStb inf, noch 2x von * bis * wiederholen, 1 hfM ins erste vRStb ⟨18⟩

R4 2 Lm, *2 vRStb, 2 vRStb inf*, noch 2x von * bis * wiederholen, 1 hStb, 1 vRStb, 2 vRStb inf, noch 2x von * bis * wiedorholen, 1 hfM ins erste vRStb ⟨24⟩

R5 2 Lm, *3 vRStb, 2 vRStb inf*, noch 2x von * bis * wiederholen, 1 hStb, 2 vRStb, 2 vRStb inf, noch 2x von * bis * wiederholen, 1 hfM ins erste vRStb ⟨30⟩

R6 2 Lm, *4 vRStb, 2 vRStb inf*, noch 2x von * bis * wiederholen, 1 hStb, 3 vRStb, 2 vRStb inf, noch 2x von * bis * wiederholen, 1 hfM ins erste vRStb ⟨36⟩

R7 2 Lm, 18 vRStb, 1 hStb, Zopfmuster 3-5, Muster 1, 1 hfM ins erste vRStb ⟨36⟩

R8 2 Lm, 18 vRStb, 1 hStb, Zopfmuster 3-5, Muster 2, 1 hfM ins erste vRStb ⟨36⟩

R9 2 Lm, 18 vRStb, 1 hStb, Zopfmuster 3-5, Muster 2, 1 hfM ins erste vRStb ⟨36⟩

R10-21 Rd 7-9 wiederholen.

R22 2 Lm, 18 vRStb, 1 hStb, Zopfmuster 3-5, Muster 1, 1 hfM ins erste vRStb ⟨36⟩

R23 2 Lm, 2 vRStb inf, 16 vRStb, 2 vRStb inf, 1 hStb, Zopfmuster 3-5, Muster 2, 1 hfM ins erste vRStb ⟨38⟩

R24 2 Lm, 1 vRStb, 2 vRStb inf, 16 vRStb, 2 vRStb inf, 1 vRStb, 1 hStb, Zopf muster 3-5, Muster 2, 1 hfM ins erste vRStb ⟨40⟩

R25 2 Lm, 2 vRStb, 2 vRStb inf, 16 vRStb, 2 vRStb inf, 2 vRStb, 1 hStb, Zopf muster 3-5, Muster 1, 1 hfM ins erste vRStb ⟨42⟩

R26 2 Lm, 3 vRStb, 2 vRStb inf, 16 vRStb, 2 vRStb inf, 3 vRStb, 1 hStb, Zopf-

muster 3-5, Muster 2, 1 hfM ins erste vRStb ⟨44⟩

R27 2 Lm, 4 vRStb, 2 vRStb inf, 16 vRStb, 2 vRStb inf, 4 vRStb, 1 hStb, Zopfmuster 3-5, Muster 2, 1 hfM ins erste vRStb ⟨46⟩

R28 2 Lm, 4 vRStb, 2 vRStb zus, 16 vRStb, 2 vRStb zus, 4 vRStb, 1 hStb, Zopfmuster 3-5, Muster 1, 1 hfM ins erste vRStb ⟨44⟩

R29 2 Lm, 3 vRStb, 2 vRStb zus, 16 vRStb, 2 vRStb zus, 3 vRStb, 1 hStb, Zopfmuster 3-5, Muster 2, 1 hfM ins erste vRStb ⟨42⟩

R30 2 Lm, 2 vRStb, 2 vRStb zus, 16 vRStb, 2 vRStb zus, 2 vRStb, 1 hStb, Zopfmuster 3-5, Muster 2, 1 hfM ins erste vRStb ⟨40⟩

R31 2 Lm, 1 vRStb, 2 vRStb zus, 16 vRStb, 2 vRStb zus, 1 vRStb, 1 hStb, Zopfmuster 3-5, Muster 1, 1 hfM ins erste vRStb ⟨38⟩

R32 2 Lm, 2 vRStb zus, 16 vRStb, 2 vRStb zus, 1 hStb, Zopfmuster 3-5, Muster 2, 1 hfM ins erste vRStb ⟨36⟩

R33 2 Lm, 18 vRStb, 1 hStb, Zopfmuster 3-5, Muster 2, 1 hfM ins erste vRStb ⟨36⟩

R34-39 Rd 7-9 wiederholen.

R40-44 2 Lm, *1 vRStb, 1 hRStb*, von * bis * rundum wiederholen, 1 hfM ins erste vRStb ⟨36⟩
Abketteln, Fadenenden verstecken.

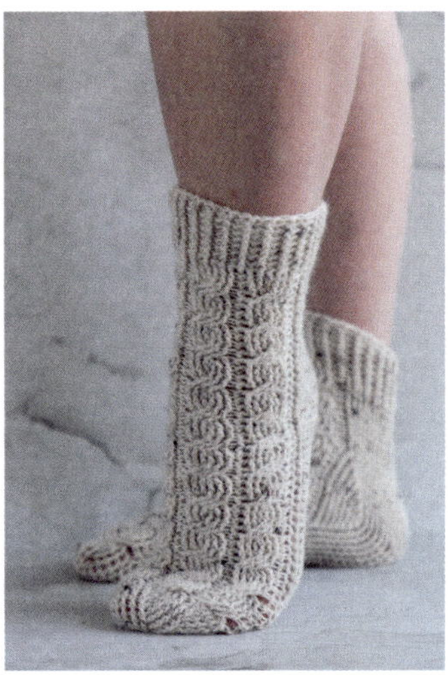

GRÖSSE: 6-10 JAHRE

MUSTER 1: *2 hRStb, 2 Maschen auslassen, 2 dvRStb, von hinten 1 dvRStb in jede der 2 Maschen häkeln, die du gerade ausgelassen hast*, noch 2x von * bis * wiederholen, 2 hRStb.

MUSTER 2: 2 hRStb, 4 vRStb, 2 hRStb, 4 vRStb, 2 hRStb, 4 vRStb, 2 hRStb.

R1 Mit einem Fadenring anfangen, 2 Lm (die ersten 2 Lm zählen im ganzen Muster nicht als erstes Stb), 6 Stb in den Ring häkeln, 1 hfM ins erste Stb ⟨6⟩

R2 2 Lm, 2 vRStb in jedes Stb rundum, 1 hfM ins erste vRStb ⟨12⟩

R3 2 Lm, * 1 vRStb, 2 vRStb inf*, noch 2x von * bis * wiederholen, 1 hStb, 2 vRStb inf, noch 2x von * bis * wiederholen, 1 hfM ins erste vRStb ⟨18⟩

R4 2 Lm, *2 vRStb, 2 vRStb inf*, noch 2x von * bis * wiederholen, 1 hStb, 1 vRStb, 2 vRStb inf, noch 2x von * bis * wiederholen, 1 hfM ins erste vRStb ⟨24⟩

R5 2 Lm, *3 vRStb, 2 vRStb inf*, noch 2x von * bis * wiederholen, 1 hStb, 2 vRStb, 2 vRStb inf, noch 2x von * bis * wiederholen, 1 hfM ins erste vRStb ⟨30⟩

R6 2 Lm, *4 vRStb, 2 vRStb inf*, noch 2x von * bis * wiederholen, 1 hStb, 3 vRStb, 2 vRStb inf, noch 2x von * bis * wiederholen, 1 hfM ins erste vRStb ⟨36⟩

R7 2 Lm, *5 vRStb, 2 vRStb inf*, noch 2x von * bis * wiederholen, 1 hStb, 4 vRStb, 2 vRStb inf, noch 2x von * bis * wiederholen, 1 hfM ins erste vRStb ⟨42⟩

R8 2 Lm, 21 vRStb, 1 hStb, Zopfmuster 6-10, Muster 1, 1 hfM ins erste vRStb ⟨42⟩

R9 2 Lm, 21 vRStb, 1 hStb, Zopfmuster 6-10, Muster 2, 1 hfM ins erste vRStb ⟨42⟩

R10 2 Lm, 21 vRStb, 1 hStb, Zopfmuster 6-10, Muster 2, 1 hfM ins erste vRStb ⟨42⟩

R11-27 Rd 8-10 wiederholen, dabei mit Rd 9 enden.

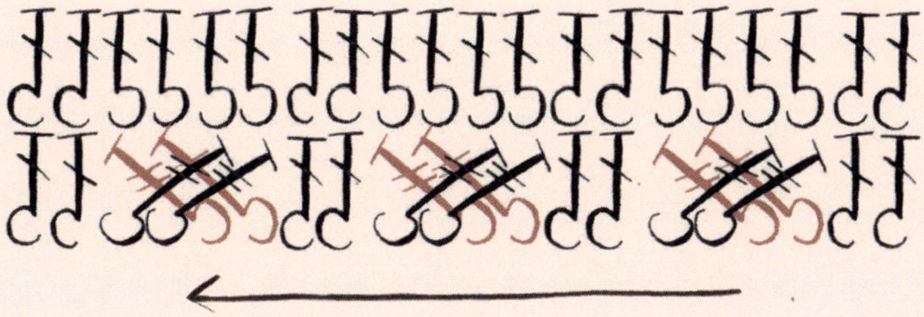

R28 2 Lm, 21 vRStb, 1 hStb, Zopfmuster 6-10, Muster 2, 1 hfM ins erste vRStb ⟨42⟩

R29 2 Lm, 2 vRStb zus, 19 vRStb, 2 vRStb zus, 1 hStb, Zopfmuster 6-10, Muster 1, 1 hfM ins erste vRStb ⟨44⟩

R30 2 Lm, 1 vRStb, 2 vRStb inf, 19 vRStb, 2 vRStb inf, 1 vRStb, 1 hStb, Zopfmuster 6-10, Muster 2, 1 hfM ins erste vRStb ⟨46⟩

R31 2 Lm, 2 vRStb, 2 vRStb inf, 19 vRStb, 2 vRStb inf, 2 vRStb, 1 hStb, Zopfmuster 6-10, Muster 2, 1 hfM ins erste vRStb ⟨48⟩

R32 2 Lm, 3 vRStb, 2 vRStb inf, 19 vRStb, 2 vRStb inf, 3 vRStb, 1 hStb, Zopfmuster 6-10, Muster 1, 1 hfM ins erste vRStb ⟨50⟩

R33 2 Lm, 4 vRStb, 2 vRStb inf, 19 vRStb, 2 vRStb inf, 4 vRStb, 1 hStb, Zopfmuster 6-10, Muster 2, 1 hfM ins erste vRStb ⟨52⟩

R34 2 Lm, 5 vRStb, 2 vRStb inf, 19 vRStb, 2 vRStb inf, 5 vRStb, 1 hStb, Zopfmuster 6-10, Muster 2, 1 hfM ins erste vRStb ⟨54⟩

R35 2 Lm, 5 vRStb, 2 vRStb zus, 19 vRStb, 2 vRStb zus, 5 vRStb, 1 hStb, Zopfmuster 6-10, Muster 1, 1 hfM ins erste vRStb ⟨52⟩

R36 2 Lm, 4 vRStb, 2 vRStb zus, 19 vRStb, 2 vRStb zus, 4 vRStb, 1 hStb, Zopfmuster 6-10, Muster 2, 1 hfM ins erste vRStb ⟨50⟩

R37 2 Lm, 3 vRStb, 2 vRStb zus, 19 vRStb, 2 vRStb zus, 3 vRStb, 1 hStb, Zopfmuster 6-10, Muster 2, 1 hfM ins erste vRStb ⟨48⟩

R38 2 Lm, 2 vRStb, 2 vRStb zus, 19 vRStb, 2 vRStb zus, 2 vRStb, 1 hStb, Zopfmuster 6-10, Muster 1, 1 hfM ins erste vRStb ⟨46⟩

R39 2 Lm, 1 vRStb, 2 vRStb zus, 19 vRStb, 2 vRStb zus, 1 vRStb, 1 hStb, Zopfmuster 6-10, Muster 2, 1 hfM ins erste vRStb ⟨44⟩

R40 2 Lm, 2 vRStb zus, 19 vRStb, 2 vRStb zus, 1 hStb, Zopfmuster 6-10, Muster 2, 1 hfM ins erste vRStb ⟨42⟩

R41 2 Lm, 21 vRStb, 1 hStb, Zopfmuster 6-10, Muster 1, 1 hfM ins erste vRStb ⟨42⟩

R42 2 Lm, 21 vRStb, 1 hStb, Zopfmuster 6-10, Muster 2, 1 hfM ins erste vRStb ⟨42⟩

R43 2 Lm, 21 vRStb, 1 hStb, Zopfmuster 6-10, Muster 2, 1 hfM ins erste vRStb ⟨42⟩

R44-48 Rd 8-10 wiederholen, dabei mit Rd 9 enden.

R49-54 2 Lm, *1 vRStb, 1 hRStb*, von * bis * rundum wiederholen, 1 hfM ins erste vRStb ⟨42⟩
Abketteln, Fadenenden verstecken.

Zopfmuster Small

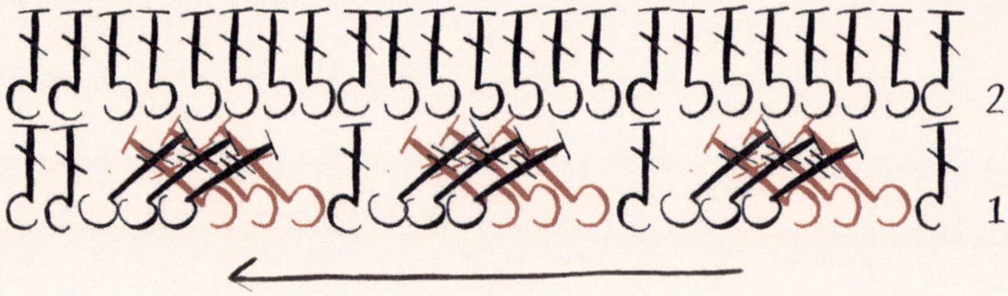

GRÖSSE: SMALL

MUSTER 1: *1 hRStb, 3 Maschen auslassen, 3 dvRStb, von hinten 1 dvRStb in jede der 3 Maschen häkeln, die du gerade ausgelassen hast*, noch 2x von * bis * wiederholen, 2 hRStb.
MUSTER 2: 1 hRStb, 6 vRStb, 1 hRStb, 6 vRStb, 1 hRStb, 6 vRStb, 2 hRStb.

R1 Mit einem Fadenring anfangen, 2 Lm (die ersten 2 Lm zählen im ganzen Modell nicht als erstes Stb), 6 Stb in den Ring häkeln, 1 hfM ins erste Stb (6)
R2 2 Lm, 2 vRStb in jedes Stb rundum, 1 hfM ins erste vRStb (12)
R3 2 Lm, * 1 vRStb, 2 vRStb inf*, noch 2x von * bis * wiederholen, 1 hStb, 2 vRStb inf, noch 2x von * bis * wiederholen, 1 hfM ins erste vRStb (18)
R4 2 Lm, *2 vRStb, 2 vRStb inf*, noch 2x von * bis * wiederholen, 1 hStb, 1 vRStb, 2 vRStb inf, noch 2x von * bis * wiederholen, 1 hfM ins erste vRStb (24)
R5 2 Lm, *3 vRStb, 2 vRStb inf*, noch 2x von * bis * wiederholen, 1 hStb, 2 vRStb, 2 vRStb inf, noch 2x von * bis * wiederholen, 1 hfM ins erste vRStb (30)
R6 2 Lm, *4 vRStb, 2 vRStb inf*, noch 2x von * bis * wiederholen, 1 hStb, 3 vRStb, 2 vRStb inf, noch 2x von * bis * wiederholen, 1 hfM ins erste vRStb (36)
R7 2 Lm, *5 vRStb, 2 vRStb inf*, noch 2x von * bis * wiederholen, 1 hStb, 4 vRStb, 2 vRStb inf, noch 2x von * bis * wiederholen, 1 hfM ins erste vRStb (42)
R8 2 Lm, *6 vRStb, 2 vRStb inf*, noch 2x von * bis * wiederholen, 1 hStb, 5 vRStb, 2 vRStb inf, noch 2x von * bis * wiederholen, 1 hfM ins erste vRStb (48)
R9 2 Lm, 24 vRStb, 1 hStb, Zopfmuster Small, Muster 1, 1 hfM ins erste vRStb (48)
R10 2 Lm, 24 vRStb, 1 hStb, Zopfmuster Small, Muster 2, 1 hfM ins erste vRStb (48)
R11 2 Lm, 24 vRStb, 1 hStb, Zopfmuster Small, Muster 2, 1 hfM ins erste vRStb (48)
R12 2 Lm, 24 vRStb, 1 hStb, Zopfmuster Small, Muster 2, 1 hfM ins erste vRStb (48)
R13-32 Rd 9-12 wiederholen.
R33 2 Lm, 2 vRStb inf, 22 vRStb, 2 vRStb inf, 1 hStb, Zopfmuster Small, Muster 1, 1 hfM ins erste vRStb (50)
R34 2 Lm, 1 vRStb, 2 vRStb inf, 22 vRStb, 2 vRStb inf, 1 vRStb, 1 hStb, Zopfmuster Small, Muster 2, 1 hfM ins erste vRStb (52)
R35 2 Lm, 2 vRStb, 2 vRStb inf, 22 vRStb, 2 vRStb inf, 2 vRStb, 1 hStb, Zopfmuster Small, Muster 2, 1 hfM ins erste vRStb (54)
R36 2 Lm, 3 vRStb, 2 vRStb inf, 22 vRStb, 2 vRStb inf, 3 vRStb, 1 hStb, Zopf-

muster Small, Muster 2, 1 hfM ins erste vRStb ⟨56⟩

R37 2 Lm, 4 vRStb, 2 vRStb inf, 22 vRStb, 2 vRStb inf, 4 vRStb, 1 hStb, Zopfmuster Small, Muster 1, 1 hfM ins erste vRStb ⟨58⟩

R38 2 Lm, 5 vRStb, 2 vRStb inf, 22 vRStb, 2 vRStb inf, 5 vRStb, 1 hStb, Zopfmuster Small, Muster 2, 1 hfM ins erste vRStb ⟨60⟩

R39 2 Lm, 6 vRStb, 2 vRStb inf, 22 vRStb, 2 vRStb inf, 6 vRStb, 1 hStb, Zopfmuster Small, Muster 2, 1 hfM ins erste vRStb ⟨62⟩

R40 2 Lm, 6 vRStb, 2 vRStb zus, 22 vRStb, 2 vRStb zus, 6 vRStb, 1 hStb, Zopfmuster Small, Muster 2, 1 hfM ins erste vRStb ⟨60⟩

R41 2 Lm, 5 vRStb, 2 vRStb zus, 22 vRStb, 2 vRStb zus, 5 vRStb, 1 hStb, Zopfmuster Small, Muster 1, 1 hfM ins erste vRStb ⟨58⟩

R42 2 Lm, 4 vRStb, 2 vRStb zus, 22 vRStb, 2 vRStb zus, 4 vRStb, 1 hStb, Zopfmuster Small, Muster 2, 1 hfM ins erste vRStb ⟨56⟩

R43 2 Lm, 3 vRStb, 2 vRStb zus, 22 vRStb, 2 vRStb zus, 3 vRStb, 1 hStb, Zopfmuster Small, Muster 2, 1 hfM ins erste vRStb ⟨54⟩

R44 2 Lm, 2 vRStb, 2 vRStb zus, 22 vRStb, 2 vRStb zus, 2 vRStb, 1 hStb, Zopfmuster Small, Muster 2, 1 hfM ins erste vRStb ⟨52⟩

R45 2 Lm, 1 vRStb, 2 vRStb zus, 22 vRStb, 2 vRStb zus, 1 vRStb, 1 hStb, Zopfmuster Small, Muster 1, 1 hfM ins erste vRStb ⟨50⟩

R46 2 Lm, 2 vRStb zus, 22 vRStb, 2 vRStb zus, 1 hStb, Zopfmuster Small, Muster 2, 1 hfM ins erste vRStb ⟨48⟩

R47 2 Lm, 24 vRStb, 1 hStb, Zopfmuster Small, Muster 2, 1 hfM ins erste vRStb ⟨48⟩

R48 2 Lm, 24 vRStb, 1 hStb, Zopfmuster Small, Muster 2, 1 hfM ins erste vRStb ⟨48⟩

R49-56 Rd 9-12 wiederholen.

R57-64 2 Lm, *1 vRStb, 1 hRStb*, von * bis * rundum wiederholen, 1 hfM ins erste vRStb ⟨48⟩
Abketteln, Fadenenden verstecken.

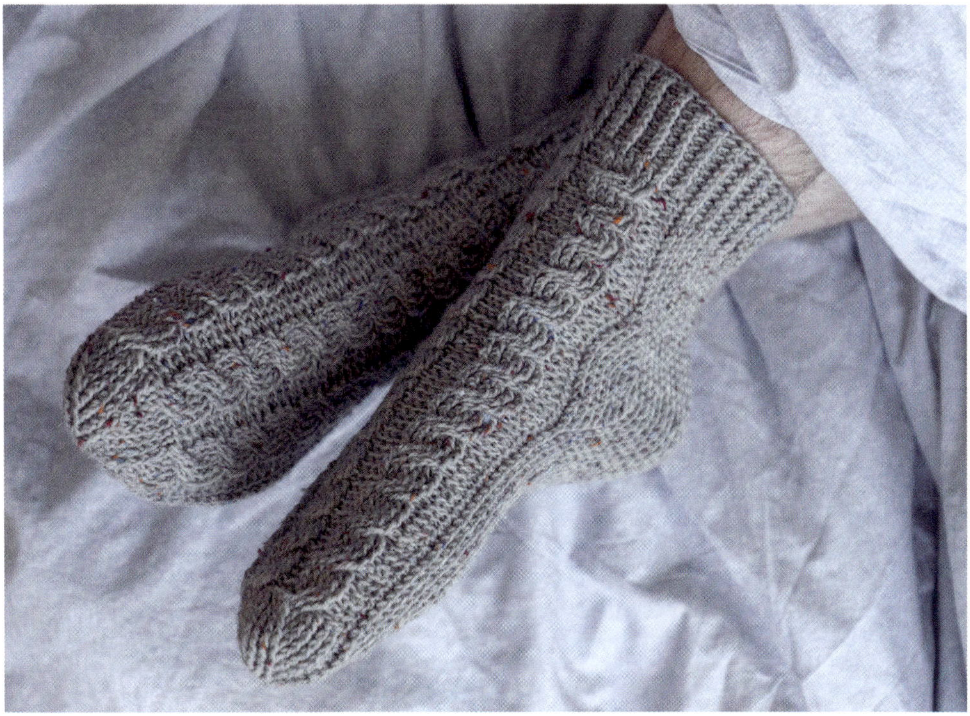

Zopfmuster Medium

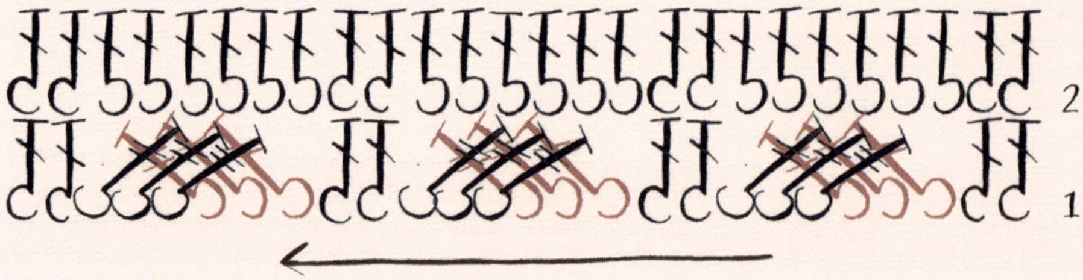

GRÖSSE: MEDIUM

MUSTER 1: *2 hRStb, 3 Maschen auslassen, 3 dvRStb, von hinten 1 dvRStb in jede der 3 Maschen häkeln, die du gerade ausgelassen hast*, noch 2x von * bis * wiederholen, 2 hRStb.

MUSTER 2: 2 hRStb, 6 vRStb, 2 hRStb, 6 vRStb, 2 hRStb, 6 vRStb, 2 hRStb.

R1 Mit einem Fadenring anfangen, 2 Lm (die ersten 2 Lm zählen im ganzen Muster nicht als erstes Stb), 6 Stb in den Ring häkeln, 1 hfM ins erste Stb (6)

R2 2 Lm, 2 vRStb in jedes Stb rundum, 1 hfM ins erste vRStb (12)

R3 2 Lm, * 1 vRStb, 2 vRStb inf*, noch 2x von * bis * wiederholen, 1 hStb, 2 vRStb inf, noch 2x von * bis * wiederholen, 1 hfM ins erste vRStb (18)

R4 2 Lm, *2 vRStb, 2 vRStb inf*, noch 2x von * bis * wiederholen, 1 hStb, 1 vRStb, 2 vRStb inf, noch 2x von * bis * wiederholen, 1 hfM ins erste vRStb (24)

R5 2 Lm, *3 vRStb, 2 vRStb inf*, noch 2x von * bis * wiederholen, 1 hStb, 2 vRStb, 2 vRStb inf, noch 2x von * bis * wiederholen, 1 hfM ins erste vRStb (30)

R6 2 Lm, *4 vRStb, 2 vRStb inf*, noch 2x von * bis * wiederholen, 1 hStb, 3 vRStb, 2 vRStb inf, noch 2x von * bis * wiederholen, 1 hfM ins erste vRStb (36)

R7 2 Lm, *5 vRStb, 2 vRStb inf*, noch 2x von * bis * wiederholen, 1 hStb, 4 vRStb, 2 vRStb inf, noch 2x von * bis * wiederholen, 1 hfM ins erste vRStb (42)

R8 2 Lm, *6 vRStb, 2 vRStb inf*, noch 2x von * bis * wiederholen, 1 hStb, 5 vRStb, 2 vRStb inf, noch 2x von * bis * wiederholen, 1 hfM ins erste vRStb (48)

R9 2 Lm, *7 vRStb, 2 vRStb inf*, noch 2x von * bis * wiederholen, 1 hStb, 6 vRStb, 2 vRStb inf, noch 2x von * bis * wiederholen, 1 hfM ins erste vRStb (54)

R10 2 Lm, 27 vRStb, 1 hStb, Zopfmuster Medium, Muster 1, 1 hfM ins erste vRStb (54)

R11 2 Lm, 27 vRStb, 1 hStb, Zopfmuster Medium, Muster 2, 1 hfM ins erste vRStb (54)

R12 2 Lm, 27 vRStb, 1 hStb, Zopfmuster Medium, Muster 2, 1 hfM ins erste vRStb (54)

R13 2 Lm, 27 vRStb, 1 hStb, Zopfmuster Medium, Muster 2, 1 hfM ins erste vRStb (54)

R14-37 Rd 10-13 wiederholen.

R38 2 Lm, 2 vRStb inf, 25 vRStb, 2 vRStb inf, 1 hStb, Zopfmuster Medium, Muster 1, 1 hfM ins erste vRStb (56)

R39 2 Lm, 1 vRStb, 2 vRStb inf, 25 vRStb, 2 vRStb inf, 1 vRStb, 1 hStb, Zopf-

muster Medium, Muster 2, 1 hfM ins erste vRStb (58)

R40 2 Lm, 2 vRStb, 2 vRStb inf, 25 vRStb, 2 vRStb inf, 2 vRStb, 1 hStb, Zopfmuster Medium, Muster 2, 1 hfM ins erste vRStb (60)

R41 2 Lm, 3 vRStb, 2 vRStb inf, 25 vRStb, 2 vRStb inf, 3 vRStb, 1 hStb, Zopfmuster Medium, Muster 2, 1 hfM ins erste vRStb (62)

R42 2 Lm, 4 vRStb, 2 vRStb inf, 25 vRStb, 2 vRStb inf, 4 vRStb, 1 hStb, Zopfmuster Medium, Muster 1, 1 hfM ins erste vRStb (64)

R43 2 Lm, 5 vRStb, 2 vRStb inf, 25 vRStb, 2 vRStb inf, 5 vRStb, 1 hStb, Zopfmuster Medium, Muster 2, 1 hfM ins erste vRStb (66)

R44 2 Lm, 6 vRStb, 2 vRStb inf, 25 vRStb, 2 vRStb inf, 6 vRStb, 1 hStb, Zopfmuster Medium, Muster 2, 1 hfM ins erste vRStb (68)

R45 2 Lm, 7 vRStb, 2 vRStb inf, 25 vRStb, 2 vRStb inf, 7 vRStb, 1 hStb, Zopfmuster Medium, Muster 2, 1 hfM ins erste vRStb (70)

R46 2 Lm, 7 vRStb, 2 vRStb zus, 25 vRStb, 2 vRStb zus, 7 vRStb, 1 hStb, Zopfmuster Medium, Muster 1, 1 hfM ins erste vRStb (68)

R47 2 Lm, 6 vRStb, 2 vRStb zus, 25 vRStb, 2 vRStb zus, 6 vRStb, 1 hStb, Zopfmuster Medium, Muster 2, 1 hfM ins erste vRStb (66)

R48 2 Lm, 5 vRStb, 2 vRStb zus, 25 vRStb, 2 vRStb zus, 5 vRStb, 1 hStb, Zopfmuster Medium, Muster 2, 1 hfM ins erste vRStb (64)

R49 2 Lm, 4 vRStb, 2 vRStb zus, 25 vRStb, 2 vRStb zus, 4 vRStb, 1 hStb, Zopfmuster Medium, Muster 2, 1 hfM ins erste vRStb (62)

R50 2 Lm, 3 vRStb, 2 vRStb zus, 25 vRStb, 2 vRStb zus, 3 vRStb, 1 hStb, Zopfmuster Medium, Muster 1, 1 hfM ins erste vRStb (60)

R51 2 Lm, 2 vRStb, 2 vRStb zus, 25 vRStb, 2 vRStb zus, 2 vRStb, 1 hStb, Zopfmuster Medium, Muster 2, 1 hfM ins erste vRStb (58)

R52 2 Lm, 1 vRStb, 2 vRStb zus, 25 vRStb, 2 vRStb zus, 1 vRStb, 1 hStb, Zopfmuster Medium, Muster 2, 1 hfM ins erste vRStb (56)

R53 2 Lm, 2 vRStb zus, 25 vRStb, 2 vRStb zus, 1 hStb, Zopfmuster Medium, Muster 2, 1 hfM ins erste vRStb (54)

R54-65 Rd 10-13 wiederholen.

R66-74 2 Lm, *1 vRStb, 1 hRStb*, von * bis * rundum wiederholen, 1 hfM ins erste vRStb (54)
Abketteln, Fadenenden verstecken.

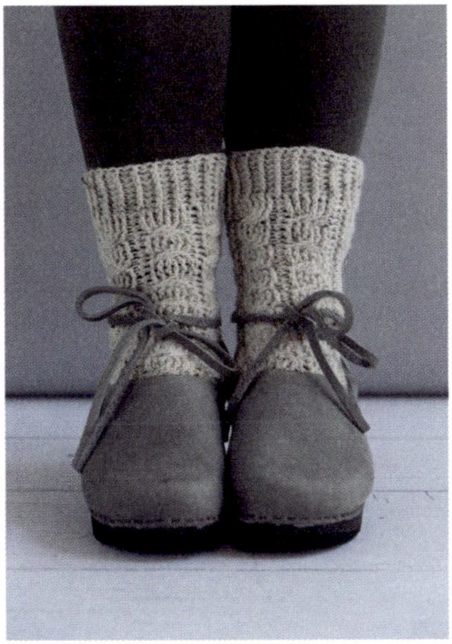

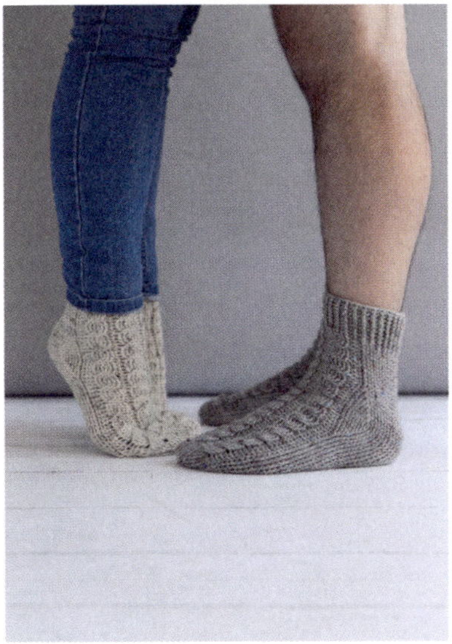

Kranich

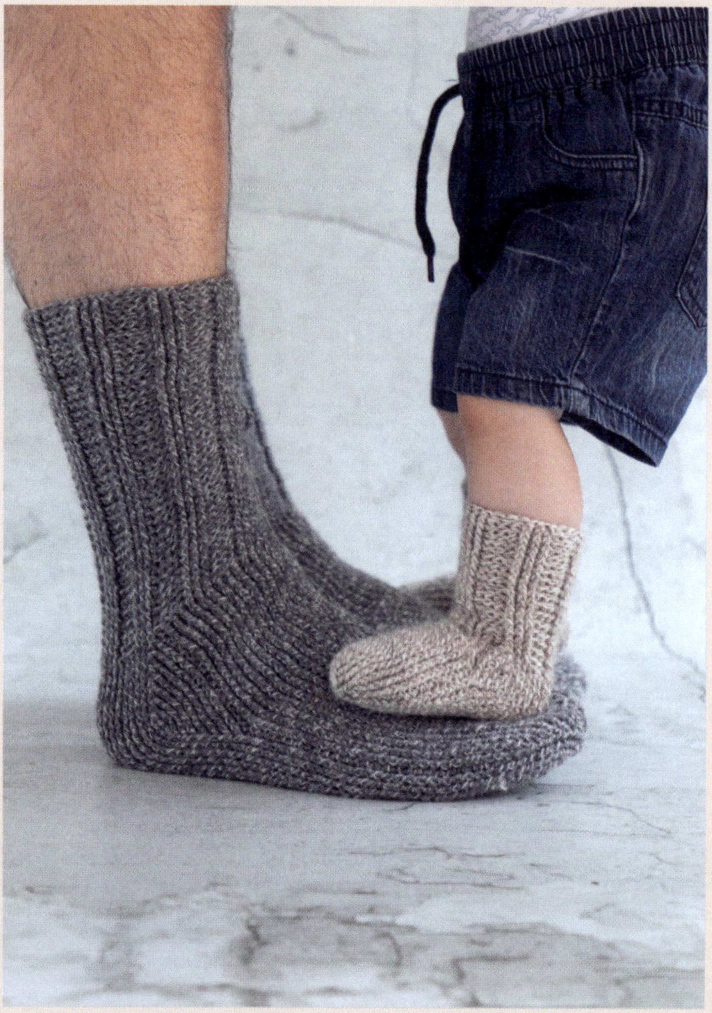

Schwierigkeitsgrad: 2 von 5

DIE PERFEKTEN YOGASOCKEN! ABER NATÜRLICH SIND SIE AUCH HERRLICH AUF DEM SOFA, IM BETT ODER WO AUCH IMMER DU WILLST. DIESE SOCKEN HABEN EIN HÖHERES BÜNDCHEN UND LASSEN SICH AUCH SCHÖN ALS HAUSSOCKEN VERWENDEN.

Für die Wahl der richtigen Größe siehe Seite 13.

MATERIALIEN

Sockenwolle für Nadelstärke 2,5-3,5.
Ich habe folgende Garne verwendet:

Grau Scheepjes Invicta Extra (50 g/210 m) Farbe: 1443

Beige Scheepjes Invicta Extra (50 g/210 m) Farbe: 1402

Häkelnadel 4 mm
Für die Wahl der richtigen Häkelnadel siehe: Maschenprobe S. 14.

Geschätzter Materialbedarf
0-6: 210 m, 12-24: 210 m, 3-5: 420 m, 6-10: 420 m, Small: 630 m, Medium: 840 m, Large: 840 m

ABKÜRZUNGEN

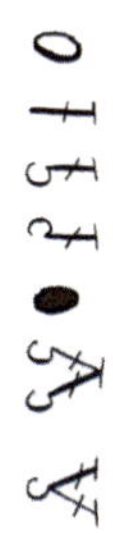

Lm	Luftmasche
Stb	Stäbchen
vRStb	Vorderes Reliefstäbchen
hRStb	Hinteres Reliefstäbchen
hfM	Halbe feste Masche
vRStb zus	Vorderes Reliefstäbchen zusammenhäkeln
2 vRStb inf	2 vordere Reliefstäbchen in folgende Masche

GRÖSSE: 0-6 MONATE

R1 Mit einem Fadenring anfangen, 2 Lm (die ersten 2 Lm zählen im gesamten Modell nicht als erstes Stb), 6 Stb in den Ring häkeln, 1 hfM ins erste Stb (6)

R2 2 Lm, 2 vRStb in jedes Stb rundum, 1 hfM ins erste vRStb (12)

R3 2 Lm, *1 vRStb, 2 vRStb inf*, noch 2x von * bis * wiederholen, 1 hStb, 2 vRStb inf, noch 2x von * bis * wiederholen, 1 hfM ins erste vRStb (18)

R4 2 Lm, *2 vRStb, 2 vRStb inf*, noch 2x von * bis * wiederholen, 1 hStb, 1 vRStb, 2 vRStb inf, noch 2x von * bis * wiederholen, 1 hfM ins erste vRStb (24)

R5-12 2 Lm, 12 vRStb, 1 hStb, 11 vRStb, 1 hfM ins erste vRStb (24)

R13 2 Lm, 2 vRStb inf, 10 vRStb, 2 vRStb inf, 1 hStb, 11 vRStb, 1 hfM ins erste vRStb (26)

R14 2 Lm, 1 vRStb, 2 vRStb inf, 10 vRStb, 2 vRStb inf, 1 vRStb, 1 hStb, 11 vRStb, 1 hfM ins erste vRStb (28)

R15 2 Lm, 2 vRStb, 2 vRStb inf, 10 vRStb, 2 vRStb inf, 2 vRStb, 1 hStb, 11 vRStb, 1 hfM ins erste vRStb (30)

R16 2 Lm, 2 vRStb, 2 vRStb zus, 10 vRStb, 2 vRStb zus, 2 vRStb, 1 hStb, 11 vRStb, 1 hfM ins erste vRStb (28)

R17 2 Lm, 1 vRStb, 2 vRStb zus, 10 vRStb, 2 vRStb zus, 1 vRStb, 1 hStb, 11 vRStb, 1 hfM ins erste vRStb (26)

R18 2 Lm, 2 vRStb zus, 10 vRStb, 2 vRStb zus, 1 hStb, 11 vRStb, 1 hfM ins erste vRStb (24)

R19-30 2 Lm, *3 vRStb, 3 hRStb*, von * bis * rundum wiederholen, 1 hfM ins erste vRStb (24)
Abketteln, Fadenenden verstecken.

GRÖSSE: 12-24 MONATE

R1 Mit einem Fadenring anfangen, 2 Lm (die ersten 2 Lm zählen im ganzen Modell nicht als erstes Stb), 6 Stb in den Ring häkeln, 1 hfM ins erste Stb (6)

R2 2 Lm, 2 vRStb in jedes Stb rundum, 1 hfM ins erste vRStb (12)

R3 2 Lm, *1 vRStb, 2 vRStb inf*, noch 2x von * bis * wiederholen, 1 hStb, 2 vRStb inf, noch 2x von * bis * wiederholen, 1 hfM ins erste vRStb (18)

R4 2 Lm, *2 vRStb, 2 vRStb inf*, noch 2x von * bis * wiederholen, 1 hStb, 1 vRStb, 2 vRStb inf, noch 2x von * bis * wiederholen, 1 hfM ins erste vRStb (24)

R5 2 Lm, *3 vRStb, 2 vRStb inf*, noch 2x von * bis * wiederholen, 1 hStb, 2 vRStb, 2 vRStb inf, noch 2x von * bis * wiederholen, 1 hfM ins erste vRStb (30)

R6-17 2 Lm, 15 vRStb, 1 hStb, 14 vRStb, 1 hfM ins erste vRStb (30)

R18 2 Lm, 2 vRStb inf, 13 vRStb, 2 vRStb inf, 1 hStb, 14 vRStb, 1 hfM ins erste vRStb (32)

R19 2 Lm, 1 vRStb, 2 vRStb inf, 13 vRStb, 2 vRStb inf, 1 vRStb, 1 hStb, 14 vRStb, 1 hfM ins erste vRStb (34)

R20 2 Lm, 2 vRStb, 2 vRStb inf, 13 vRStb, 2 vRStb inf, 2 vRStb, 1 hStb, 14 vRStb, 1 hfM ins erste vRStb (36)

R21 2 Lm, 3 vRStb, 2 vRStb inf, 13 vRStb, 2 vRStb inf, 3 vRStb, 1 hStb, 14 vRStb, 1 hfM ins erste vRStb (38)

R22 2 Lm, 3 vRStb, 2 vRStb zus, 13 vRStb, 2 vRStb zus, 3 vRStb, 1 hStb, 14 vRStb, 1 hfM ins erste vRStb (36)

R23 2 Lm, 2 vRStb, 2 vRStb zus, 13 vRStb, 2 vRStb zus, 2 vRStb, 1 hStb, 14 vRStb, 1 hfM ins erste vRStb (34)

R24 2 Lm, 1 vRStb, 2 vRStb zus, 13 vRStb, 2 vRStb zus, 1 vRStb, 1 hStb, 14 vRStb, 1 hfM ins erste vRStb (32)

R25 2 Lm, 2 vRStb zus, 13 vRStb, 2 vRStb zus, 1 hStb, 14 vRStb, 1 hfM ins erste vRStb (30)

R26-42 2 Lm, *3 vRStb, 3 hRStb*, von * bis * rundum wiederholen, 1 hfM ins erste vRStb (30)
Abketteln, Fadenenden verstecken.

GRÖSSE: 3-5 JAHRE

R1 Mit einem Fadenring anfangen, 2 Lm (die ersten 2 Lm zählen im ganzen Modell nicht als erstes Stb), 6 Stb in den Ring häkeln, 1 hfM ins erste Stb ⟨6⟩
R2 2 Lm, 2 vRStb in jedes Stb rundum, 1 hfM ins erste vRStb ⟨12⟩
R3 2 Lm, *1 vRStb, 2 vRStb inf*, noch 2x von * bis * wiederholen, 1 hStb, 2 vRStb inf, noch 2x von * bis * wiederholen, 1 hfM ins erste vRStb ⟨18⟩
R4 2 Lm, *2 vRStb, 2 vRStb inf*, noch 2x von * bis * wiederholen, 1 hStb, 1 vRStb, 2 vRStb inf, noch 2x von * bis * wiederholen, 1 hfM ins erste vRStb ⟨24⟩
R5 2 Lm, *3 vRStb, 2 vRStb inf*, noch 2x von * bis * wiederholen, 1 hStb, 2 vRStb, 2 vRStb inf, noch 2x von * bis * wiederholen, 1 hfM ins erste vRStb ⟨30⟩
R6 2 Lm, *4 vRStb, 2 vRStb inf*, noch 2x von * bis * wiederholen, 1 hStb, 3 vRStb, 2 vRStb inf, noch 2x von * bis * wiederholen, 1 hfM ins erste vRStb ⟨36⟩
R7-22 2 Lm, 18 vRStb, 1 hStb, 17 vRStb, 1 hfM ins erste vRStb ⟨36⟩
R23 2 Lm, 2 vRStb inf, 16 vRStb, 2 vRStb inf, 1 hStb, 17 vRStb, 1 hfM ins erste vRStb ⟨38⟩
R24 2 Lm, 1 vRStb, 2 vRStb inf, 16 vRStb, 2 vRStb inf, 1 vRStb, 1 hStb, 17 vRStb, 1 hfM ins erste vRStb ⟨40⟩
R25 2 Lm, 2 vRStb, 2 vRStb inf, 16 vRStb, 2 vRStb inf, 2 vRStb, 1 hStb, 17 vRStb, 1 hfM ins erste vRStb ⟨42⟩
R26 2 Lm, 3 vRStb, 2 vRStb inf, 16 vRStb, 2 vRStb inf, 3 vRStb, 1 hStb, 17 vRStb, 1 hfM ins erste vRStb ⟨44⟩
R27 2 Lm, 4 vRStb, 2 vRStb inf, 16 vRStb, 2 vRStb inf, 4 vRStb, 1 hStb, 17 vRStb, 1 hfM ins erste vRStb ⟨46⟩
R28 2 Lm, 4 vRStb, 2 vRStb zus, 16 vRStb, 2 vRStb zus, 4 vRStb, 1 hStb, 17 vRStb, 1 hfM ins erste vRStb ⟨44⟩
R29 2 Lm, 3 vRStb, 2 vRStb zus, 16 vRStb, 2 vRStb zus, 3 vRStb, 1 hStb, 17 vRStb, 1 hfM ins erste vRStb ⟨42⟩
R30 2 Lm, 2 vRStb, 2 vRStb zus, 16 vRStb, 2 vRStb zus, 2 vRStb, 1 hStb, 17 vRStb, 1 hfM ins erste vRStb ⟨40⟩
R31 2 Lm, 1 vRStb, 2 vRStb zus, 16 vRStb, 2 vRStb zus, 1 vRStb, 1 hStb, 17 vRStb, 1 hfM ins erste vRStb ⟨38⟩
R32 2 Lm, 2 vRStb zus, 16 vRStb, 2 vRStb zus, 1 hStb, 17 vRStb, 1 hfM ins erste vRStb ⟨36⟩
R33-54 2 Lm, *3 vRStb, 3 hRStb*, von * bis * rundum wiederholen, 1 hfM ins erste vRStb ⟨36⟩
Abketteln, Fadenenden verstecken.

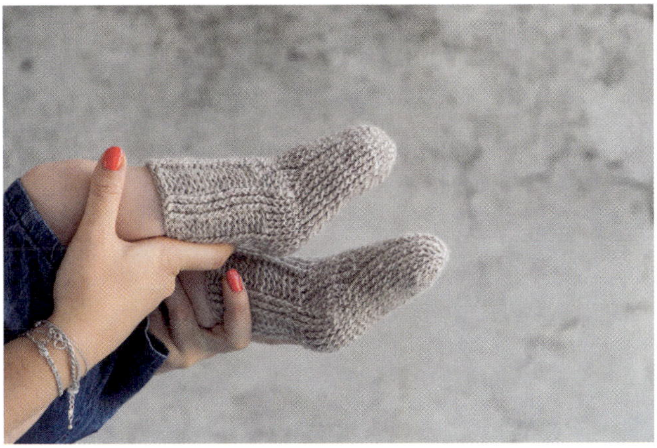

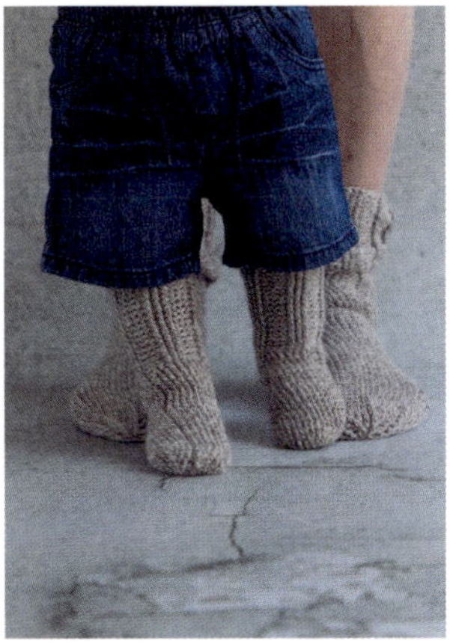

GRÖSSE: 6-10 JAHRE

R1 Mit einem Fadenring anfangen, 2 Lm (die ersten 2 Lm zählen im ganzen Modelll nicht als erstes Stb), 6 Stb in den Ring häkeln, 1 hfM ins erste Stb (6)

R2 2 Lm, 2 vRStb in jedes Stb rundum, 1 hfM ins erste vRStb (12)

R3 2 Lm, *1 vRStb, 2 vRStb inf*, noch 2x von * bis * wiederholen, 1 hStb, 2 vRStb inf, noch 2x von * bis * wiederholen, 1 hfM ins erste vRStb (18)

R4 2 Lm, *2 vRStb, 2 vRStb inf*, noch 2x von * bis * wiederholen, 1 hStb, 1 vRStb, 2 vRStb inf, noch 2x von * bis * wiederholen, 1 hfM ins erste vRStb (24)

R5 2 Lm, *3 vRStb, 2 vRStb inf*, noch 2x von * bis * wiederholen, 1 hStb, 2 vRStb, 2 vRStb inf, noch 2x von * bis * wiederholen, 1 hfM ins erste vRStb (30)

R6 2 Lm, *4 vRStb, 2 vRStb inf*, noch 2x von * bis * wiederholen, 1 hStb, 3 vRStb, 2 vRStb inf, noch 2x von * bis * wiederholen, 1 hfM ins erste vRStb (36)

R7 2 Lm, *5 vRStb, 2 vRStb inf*, noch 2x von * bis * wiederholen, 1 hStb, 4 vRStb, 2 vRStb inf, noch 2x von * bis * wiederholen, 1 hfM ins erste vRStb (42)

R8-27 2 Lm, 21 vRStb, 1 hStb, 20 vRStb, 1 hfM ins erste vRStb (42)

R28 2 Lm, 2 vRStb inf, 19 vRStb, 2 vRStb inf, 1 hStb, 20 vRStb, 1 hfM ins erste vRStb (44)

R29 2 Lm, 1 vRStb, 2 vRStb inf, 19 vRStb, 2 vRStb inf, 1 vRStb, 1 hStb, 20 vRStb, 1 hfM ins erste vRStb (46)

R30 2 Lm, 2 vRStb, 2 vRStb inf, 19 vRStb, 2 vRStb inf, 2 vRStb, 1 hStb, 20 vRStb, 1 hfM ins erste vRStb (48)

R31 2 Lm, 3 vRStb, 2 vRStb inf, 19 vRStb, 2 vRStb inf, 3 vRStb, 1 hStb, 20 vRStb, 1 hfM ins erste vRStb (50)

R32 2 Lm, 4 vRStb, 2 vRStb inf, 19 vRStb, 2 vRStb inf, 4 vRStb, 1 hStb, 20 vRStb, 1 hfM ins erste vRStb (52)

R33 2 Lm, 5 vRStb, 2 vRStb inf, 19 vRStb, 2 vRStb inf, 5 vRStb, 1 hStb, 20 vRStb, 1 hfM ins erste vRStb (54)

R34 2 Lm, 5 vRStb, 2 vRStb zus, 19 vRStb, 2 vRStb zus, 5 vRStb, 1 hStb, 20 vRStb, 1 hfM ins erste vRStb (52)

R35 2 Lm, 4 vRStb, 2 vRStb zus, 19 vRStb, 2 vRStb zus, 4 vRStb, 1 hStb, 20 vRStb, 1 hfM ins erste vRStb (50)

R36 2 Lm, 3 vRStb, 2 vRStb zus, 19 vRStb, 2 vRStb zus, 3 vRStb, 1 hStb, 20 vRStb, 1 hfM ins erste vRStb (48)

R37 2 Lm, 2 vRStb, 2 vRStb zus, 19 vRStb, 2 vRStb zus, 2 vRStb, 1 hStb, 20 vRStb, 1 hfM ins erste vRStb (46)

R38 2 Lm, 1 vRStb, 2 vRStb zus, 19 vRStb, 2 vRStb zus, 1 vRStb, 1 hStb, 20 vRStb, 1 hfM ins erste vRStb (44)

R39 2 Lm, 2 vRStb zus, 19 vRStb, 2 vRStb zus, 1 hStb, 20 vRStb, 1 hfM ins erste vRStb (42)

R40-66 2 Lm, *3 vRStb, 3 hRStb*, von * bis * rundum wiederholen, 1 hfM ins erste vRStb (42)
Abketteln, Fadenenden verstecken.

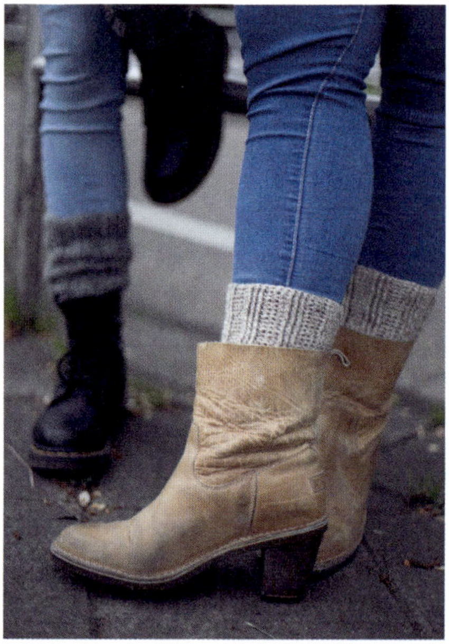

GRÖSSE: SMALL

R1 Mit einem Fadenring anfangen, 2 Lm (die ersten 2 Lm zählen im ganzen Modelll nicht als erstes Stb), 6 Stb in den Ring häkeln, 1 hfM ins erste Stb ⟨6⟩

R2 2 Lm, 2 vRStb in jedes Stb rundum, 1 hfM ins erste vRStb ⟨12⟩

R3 2 Lm, *1 vRStb, 2 vRStb inf*, noch 2x von * bis * wiederholen, 1 hStb, 2 vRStb inf, noch 2x von * bis * wiederholen, 1 hfM ins erste vRStb ⟨18⟩

R4 2 Lm, *2 vRStb, 2 vRStb inf*, noch 2x von * bis * wiederholen, 1 hStb, 1 vRStb, 2 vRStb inf, noch 2x von * bis * wiederholen, 1 hfM ins erste vRStb ⟨24⟩

R5 2 Lm, *3 vRStb, 2 vRStb inf*, noch 2x von * bis * wiederholen, 1 hStb, 2 vRStb, 2 vRStb inf, noch 2x von * bis * wiederholen, 1 hfM ins erste vRStb ⟨30⟩

R6 2 Lm, *4 vRStb, 2 vRStb inf*, noch 2x von * bis * wiederholen, 1 hStb, 3 vRStb, 2 vRStb inf, noch 2x von * bis * wiederholen, 1 hfM ins erste vRStb ⟨36⟩

R7 2 Lm, *5 vRStb, 2 vRStb inf*, noch 2x von * bis * wiederholen, 1 hStb, 4 vRStb, 2 vRStb inf, noch 2x von * bis * wiederholen, 1 hfM ins erste vRStb ⟨42⟩

R8 2 Lm, *6 vRStb, 2 vRStb inf*, noch 2x von * bis * wiederholen, 1 hStb, 5 vRStb, 2 vRStb inf, noch 2x von * bis * wiederholen, 1 hfM ins erste vRStb ⟨48⟩

R9-32 2 Lm, 24 vRStb, 1 hStb, 23 vRStb, 1 hfM ins erste vRStb ⟨48⟩

R33 2 Lm, 2 vRStb inf, 22 vRStb, 2 vRStb inf, 1 hStb, 23 vRStb, 1 hfM ins erste vRStb ⟨50⟩

R34 2 Lm, 1 vRStb, 2 vRStb inf, 22 vRStb, 2 vRStb inf, 1 vRStb, 1 hStb, 23 vRStb, 1 hfM ins erste vRStb ⟨52⟩

R35 2 Lm, 2 vRStb, 2 vRStb inf, 22 vRStb, 2 vRStb inf, 2 vRStb, 1 hStb, 23 vRStb, 1 hfM ins erste vRStb ⟨54⟩

R36 2 Lm, 3 vRStb, 2 vRStb inf, 22 vRStb, 2 vRStb inf, 3 vRStb, 1 hStb, 23 vRStb, 1 hfM ins erste vRStb ⟨56⟩

R37 2 Lm, 4 vRStb, 2 vRStb inf, 22 vRStb, 2 vRStb inf, 4 vRStb, 1 hStb, 23 vRStb, 1 hfM ins erste vRStb ⟨58⟩

R38 2 Lm, 5 vRStb, 2 vRStb inf, 22 vRStb, 2 vRStb inf, 5 vRStb, 1 hStb, 23 vRStb, 1 hfM ins erste vRStb ⟨60⟩

R39 2 Lm, 6 vRStb, 2 vRStb inf, 22 vRStb, 2 vRStb inf, 6 vRStb, 1 hStb, 23 vRStb, 1 hfM ins erste vRStb ⟨62⟩

R40 2 Lm, 6 vRStb, 2 vRStb zus, 22 vRStb, 2 vRStb zus, 6 vRStb, 1 hStb, 23 vRStb, 1 hfM ins erste vRStb ⟨60⟩

R41 2 Lm, 5 vRStb, 2 vRStb zus, 22 vRStb, 2 vRStb zus, 5 vRStb, 1 hStb, 23 vRStb, 1 hfM ins erste vRStb ⟨58⟩

R42 2 Lm, 4 vRStb, 2 vRStb zus, 22 vRStb, 2 vRStb zus, 4 vRStb, 1 hStb, 23 vRStb, 1 hfM ins erste vRStb ⟨56⟩

R43 2 Lm, 3 vRStb, 2 vRStb zus, 22 vRStb, 2 vRStb zus, 3 vRStb, 1 hStb, 23 vRStb, 1 hfM ins erste vRStb ⟨54⟩

R44 2 Lm, 2 vRStb, 2 vRStb zus, 22 vRStb, 2 vRStb zus, 2 vRStb, 1 hStb, 23 vRStb, 1 hfM ins erste vRStb ⟨52⟩

R45 2 Lm, 1 vRStb, 2 vRStb zus, 22 vRStb, 2 vRStb zus, 1 vRStb, 1 hStb, 23 vRStb, 1 hfM ins erste vRStb ⟨50⟩

R46 2 Lm, 2 vRStb zus, 22 vRStb, 2 vRStb zus, 1 hStb, 23 vRStb, 1 hfM ins erste vRStb ⟨48⟩

R47-78 2 Lm, *3 vRStb, 3 hRStb*, von * bis * rundum wiederholen, 1 hfM ins erste vRStb ⟨48⟩
Abketteln, Fadenenden verstecken.

GRÖSSE: MEDIUM

R1 Mit einem Fadenring anfangen, 2 Lm (die ersten 2 Lm zählen im ganzen Modelll nicht als erstes Stb), 6 Stb in den Ring häkeln, 1 hfM ins erste Stb ⟨6⟩

R2 2 Lm, 2 vRStb in jedes Stb rundum, 1 hfM ins erste vRStb ⟨12⟩

R3 2 Lm, *1 vRStb, 2 vRStb inf*, noch 2x von * bis * wiederholen, 1 hStb, 2 vRStb inf, noch 2x von * bis * wiederholen, 1 hfM ins erste vRStb ⟨18⟩

R4 2 Lm, *2 vRStb, 2 vRStb inf*, noch 2x von * bis * wiederholen, 1 hStb, 1 vRStb, 2 vRStb inf, noch 2x von *

bis * wiederholen, 1 hfM ins erste vRStb (24)

R5 2 Lm, *3 vRStb, 2 vRStb inf*, noch 2x von * bis * wiederholen, 1 hStb, 2 vRStb, 2 vRStb inf, noch 2x von * bis * wiederholen, 1 hfM ins erste vRStb (30)

R6 2 Lm, *4 vRStb, 2 vRStb inf*, noch 2x von * bis * wiederholen, 1 hStb, 3 vRStb, 2 vRStb inf, noch 2x von * bis * wiederholen, 1 hfM ins erste vRStb (36)

R7 2 Lm, *5 vRStb, 2 vRStb inf*, noch 2x von * bis * wiederholen, 1 hStb, 4 vRStb, 2 vRStb inf, noch 2x von * bis * wiederholen, 1 hfM ins erste vRStb (42)

R8 2 Lm, *6 vRStb, 2 vRStb inf*, noch 2x von * bis * wiederholen, 1 hStb, 5 vRStb, 2 vRStb inf, noch 2x von * bis * wiederholen, 1 hfM ins erste vRStb (48)

R9 2 Lm, *7 vRStb, 2 vRStb inf*, noch 2x von * bis * wiederholen, 1 hStb, 6 vRStb, 2 vRStb inf, noch 2x von * bis * wiederholen, 1 hfM ins erste vRStb (54)

R10-37 2 Lm, 27 vRStb, 1 hStb, 26 vRStb, 1 hfM ins erste vRStb (54)

R38 2 Lm, 2 vRStb inf, 25 vRStb, 2 vRStb inf, 1 hStb, 26 vRStb, 1 hfM ins erste vRStb (56)

R39 2 Lm, 1 vRStb, 2 vRStb inf, 25 vRStb, 2 vRStb inf, 1 vRStb, 1 hStb, 26 vRStb, 1 hfM ins erste vRStb (58)

R40 2 Lm, 2 vRStb, 2 vRStb inf, 25 vRStb, 2 vRStb inf, 2 vRStb, 1 hStb, 26 vRStb, 1 hfM ins erste vRStb (60)

R41 2 Lm, 3 vRStb, 2 vRStb inf, 25 vRStb, 2 vRStb inf, 3 vRStb, 1 hStb, 26 vRStb, 1 hfM ins erste vRStb (62)

R42 2 Lm, 4 vRStb, 2 vRStb inf, 25 vRStb, 2 vRStb inf, 4 vRStb, 1 hStb, 26 vRStb, 1 hfM ins erste vRStb (64)

R43 2 Lm, 5 vRStb, 2 vRStb inf, 25 vRStb, 2 vRStb inf, 5 vRStb, 1 hStb, 26 vRStb, 1 hfM ins erste vRStb (66)

R44 2 Lm, 6 vRStb, 2 vRStb inf, 25 vRStb, 2 vRStb inf, 6 vRStb, 1 hStb, 26 vRStb, 1 hfM ins erste vRStb (68)

R45 2 Lm, 7 vRStb, 2 vRStb inf, 25 vRStb, 2 vRStb inf, 7 vRStb, 1 hStb, 26 vRStb, 1 hfM ins erste vRStb (70)

R46 2 Lm, 7 vRStb, 2 vRStb zus, 25 vRStb, 2 vRStb zus, 7 vRStb, 1 hStb, 26 vRStb, 1 hfM ins erste vRStb (68)

R47 2 Lm, 6 vRStb, 2 vRStb zus, 25 vRStb, 2 vRStb zus, 6 vRStb, 1 hStb, 26 vRStb, 1 hfM ins erste vRStb (66)

R48 2 Lm, 5 vRStb, 2 vRStb zus, 25 vRStb, 2 vRStb zus, 5 vRStb, 1 hStb, 26 vRStb, 1 hfM ins erste vRStb (64)

R49 2 Lm, 4 vRStb, 2 vRStb zus, 25 vRStb, 2 vRStb zus, 4 vRStb, 1 hStb, 26 vRStb, 1 hfM ins erste vRStb (62)

R50 2 Lm, 3 vRStb, 2 vRStb zus, 25 vRStb, 2 vRStb zus, 3 vRStb, 1 hStb, 26 vRStb, 1 hfM ins erste vRStb (60)

R51 2 Lm, 2 vRStb, 2 vRStb zus, 25 vRStb, 2 vRStb zus, 2 vRStb, 1 hStb, 26 vRStb, 1 hfM ins erste vRStb (58)

R52 2 Lm, 1 vRStb, 2 vRStb zus, 25 vRStb, 2 vRStb zus, 1 vRStb, 1 hStb, 26 vRStb, 1 hfM ins erste vRStb (56)

R53 2 Lm, 2 vRStb zus, 25 vRStb, 2 vRStb zus, 1 hStb, 26 vRStb, 1 hfM ins erste vRStb (54)

R54-90 2 Lm, *3 vRStb, 3 hRStb*, von * bis * rundum wiederholen, 1 hfM ins erste vRStb (54)
Abketteln, Fadenenden verstecken.

GRÖSSE: LARGE

R1 Mit einem Fadenring anfangen, 2 Lm (die ersten 2 Lm zählen im ganzen Modelll nicht als erstes Stb), 6 Stb in den Ring häkeln, 1 hfM ins erste Stb (6)

R2 2 Lm, 2 vRStb in jedes Stb rundum, 1 hfM ins erste vRStb (12)

R3 2 Lm, *1 vRStb, 2 vRStb inf*, noch 2x von * bis * wiederholen, 1 hStb, 2 vRStb inf, noch 2x von * bis * wiederholen, 1 hfM ins erste vRStb (18)

R4 2 Lm, *2 vRStb, 2 vRStb inf*, noch 2x von * bis * wiederholen, 1 hStb, 1 vRStb, 2 vRStb inf, noch 2x von * bis * wiederholen, 1 hfM ins erste vRStb (24)

R5 2 Lm, *3 vRStb, 2 vRStb inf*, noch 2x von * bis * wiederholen, 1 hStb, 2 vRStb, 2 vRStb inf, noch 2x von * bis * wiederholen, 1 hfM ins erste vRStb (30)

R6 2 Lm, *4 vRStb, 2 vRStb inf*, noch 2x von * bis * wiederholen, 1 hStb, 3 vRStb, 2 vRStb inf, noch 2x von * bis * wiederholen, 1 hfM ins erste vRStb ⟨36⟩

R7 2 Lm, *5 vRStb, 2 vRStb inf*, noch 2x von * bis * wiederholen, 1 hStb, 4 vRStb, 2 vRStb inf, noch 2x von * bis * wiederholen, 1 hfM ins erste vRStb ⟨42⟩

R8 2 Lm, *6 vRStb, 2 vRStb inf*, noch 2x von * bis * wiederholen, 1 hStb, 5 vRStb, 2 vRStb inf, noch 2x von * bis * wiederholen, 1 hfM ins erste vRStb ⟨48⟩

R9 2 Lm, *7 vRStb, 2 vRStb inf*, noch 2x von * bis * wiederholen, 1 hStb, 6 vRStb, 2 vRStb inf, noch 2x von * bis * wiederholen, 1 hfM ins erste vRStb ⟨54⟩

R10 2 Lm, *8 vRStb, 2 vRStb inf*, noch 2x von * bis * wiederholen, 1 hStb, 7 vRStb, 2 vRStb inf, noch 2x von * bis * wiederholen, 1 hfM ins erste vRStb ⟨60⟩

R11-42 2 Lm, 30 vRStb, 1 hStb, 29 vRStb, 1 hfM ins erste vRStb ⟨60⟩

R43 2 Lm, 2 vRStb inf, 28 vRStb, 2 vRStb inf, 1 hStb, 29 vRStb, 1 hfM ins erste vRStb ⟨62⟩

R44 2 Lm, 1 vRStb, 2 vRStb inf, 28 vRStb, 2 vRStb inf, 1 vRStb, 1 hStb, 29 vRStb, 1 hfM ins erste vRStb ⟨64⟩

R45 2 Lm, 2 vRStb, 2 vRStb inf, 28 vRStb, 2 vRStb inf, 2 vRStb, 1 hStb, 29 vRStb, 1 hfM ins erste vRStb ⟨66⟩

R46 2 Lm, 3 vRStb, 2 vRStb inf, 28 vRStb, 2 vRStb inf, 3 vRStb, 1 hStb, 29 vRStb, 1 hfM ins erste vRStb ⟨68⟩

R47 2 Lm, 4 vRStb, 2 vRStb inf, 28 vRStb, 2 vRStb inf, 4 vRStb, 1 hStb, 29 vRStb, 1 hfM ins erste vRStb ⟨70⟩

R48 2 Lm, 5 vRStb, 2 vRStb inf, 28 vRStb, 2 vRStb inf, 5 vRStb, 1 hStb, 20 vRStb, 1 hfM ins erste vRStb ⟨72⟩

R49 2 Lm, 6 vRStb, 2 vRStb inf, 28 vRStb, 2 vRStb inf, 6 vRStb, 1 hStb, 29 vRStb, 1 hfM ins erste vRStb ⟨74⟩

R50 2 Lm, 7 vRStb, 2 vRStb inf, 28 vRStb, 2 vRStb inf, 7 vRStb, 1 hStb, 29 vRStb, 1 hfM ins erste vRStb ⟨76⟩

R51 2 Lm, 8 vRStb, 2 vRStb inf, 28 vRStb, 2 vRStb inf, 8 vRStb, 1 hStb, 29 vRStb, 1 hfM ins erste vRStb ⟨78⟩

R52 2 Lm, 8 vRStb, 2 vRStb zus, 28 vRStb, 2 vRStb zus, 8 vRStb, 1 hStb, 29 vRStb, 1 hfM ins erste vRStb ⟨76⟩

R53 2 Lm, 7 vRStb, 2 vRStb zus, 28 vRStb, 2 vRStb zus, 7 vRStb, 1 hStb, 29 vRStb, 1 hfM ins erste vRStb ⟨74⟩

R54 2 Lm, 6 vRStb, 2 vRStb zus, 28 vRStb, 2 vRStb zus, 6 vRStb, 1 hStb, 29 vRStb, 1 hfM ins erste vRStb ⟨72⟩

R55 2 Lm, 5 vRStb, 2 vRStb zus, 28 vRStb, 2 vRStb zus, 5 vRStb, 1 hStb, 29 vRStb, 1 hfM ins erste vRStb ⟨70⟩

R56 2 Lm, 4 vRStb, 2 vRStb zus, 28 vRStb, 2 vRStb zus, 4 vRStb, 1 hStb, 29 vRStb, 1 hfM ins erste vRStb ⟨68⟩

R57 2 Lm, 3 vRStb, 2 vRStb zus, 28 vRStb, 2 vRStb zus, 3 vRStb, 1 hStb, 29 vRStb, 1 hfM ins erste vRStb ⟨66⟩

R58 2 Lm, 2 vRStb, 2 vRStb zus, 28 vRStb, 2 vRStb zus, 2 vRStb, 1 hStb, 29 vRStb, 1 hfM ins erste vRStb ⟨64⟩

R59 2 Lm, 1 vRStb, 2 vRStb zus, 28 vRStb, 2 vRStb zus, 1 vRStb, 1 hStb, 29 vRStb, 1 hfM ins erste vRStb ⟨62⟩

R60 2 Lm, 2 vRStb zus, 28 vRStb, 2 vRStb zus, 1 hStb, 29 vRStb, 1 hfM ins erste vRStb ⟨60⟩

R61-102 2 Lm, *3 vRStb, 3 hRStb*, von * bis * rundum wiederholen, 1 hfM ins erste vRStb ⟨60⟩
Abketteln, Fadenenden verstecken.

Wabenmuster

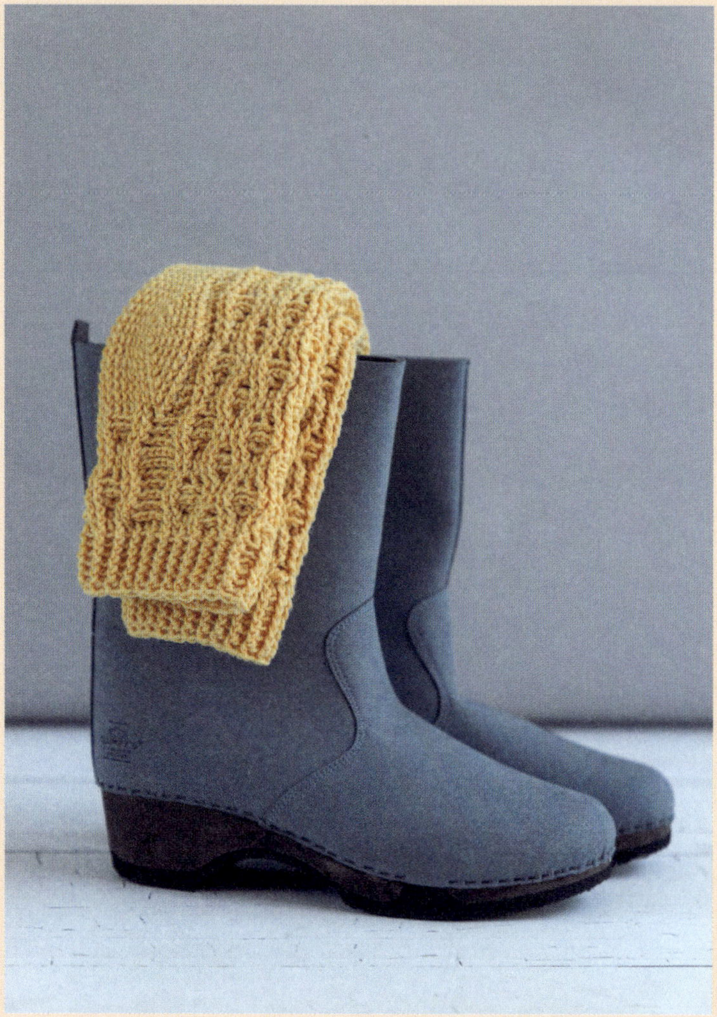

Schwierigkeitsgrad: 5 von 5

DIE WABENSOCKEN SIND DAS SCHWIERIGSTE MODELL IN DIESEM BUCH UND DAMIT AUCH DIE GRÖSSTE HERAUSFORDERUNG. MIT DIESEM FANTASTISCHEN MUSTER HÄKELST DU ABER AUCH GANZ BESONDERS SCHÖNE SOCKEN.

Für die Wahl der richtigen Größe siehe Seite 13.

MATERIALIEN

Sockenwolle für Nadelstärke 2,5-3,5.
Ich habe folgende Garne verwendet:

Orange Scheepjes Metropolis (50 g/210 m) Farbe: 075

Gelb Durable Soqs (50 g/210 m) Farbe: 411

Häkelnadel 4 mm
Für die Wahl der richtigen Häkelnadel siehe: Maschenprobe S. 14.

Geschätzter Materialbedarf
12-24: 210 m, 3-5: 420 m, 6-10: 420 m, Small: 630 m, Medium: 630 m

ABKÜRZUNGEN

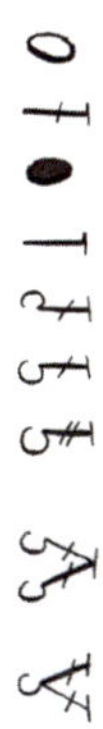

Lm	Luftmasche
Stb	Stäbchen
hfM	Halbe feste Masche
hStb	Halbes Stäbchen
hRStb	Hinteres Reliefstäbchen
vRStb	Vorderes Reliefstäbchen
dvRStb	Doppeltes vorderes Reliefstäbchen
vRStb zus	Vorderes Reliefstäbchen zusammenhäkeln
2 vRStb inf	2 vordere Reliefstäbchen in folgende Masche

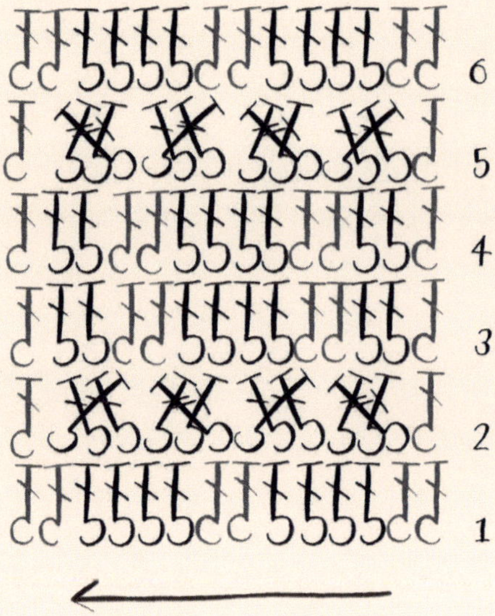

GRÖSSE: 12-24 MONATE

MUSTER 1: 2 hRStb, 4 vRStb, 2 hRStb, 4 vRStb, 2 hRStb.
MUSTER 2: 1 hRStb, *1 Masche auslassen, 2 vRStb, 1 dvRStb von hinten in die Masche häkeln, die du gerade ausgelassen hast, 2 Maschen auslassen, 1 dvRStb, vor dem dvRStb kreuzen und 1 vRStb in jede der 2 Maschen häkeln, die du gerade ausgelassen hast*, noch 1x von * bis * wiederholen, 1 hRStb.
MUSTER 3 - 4: 1 hRStb, 2 vRStb, 2 hRStb, 4 vRStb, 2 hRStb, 2 vRStb, 1 hRStb.
MUSTER 5: 1 hRStb, *2 Maschen auslassen, 1 dvRStb, vor dem dvRStb kreuzen und 1 vRStb in jede der 2 Maschen häkeln, die du gerade ausgelassen hast, 1 Masche auslassen, 2 vRStb, 1 dvRStb von hinten in die Masche häkeln, die du gerade ausgelassen hast*, noch 1x von * bis * wiederholen, 1 hRStb.
MUSTER 6: wie Muster 1.

R1 Mit einem Fadenring anfangen, 2 Lm (die ersten 2 Lm zählen im ganzen Modell nicht als erstes Stb), 6 Stb in den Ring häkeln, 1 hfM ins erste Stb (6)

R2 2 Lm, 2 vRStb in jedes Stb rundum, 1 hfM ins erste vRStb (12)

R3 2 Lm, * 1 vRStb, 2 vRStb inf*, noch 2x von * bis * wiederholen, 1 hStb, 2 vRStb inf, noch 2x von * bis * wiederholen, 1 hfM ins erste vRStb (18)

R4 2 Lm, *2 vRStb, 2 vRStb inf*, noch 2x von * bis * wiederholen, 1 hStb, 1 vRStb, 2 vRStb inf, noch 2x von * bis * wiederholen, 1 hfM ins erste vRStb (24)

R5 2 Lm, *3 vRStb, 2 vRStb inf*, noch 2x von * bis * wiederholen, 1 hStb, 2 vRStb, 2 vRStb inf, noch 2x von * bis * wiederholen, 1 hfM ins erste vRStb (30)

R6 2 Lm, 15 vRStb, 1 hStb, Muster 1, 1 hfM ins erste vRStb (30)

R7 2 Lm, 15 vRStb, 1 hStb, Muster 2, 1 hfM ins erste vRStb (30)

R8-9 2 Lm, 15 vRStb, 1 hStb, Muster 3-4, 1 hfM ins erste vRStb (30)
R10 2 Lm, 15 vRStb, 1 hStb, Muster 5, 1 hfM ins erste vRStb (30)
R11 2 Lm, 15 vRStb, 1 hStb, Muster 6, 1 hfM ins erste vRStb (30)
R12-17 Rd 6-11 wiederholen.
R18 2 Lm, 2 vRStb inf, 13 vRStb, 2 vRStb inf, 1 hStb, Muster 1, 1 hfM ins erste vRStb (32)
R19 2 Lm, 1 vRStb, 2 vRStb inf, 13 vRStb, 2 vRStb inf, 1 vRStb, 1 hStb, Muster 2, 1 hfM ins erste vRStb (34)
R20 2 Lm, 2 vRStb, 2 vRStb inf, 13 vRStb, 2 vRStb inf, 2 vRStb, 1 hStb, Muster 3, 1 hfM ins erste vRStb (36)
R21 2 Lm, 3 vRStb, 2 vRStb inf, 13 vRStb, 2 vRStb inf, 3 vRStb, 1 hStb, Muster 4, 1 hfM ins erste vRStb (38)
R22 2 Lm, 3 vRStb, 2 vRStb zus, 13 vRStb, 2 vRStb zus, 3 vRStb, 1 hStb, Muster 5, 1 hfM ins erste vRStb (36)
R23 2 Lm, 2 vRStb, 2 vRStb zus, 13 vRStb, 2 vRStb zus, 2 vRStb, 1 hStb, Muster 6, 1 hfM ins erste vRStb (34)
R24 2 Lm, 1 vRStb, 2 vRStb zus, 13 vRStb, 2 vRStb zus, 1 vRStb, 1 hStb, Muster 1, 1 hfM ins erste vRStb (32)
R25 2 Lm, 2 vRStb zus, 13 vRStb, 2 vRStb zus, 1 hStb, Muster 2, 1 hfM ins erste vRStb (30)
R26-27 2 Lm, 1 hRStb, Muster 3-4, 1 hRStb, Muster 3-4, 1 hfM ins erste hRStb (30)
R28 2 Lm, 1 hRStb, Muster 5, 1 hRStb, Muster 5, 1 hfM ins erste hRStb (30)
R29 2 Lm, 1 hRStb, Muster 6, 1 hRStb, Muster 6, 1 hfM ins erste hRStb (30)
R30 2 Lm, 1 hRStb, Muster 1, 1 hRStb, Muster 1, 1 hfM ins erste hRStb (30)
R31 2 Lm, 2 hRStb, Muster 2, 1 hRStb, Muster 2, 1 hfM ins erste hRStb (30)
R32 2 Lm, 1 hRStb, Muster 3, 1 hRStb, Muster 3, 1 hfM ins erste hRStb (30)
R33 2 Lm, rundum 1 vRStb in jede Masche, 1 hfM ins erste vRStb (30)
R34-35 2 Lm, *1 vRStb, 1 hRStb*, von * bis * rundum wiederholen, 1 hfM ins erste vRStb (30)
Abketteln, Fadenenden verstecken.

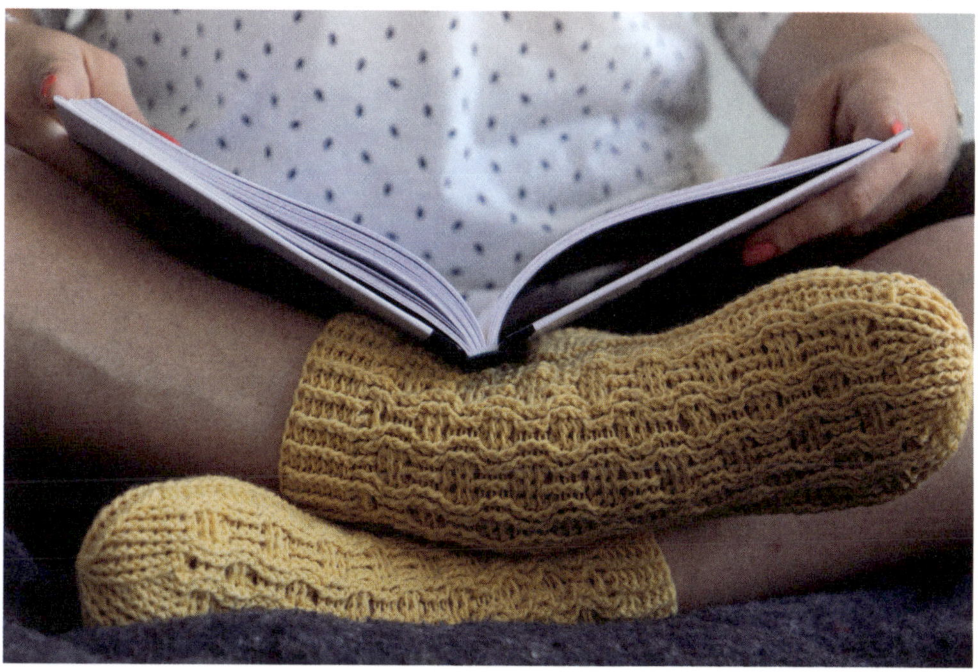

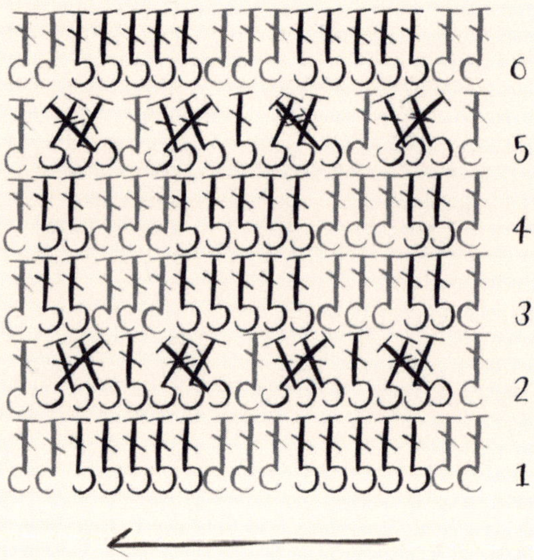

GRÖSSE: 3-5 JAHRE

MUSTER 1: 2 hRStb, 5 vRStb, 3 hStb, 5 vRStb, 2 hRStb.
MUSTER 2: 1 hRStb, * 1 Masche auslassen, 2 vRStb, 1 dvRStb von hinten in die Masche häkeln, die du gerade ausgelassen hast, 1 vRStb, 2 Maschen auslassen, vor dem dvRStb kreuzen und 1 vRStb in jede der 2 Maschen häkeln, die du gerade ausgelassen hast*, 1 hRStb, noch 2x von * bis * wiederholen, 1 hRStb.
MUSTER 3-4: 1 hRStb, 2 vRStb, 3 hRStb, 5 vRStb, 3 hRStb, 2 vRStb, 1 hRStb.
MUSTER 5: 1 hRStb, *2 Maschen auslassen, 1 dvRStb, vor dem dvRStb kreuzen und 1 vRStb in jede der 2 Maschen häkeln, die du gerade ausgelassen hast, 1 hRStb, 1 Masche auslassen, 2 vRStb, 1 dvRStb von hinten in die Masche häkeln, die du gerade ausgelassen hast*, 1 vRStb, noch 2x von * bis * wiederholen, 1 hRStb.
MUSTER 6: Wie Nummer 1.

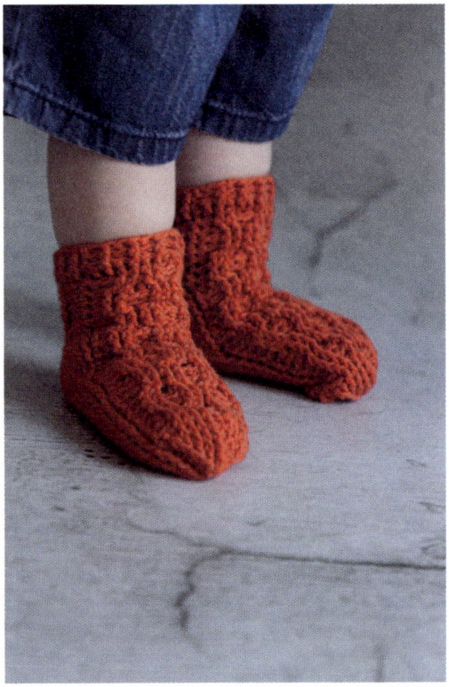

R1 Mit einem Fadenring anfangen, 2 Lm (die ersten 2 Lm zählen im ganzen Modell nicht als erstes Stb), 6 Stb in den Ring häkeln, 1 hfM ins erste Stb ⟨6⟩

R2 2 Lm, 2 vRStb in jedes Stb rundum, 1 hfM ins erste vRStb ⟨12⟩

R3 2 Lm, * 1 vRStb, 2 vRStb inf*, noch 2x von * bis * wiederholen, 1 hStb, 2 vRStb inf, * noch 2x von * bis * wiederholen, 1 hfM ins erste vRStb ⟨18⟩

R4 2 Lm, *2 vRStb, 2 vRStb inf*, noch 2x von * bis * wiederholen, 1 hStb, 1 vRStb, 2 vRStb inf, noch 2x von * bis * wiederholen, 1 hfM ins erste vRStb ⟨24⟩

R5 2 Lm, *3 vRStb, 2 vRStb inf*, noch 2x von * bis * wiederholen, 1 hStb, 2 vRStb, 2 vRStb inf, noch 2x von * bis * wiederholen, 1 hfM ins erste vRStb ⟨30⟩

R6 2 Lm, *4 vRStb, 2 vRStb inf*, noch 2x von * bis * wiederholen, 1 hStb, 3 vRStb, 2 vRStb inf, noch 2x von * bis * wiederholen, 1 hfM ins erste vRStb ⟨36⟩

R7 2 Lm, 18 vRStb, 1 hStb, Muster 1, 1 hfM ins erste vRStb ⟨36⟩

R8 2 Lm, 18 vRStb, 1 hStb, Muster 2, 1 hfM ins erste vRStb ⟨36⟩

R9-10 2 Lm, 18 vRStb, 1 hStb, Muster 3-4, 1 hfM ins erste vRStb ⟨36⟩

R11 2 Lm, 18 vRStb, 1 hStb, Muster 5, 1 hfM ins erste vRStb ⟨36⟩

R12 2 Lm, 18 vRStb, 1 hStb, Muster 6, 1 hfM ins erste vRStb ⟨36⟩

R13-21 Rd 7-12 wiederholen, dabei mit Rd 9 enden.

R22 2 Lm, 18 vRStb, 1 hStb, Muster 4, 1 hfM ins erste vRStb ⟨36⟩

R23 2 Lm, 2 vRStb inf, 16 vRStb, 2 vRStb inf, 1 hStb, Muster 5, 1 hfM ins erste vRStb ⟨38⟩

R24 2 Lm, 1 vRStb, 2 vRStb inf, 16 vRStb, 2 vRStb inf, 1 vRStb, 1 hStb, Muster 6, 1 hfM ins erste vRStb ⟨40⟩

R25 2 Lm, 2 vRStb, 2 vRStb inf, 16 vRStb, 2 vRStb inf, 2 vRStb, 1 hStb, Muster 1, 1 hfM ins erste vRStb ⟨42⟩

R26 2 Lm, 3 vRStb, 2 vRStb inf, 16 vRStb, 2 vRStb inf, 3 vRStb, 1 hStb, Muster 2, 1 hfM ins erste vRStb ⟨44⟩

R27 2 Lm, 4 vRStb, 2 vRStb inf, 16 vRStb, 2 vRStb inf, 4 vRStb, 1 hStb, Muster 3, 1 hfM ins erste vRStb ⟨46⟩

R28 2 Lm, 4 vRStb, 2 vRStb zus, 16 vRStb, 2 vRStb zus, 4 vRStb, 1 hStb, Muster 4, 1 hfM ins erste vRStb ⟨44⟩

R29 2 Lm, 3 vRStb, 2 vRStb zus, 16 vRStb, 2 vRStb zus, 3 vRStb, 1 hStb, Muster 5, 1 hfM ins erste vRStb ⟨42⟩

R30 2 Lm, 2 vRStb, 2 vRStb zus, 16 vRStb, 2 vRStb zus, 2 vRStb, 1 hStb, Muster 6, 1 hfM ins erste vRStb ⟨40⟩

R31 2 Lm, 1 vRStb, 2 vRStb zus, 16 vRStb, 2 vRStb zus, 1 vRStb, 1 hStb, Muster 1, 1 hfM ins erste vRStb ⟨38⟩

R32 2 Lm, 2 vRStb zus, 16 vRStb, 2 vRStb zus, 1 hStb, Muster 2, 1 hfM ins erste vRStb ⟨36⟩

R33-34 2 Lm, 1 hRStb, Muster 3-4, 1 hStb, Muster 3-4, 1 hfM ins erste hRStb ⟨36⟩

R35 2 Lm, 1 hRStb, Muster 5, 1 hRStb, Muster 5, 1 hfM ins erste hRStb ⟨36⟩

R36 2 Lm, 1 hRStb, Muster 6, 1 hRStb, Muster 6, 1 hfM ins erste hRStb ⟨36⟩

R37 2 Lm, 1 hRStb, Muster 1, 1 hRStb, Muster 1, 1 hfM ins erste hRStb ⟨36⟩

R38 2 Lm, 1 hRStb, Muster 2, 1 hRStb, Muster 2, 1 hfM ins erste hRStb ⟨36⟩

R39 2 Lm, 1 hRStb, Muster 3, 1 hRStb, Muster 3, 1 hfM ins erste hRStb ⟨36⟩

R40 2 Lm, rundum 1 vRStb in jede Masche, 1 hfM ins erste vRStb ⟨36⟩

R41-44 2 Lm, *1 vRStb, 1 hRStb*, von * bis * rundum wiederholen, 1 hfM ins erste vRStb ⟨36⟩
Abketteln, Fadenenden verstecken.

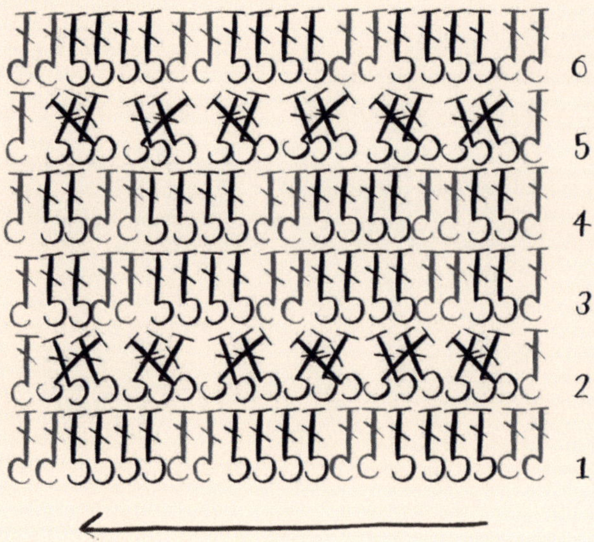

GRÖSSE: 6-10 JAHRE

MUSTER 1: 2 hRStb, *4 vRStb, 2 hRStb*, noch 2x von * bis * wiederholen,
MUSTER 2: 1 hRStb, *1 Masche auslassen, 2 vRStb, 1 dvRStb von hinten in die Masche häkeln, die du gerade ausgelassen hast, 2 Maschen auslassen, 1 dvRStb, vor dem dvRStb kreuzen und 1 vRStb in jede der 2 Maschen häkeln, die du gerade ausgelassen hast*, noch 2x von * bis * wiederholen, 1 hRStb.
MUSTER 3-4: 1 hRStb, 2 vRStb, 2 hRStb, 4 vRStb, 2 hRStb, 4 vRStb, 2 hRStb, 2 vRStb, 1 hRStb.
MUSTER 5: 1 hRStb, *2 Maschen auslassen, 1 dvRStb, vor dem dvRStb kreuzen und 1 vRStb in jede der 2 Maschen häkeln, die du gerade ausgelassen hast, 1 Masche auslassen, 2 vRStb, 1 dvRStb von hinten in die Masche häkeln, die du gerade ausgelassen hast, noch 2x von * bis * wiederholen, 1 hRStb.
MUSTER 6: wie Muster 1.

R1 Mit einem Fadenring anfangen, 2 Lm (die ersten 2 Lm zählen im ganzen Modell nicht als erstes Stb), 6 Stb in den Ring häkeln, 1 hfM ins erste Stb (6)

R2 2 Lm, 2 vRStb in jedes Stb rundum, 1 hfM ins erste vRStb (12)

R3 2 Lm, * 1 vRStb, 2 vRStb inf*, noch 2x von * bis * wiederholen, 1 hStb, 2 vRStb inf, noch 2x von * bis * wiederholen, 1 hfM ins erste vRStb (18)

R4 2 Lm, *2 vRStb, 2 vRStb inf*, noch 2x von * bis * wiederholen, 1 hStb, 1 vRStb, 2 vRStb inf, noch 2x von * bis * wiederholen, 1 hfM ins erste vRStb (24)

R5 2 Lm, *3 vRStb, 2 vRStb inf*, noch 2x von * bis * wiederholen, 1 hStb, 2 vRStb, 2 vRStb inf, noch 2x von * bis * wiederholen, 1 hfM ins erste vRStb (30)

R6 2 Lm, *4 vRStb, 2 vRStb inf*, noch 2x von * bis * wiederholen, 1 hStb, 3 vRStb, 2 vRStb inf, noch 2x von * bis * wiederholen, 1 hfM ins erste vRStb (36)

R7 2 Lm, *5 vRStb, 2 vRStb inf*, noch 2x von * bis * wiederholen, 1 hStb, 4 vRStb, 2 vRStb inf, noch 2x von * bis * wiederholen, 1 hfM ins erste vRStb (42)

R8 2 Lm, 21 vRStb, 1 hStb, Muster 1, 1 hfM ins erste vRStb (42)

R9 2 Lm, 21 vRStb, 1 hStb, Muster 2, 1 hfM ins erste vRStb (42)

R10-11 2 Lm, 21 vRStb, 1 hStb, Muster 3-4, 1 hfM ins erste vRStb (42)

R12 2 Lm, 21 vRStb, 1 hStb, Muster 5, 1 hfM ins erste vRStb (42)

R13 2 Lm, 21 vRStb, 1 hStb, Muster 6, 1 hfM ins erste vRStb (42)

R14-27 Rd 8-13 wiederholen, dabei mit Rd 9 enden.

R28 2 Lm, 21 vRStb, 1 hStb, Muster 3, 1 hfM ins erste vRStb (42)

R29 2 Lm, 2 vRStb inf, 19 vRStb, 2 vRStb inf, 1 hStb, Muster 4, 1 hfM ins erste vRStb (44)

R30 2 Lm, 1 vRStb, 2 vRStb inf, 19 vRStb, 2 vRStb inf, 1 vRStb, 1 hStb, Muster 5, 1 hfM ins erste vRStb (46)

R31 2 Lm, 2 vRStb, 2 vRStb inf, 19 vRStb, 2 vRStb inf, 2 vRStb, 1 hStb, Muster 6, 1 hfM ins erste vRStb (48)

R32 2 Lm, 3 vRStb, 2 vRStb inf, 19 vRStb, 2 vRStb inf, 3 vRStb, 1 hStb, Muster 2, 1 hfM ins erste vRStb (50)

R33 2 Lm, 4 vRStb, 2 vRStb inf, 19 vRStb, 2 vRStb inf, 4 vRStb, 1 hStb, Muster 2, 1 hfM ins erste vRStb (52)

R34 2 Lm, 5 vRStb, 2 vRStb inf, 19 vRStb, 2 vRStb inf, 5 vRStb, 1 hStb, Muster 3, 1 hfM ins erste vRStb (54)

R35 2 Lm, 5 vRStb, 2 vRStb zus, 19 vRStb, 2 vRStb zus, 5 vRStb, 1 hStb, Muster 4, 1 hfM ins erste vRStb (52)

R36 2 Lm, 4 vRStb, 2 vRStb zus, 19 vRStb, 2 vRStb zus, 4 vRStb, 1 hStb, Muster 5, 1 hfM ins erste vRStb (50)

R37 2 Lm, 3 vRStb, 2 vRStb zus, 19 vRStb, 2 vRStb zus, 3 vRStb, 1 hStb, Muster 6, 1 hfM ins erste vRStb (48)

R38 2 Lm, 2 vRStb, 2 vRStb zus, 19 vRStb, 2 vRStb zus, 2 vRStb, 1 hStb, Muster 1, 1 hfM ins erste vRStb (46)

R39 2 Lm, 1 vRStb, 2 vRStb zus, 19 vRStb, 2 vRStb zus, 1 vRStb, 1 hStb, Muster 2, 1 hfM ins erste vRStb (44)

R40 2 Lm, 2 vRStb zus, 19 vRStb, 2 vRStb zus, 1 hStb, Muster 3, 1 hfM ins erste vRStb (42)

R41 2 Lm, 1 hRStb, Muster 4, 1 hRStb, Muster 4, 1 hfM ins erste hRStb (42)

R42 2 Lm, 1 hRStb, Muster 5, 1 hRStb, Muster 5, 1 hfM ins erste hRStb (42)

R43 2 Lm, 1 hRStb, Muster 6, 1 hRStb, Muster 6, 1 hfM ins erste hRStb (42)

R44 2 Lm, 1 hRStb, Muster 1, 1 hRStb, Muster 1, 1 hfM ins erste hRStb (42)

R45 2 Lm, 1 hRStb, Muster 2, 1 hRStb, Muster 2, 1 hfM ins erste hRStb (42)

R46-47 2 Lm, 1 hRStb, Muster 3-4, 1 hRStb, Muster 3-4, 1 hfM ins erste hRStb (42)

R48 2 Lm, 1 hRStb, Muster 5, 1 hRStb, Muster 5, 1 hfM ins erste hRStb (42)

R49 2 Lm, 1 hRStb, Muster 6, 1 hRStb, Muster 6, 1 hfM ins erste hRStb (42)

R50 2 Lm, rundum 1 vRStb in jede Masche, 1 hfM ins erste vRStb (42)

R51-54 2 Lm, *1 vRStb, 1 hRStb*, von * bis * rundum wiederholen, 1 hfM ins erste vRStb (42)
Abketteln, Fadenenden verstecken.

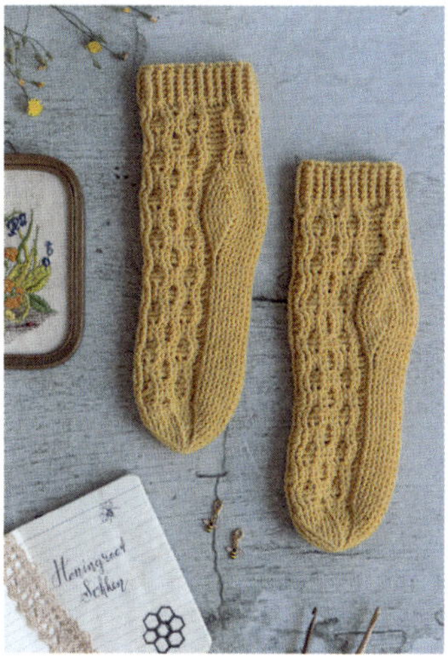

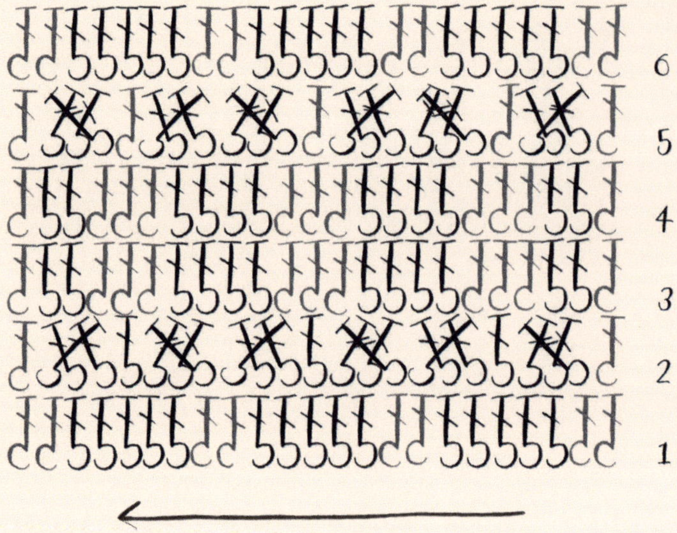

GRÖSSE: SMALL

MUSTER 1: 2 hRStb, *5 vRStb, 2 hRStb*, noch 2x von * bis * wiederholen.
MUSTER 2: 1 hRStb, * 1 Masche auslassen, 2 vRStb, 1 dvRStb von hinten in die Masche häkeln, die du gerade ausgelassen hast, 1 vRStb, 2 Maschen auslassen, 1 dvRStb, vor dem dvRStb kreuzen und 1 vRStb in jede der 2 Maschen häkeln, die du gerade ausgelassen hast*, noch 2x von * bis * wiederholen, 1 hRStb.
MUSTER 3-4: 1 hRStb, 2 vRStb, 3 hRStb, 4 vRStb, 3 hRStb, 4 vRStb, 3 hRStb, 2 vRStb, 1 hRStb.
MUSTER 5: 1 hRStb, *2 Maschen auslassen, 1 dvRStb, vor dem dvRStb kreuzen und 1 vRStb in jede der 2 Maschen häkeln, die du gerade ausgelassen hast, 1 hRStb, 1 Masche auslassen, 2 vRStb, 1 dvRStb von hinten in die Masche häkeln, die du gerade ausgelassen hast*, noch 2x von * bis * wiederholen, 1 hRStb.
MUSTER 6: wie Muster 1.

R1 Mit einem Fadenring anfangen, 2 Lm (die ersten 2 Lm zählen im ganzen Modell nicht als erstes Stb), 6 Stb in den Ring häkeln, 1 hfM ins erste Stb (6)

R2 2 Lm, 2 vRStb in jedes Stb rundum, 1 hfM ins erste vRStb (12)

R3 2 Lm, * 1 vRStb, 2 vRStb inf*, noch 2x von * bis * wiederholen, 1 hStb, 2 vRStb inf, noch 2x von * bis * wiederholen, 1 hfM ins erste vRStb (18)

R4 2 Lm, *2 vRStb, 2 vRStb inf*, noch 2x von * bis * wiederholen, 1 hStb, 1 vRStb, 2 vRStb inf, noch 2x von * bis * wiederholen, 1 hfM ins erste vRStb (24)

R5 2 Lm, *3 vRStb, 2 vRStb inf*, noch 2x von * bis * wiederholen, 1 hStb, 2 vRStb, 2 vRStb inf, noch 2x von * bis * wiederholen, 1 hfM ins erste vRStb (30)

R6 2 Lm, *4 vRStb, 2 vRStb inf*, noch 2x von * bis * wiederholen, 1 hStb, 3 vRStb, 2 vRStb inf, noch 2x von * bis * wiederholen, 1 hfM ins erste vRStb (36)

R7 2 Lm, *5 vRStb, 2 vRStb inf*, noch 2x von * bis * wiederholen, 1 hStb, 4 vRStb,2 vRStb inf, noch 2x von * bis* wiederholen, 1 hfM ins erste vRStb (42)

R8 2 Lm, *6 vRStb, 2 vRStb inf*, noch 2x von * bis * wiederholen, 1 hStb, 5 vRStb, 2 vRStb inf, noch 2x von * bis * wiederholen, 1 hfM ins erste vRStb (48)

R9 2 Lm, 24 vRStb, 1 hStb, Muster 1, 1 hfM ins erste vRStb (48)

R10 2 Lm, 24 vRStb, 1 hStb, Muster 2, 1 hfM ins erste vRStb (48)

R11-12 2 Lm, 24 vRStb, 1 hStb, Muster 3-4, 1 hfM ins erste vRStb (48)

R13 2 Lm, 24 vRStb, 1 hStb, Muster 5, 1 hfM ins erste vRStb (48)

R14 2 Lm, 24 vRStb, 1 hStb, Muster 6, 1 hfM ins erste vRStb (48)

R15-32 Rd 9-14 wiederholen.

R33 2 Lm, 2 vRStb inf, 22 vRStb, 2 vRStb inf, 1 hStb, Muster 1, 1 hfM ins erste vRStb (50)

R34 2 Lm, 1 vRStb, 2 vRStb inf, 22 vRStb, 2 vRStb inf, 1 vRStb, 1 hStb, Muster 2, 1 hfM ins erste vRStb (52)

R35 2 Lm, 2 vRStb, 2 vRStb inf, 22 vRStb, 2 vRStb inf, 2 vRStb, 1 hStb, Muster 3, 1 hfM ins erste vRStb (54)

R36 2 Lm, 3 vRStb, 2 vRStb inf, 22 vRStb, 2 vRStb inf, 3 vRStb, 1 hStb, Muster 4, 1 hfM ins erste vRStb (56)

R37 2 Lm, 4 vRStb, 2 vRStb inf, 22 vRStb, 2 vRStb inf, 4 vRStb, 1 hStb, Muster 5, 1 hfM ins erste vRStb (58)

R38 2 Lm, 5 vRStb, 2 vRStb inf, 22 vRStb, 2 vRStb inf, 5 vRStb, 1 hStb, Muster 6, 1 hfM ins erste vRStb (60)

R39 2 Lm, 6 vRStb, 2 vRStb inf, 22 vRStb, 2 vRStb inf, 6 vRStb, 1 hStb, Muster 1, 1 hfM ins erste vRStb (62)

R40 2 Lm, 6 vRStb, 2 vRStb zus, 22 vRStb, 2 vRStb zus, 6 vRStb, 1 hStb, Muster 2, 1 hfM ins erste vRStb (60)

R41 2 Lm, 5 vRStb, 2 vRStb zus, 22 vRStb, 2 vRStb zus, 5 vRStb, 1 hStb, Muster 3, 1 hfM ins erste vRStb (58)

R42 2 Lm, 4 vRStb, 2 vRStb zus, 22 vRStb, 2 vRStb zus, 4 vRStb, 1 hStb, Muster 4, 1 hfM ins erste vRStb (56)

R43 2 Lm, 3 vRStb, 2 vRStb zus, 22 vRStb, 2 vRStb zus, 3 vRStb, 1 hStb, Muster 5, 1 hfM ins erste vRStb (54)

R44 2 Lm, 2 vRStb, 2 vRStb zus, 22 vRStb, 2 vRStb zus, 2 vRStb, 1 hStb, Muster 6, 1 hfM ins erste vRStb (52)

R45 2 Lm, 1 vRStb, 2 vRStb zus, 22 vRStb, 2 vRStb zus, 1 vRStb, 1 hStb, Muster 1, 1 hfM ins erste vRStb (50)

R46 2 Lm, 2 vRStb zus, 22 vRStb, 2 vRStb zus, 1 hStb, Muster 2, 1 hfM ins erste vRStb (48)

R47-48 2 Lm, 1 hRStb, Muster 3-4, 1 hrStb, Muster 3-4, 1 hfM ins erste hRStb (48)

R49 2 Lm, 1 hRStb, Muster 5, 1 hRStb, Muster 5, 1 hfM ins erste hRStb (48)

R50 2 Lm, 1 hRStb, Muster 6, 1 hRStb, Muster 6, 1 hfM ins erste hRStb (48)

R51 2 Lm, 1 hRStb, Muster 1, 1 hRStb, Muster 1, 1 hfM ins erste hRStb (48)

R52 2 Lm, 1 hRStb, Muster 2, 1 hRStb, Muster 2, 1 hfM ins erste hRStb (48)

R53 2 Lm, 1 hRStb, Muster 3, 1 hRStb, Muster 3, 1 hfM ins erste hRStb (48)

R54 2 Lm, 1 hRStb, Muster 4, 1 hRStb, Muster 4, 1 hfM ins erste hRStb (48)

R55 2 Lm, 1 hRStb, Muster 5, 1 hRStb, Muster 5, 1 hfM ins erste hRStb (48)

R56 2 Lm, 1 hRStb, Muster 6, 1 hRStb, Muster 6, 1 hfM ins erste hRStb (48)

R57 2 Lm, rundum 1 vRStb in jede Masche, 1 hfM ins erste vRStb (48)

R58-64 2 Lm, *1 vRStb, 1 hRStb*, von * bis * rundum wiederholen, 1 hfM ins erste vRStb (48)
Abketteln, Fadenenden verstecken.

Wabenmuster Medium

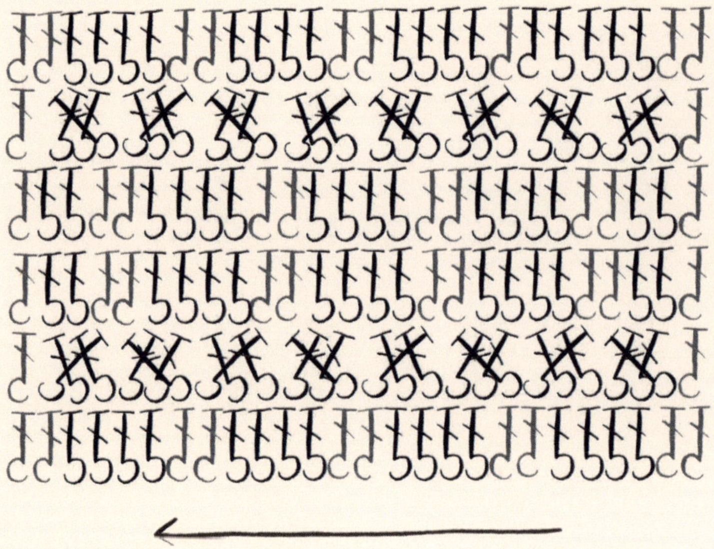

GRÖSSE: MEDIUM

MUSTER 1: 2 hRStb, *4 vRStb, 2 hRStb*, noch 3x von * bis * wiederholen.
MUSTER 2: 1 hRStb, *1 Masche auslassen, 2 vRStb, 1 dvRStb von hinten in die Masche häkeln, die du gerade ausgelassen hast, 2 Maschen auslassen, 1 dvRStb, vor dem dvRStb kreuzen und 1 vRStb in jede der 2 Maschen häkeln, die du gerade ausgelassen hast*, noch 3x von * bis * wiederholen, 1 hRStb.
MUSTER 3-4: 1 hRStb, 2 vRStb, 2 hRStb, 4 vRStb, 2 hRStb, 4 vRStb, 2 hRStb, 4 vRStb, 2 hRStb, 2 vRStb, 1 hRStb.
MUSTER 5: 1 hRStb, *2 Maschen auslassen, 1 dvRStb, vor dem dvRStb kreuzen und 1 vRStb in jede der 2 Maschen häkeln, die du gerade ausgelassen hast, 1 Masche auslassen, 2 vRStb, 1 dvRStb von hinten in die Masche häkeln, die du gerade ausgelassen hast*, noch 3x von * bis * wiederholen, 1 hRStb.
MUSTER 6: wie Muster 1.

R1 Mit einem Fadenring anfangen, 2 Lm ⟨die ersten 2 Lm zählen im ganzen Modell nicht als erstes Stb⟩, 6 Stb in den Ring häkeln, 1 hfM ins erste Stb ⟨6⟩

R2 2 Lm, 2 vRStb in jedes Stb rundum, 1 hfM ins erste vRStb ⟨12⟩

R3 2 Lm, * 1 vRStb, 2 vRStb inf*, noch 2x von * bis * wiederholen, 1 hStb, 2 vRStb inf, noch 2x von * bis * wiederholen, 1 hfM ins erste vRStb ⟨18⟩

R4 2 Lm, *2 vRStb, 2 vRStb inf*, noch 2x von * bis * wiederholen, 1 hStb, 1 vRStb, 2 vRStb inf, noch 2x von * bis * wiederholen, 1 hfM ins erste vRStb ⟨24⟩

R5 2 Lm, *3 vRStb, 2 vRStb inf*, noch 2x von * bis * wiederholen, 1 hStb, 2 vRStb, 2 vRStb inf, noch 2x von * bis * wiederholen, 1 hfM ins erste vRStb ⟨30⟩

R6 2 Lm, *4 vRStb, 2 vRStb inf*, noch 2x von * bis * wiederholen, 1 hStb, 3 vRStb, 2 vRStb inf, noch 2x von * bis * wiederholen, 1 hfM ins erste vRStb ⟨36⟩

R7 2 Lm, *5 vRStb, 2 vRStb inf*, noch 2x von * bis * wiederholen, 1 hStb, 4 vRStb, 2 vRStb inf, noch 2x von * bis * wiederholen, 1 hfM ins erste vRStb ⟨42⟩

R8 2 Lm, *6 vRStb, 2 vRStb inf*, noch 2x von * bis * wiederholen, 1 hStb, 5 vRStb, 2 vRStb inf, noch 2x von * bis * wiederholen, 1 hfM ins erste vRStb ⟨48⟩

R9 2 Lm, *7 vRStb, 2 vRStb inf*, noch 2x von * bis * wiederholen, 1 hStb, 6 vRStb, 2 vRStb inf, noch 2x von * bis * wiederholen, 1 hfM ins erste vRStb ⟨54⟩

R10 2 Lm, 27 vRStb, 1 hStb, Muster 1, 1 hfM ins erste vRStb ⟨54⟩

R11 2 Lm, 27 vRStb, 1 hStb, Muster 2, 1 hfM ins erste vRStb ⟨54⟩

R12-13 2 Lm, 27 vRStb, 1 hStb, Muster 3-4, 1 hfM ins erste vRStb ⟨54⟩

R14 2 Lm, 27 vRStb, 1 hStb, Muster 5, 1 hfM ins erste vRStb ⟨54⟩

R15 2 Lm, 27 vRStb, 1 hStb, Muster 6, 1 hfM ins erste vRStb ⟨54⟩

R16-37 Rd 10-15 wiederholen, dabei mit Rd 13 enden.

R38 2 Lm, 2 vRStb inf, 25 vRStb, 2 vRStb inf, 1 hStb, Muster 5, 1 hfM ins erste vRStb ⟨56⟩

R39 2 Lm, 1 vRStb, 2 vRStb inf, 25 vRStb, 2 vRStb inf, 1 vRStb, 1 hStb, Muster 6, 1 hfM ins erste vRStb ⟨58⟩

R40 2 Lm, 2 vRStb, 2 vRStb inf, 25 vRStb, 2 vRStb inf, 2 vRStb, 1 hStb, Muster 1, 1 hfM ins erste vRStb ⟨60⟩

R41 2 Lm, 3 vRStb, 2 vRStb inf, 25 vRStb, 2 vRStb inf, 3 vRStb, 1 hStb, Muster 2, 1 hfM ins erste vRStb ⟨62⟩

R42 2 Lm, 4 vRStb, 2 vRStb inf, 25 vRStb, 2 vRStb inf, 4 vRStb, 1 hStb, Muster 3, 1 hfM ins erste vRStb ⟨64⟩

R43 2 Lm, 5 vRStb, 2 vRStb inf, 25 vRStb, 2 vRStb inf, 5 vRStb, 1 hStb, Muster 4, 1 hfM ins erste vRStb ⟨66⟩

R44 2 Lm, 6 vRStb, 2 vRStb inf, 25 vRStb, 2 vRStb inf, 6 vRStb, 1 hStb, Muster 5, 1 hfM ins erste vRStb ⟨68⟩

R45 2 Lm, 7 vRStb, 2 vRStb inf, 25 vRStb, 2 vRStb inf, 7 vRStb, 1 hStb, Muster 6, 1 hfM ins erste vRStb ⟨70⟩

R46 2 Lm, 7 vRStb, 2 vRStb zus, 25 vRStb, 2 vRStb zus, 7 vRStb, 1 hStb, Muster 1, 1 hfM ins erste vRStb ⟨68⟩

R47 2 Lm, 6 vRStb, 2 vRStb zus, 25 vRStb, 2 vRStb zus, 6 vRStb, 1 hStb, Muster 2, 1 hfM ins erste vRStb ⟨66⟩

R48 2 Lm, 5 vRStb, 2 vRStb zus, 25 vRStb, 2 vRStb zus, 5 vRStb, 1 hStb, Muster 3, 1 hfM ins erste vRStb ⟨64⟩

R49 2 Lm, 4 vRStb, 2 vRStb zus, 25 vRStb, 2 vRStb zus, 4 vRStb, 1 hStb, Muster 4, 1 hfM ins erste vRStb ⟨62⟩

R50 2 Lm, 3 vRStb, 2 vRStb zus, 25 vRStb, 2 vRStb zus, 3 vRStb, 1 hStb, Muster 5, 1 hfM ins erste vRStb ⟨60⟩

R51 2 Lm, 2 vRStb, 2 vRStb zus, 25 vRStb, 2 vRStb zus, 2 vRStb, 1 hStb, Muster 6, 1 hfM ins erste vRStb ⟨58⟩

R52 2 Lm, 1 vRStb, 2 vRStb zus, 25 vRStb, 2 vRStb zus, 1 vRStb, 1 hStb, Muster 1, 1 hfM ins erste vRStb ⟨56⟩

R53 2 Lm, 2 vRStb zus, 25 vRStb, 2 vRStb zus, 1 hStb, Muster 2, 1 hfM ins erste vRStb ⟨54⟩

R54 2 Lm, 1 hRStb, Muster 3, 1 hRStb, Muster 3, 1 hfM ins erste hRStb ⟨54⟩

R55 2 Lm, 1 hRStb, Muster 4, 1 hRStb, Muster 4, 1 hfM ins erste hRStb ⟨54⟩

R56 2 Lm, 1 hRStb, Muster 5, 1 hRStb, Muster 5, 1 hfM ins erste hRStb ⟨54⟩

R57 2 Lm, 1 hRStb, Muster 6, 1 hRStb, Muster 6, 1 hfM ins erste hRStb ⟨54⟩

R58 2 Lm, 1 hRStb, Muster 1, 1 hRStb, Muster 1, 1 hfM ins erste hRStb ⟨54⟩

R59 2 Lm, 1 hRStb, Muster 2, 1 hRStb, Muster 2, 1 hfM ins erste hRStb ⟨54⟩

R60-65 Rd 54-59 wiederholen.

R66 2 Lm, 1 hRStb, Muster 3, 1 hRStb, Muster 3, 1 hfM ins erste hRStb ⟨54⟩

R67 2 Lm, rundum 1 vRStb in jede Masche, 1 hfM ins erste vRStb ⟨54⟩

R68-74 2 Lm, *1 vRStb, 1 hRStb*, von * bis * rundum wiederholen, 1 hfM ins erste vRStb ⟨54⟩
Abketteln, Fadenenden verstecken.

Kapitel 6

Tipps und Extras

Etiketten hinzufügen
Socken lassen sich ganz toll mit einem eigenen Etikett personalisieren. Diese Etiketten stammen von **www.nominette.be**, wo du deine eigenen Etiketten entwerfen kannst.

Rutschhemmende Sohle anfertigen

Die herrlich weichen Haussocken können auf einem glatten Fußboden schon etwas rutschig sein. Aber um das Ausrutschen zu verhindern, kannst du mit einem speziellen Mittel eine rutschhemmende Sohle anbringen. Das geht zum Beispiel mit **Sock-Stop** von **Rico Design**, **Stop & Go** von **Lana Grossa** oder **Abs-Latex** von **Regia**.

Banderole für verschenkte Socken

Selbstgehäkelte Socken sind perfekt als Geschenk! Noch toller ist es, wenn du sie mit einer selbstgemachten Banderole verschenkst. Darauf kannst du noch Details festhalten – etwa wer die Socken verschenkt und wer sie gehäkelt hat oder die Größe und wie sie gewaschen werden können (das steht auf dem Etikett der Garne).

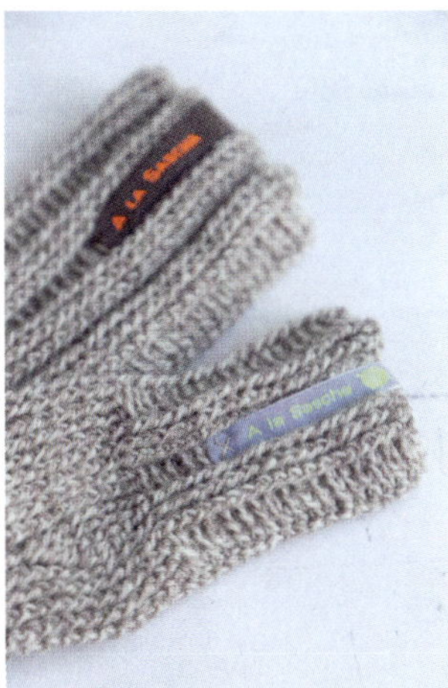

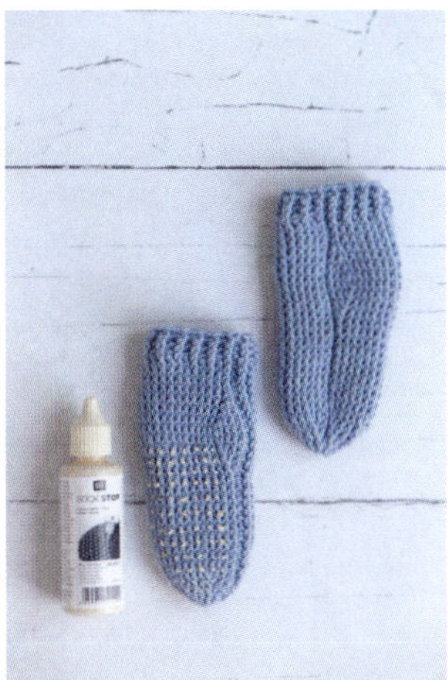

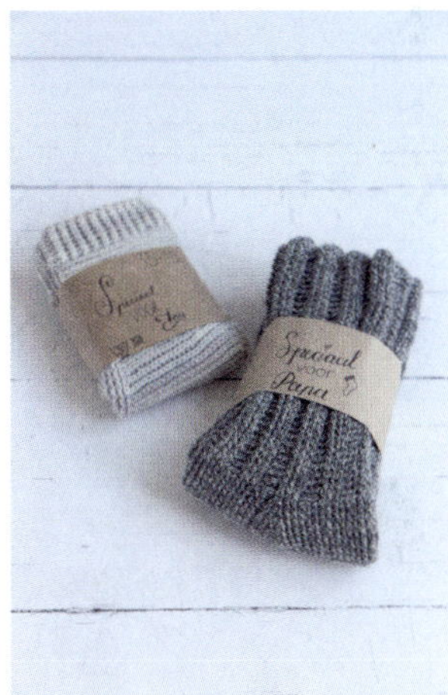

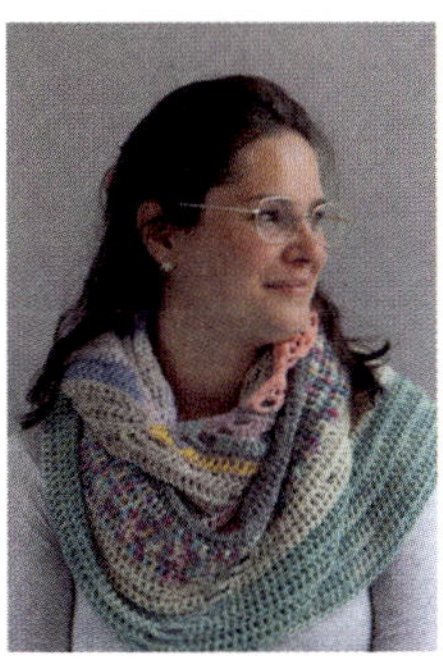

Schal

Je nachdem, in welcher Größe du die Socken gehäkelt hast, bleibt oft noch etwas Garn übrig. Diese Reste kannst du natürlich für weitere Socken verwenden, aber du kannst auch viele andere Dinge damit herstellen, wie zum Beispiel eine Decke oder einen schönen Schal! Ich habe die Reste aus diesem Buch zu einer Windmühlenstola verarbeitet.

DANKSAGUNG

Es gibt unglaublich viele liebe Menschen um mich herum, die dieses Buch ermöglicht haben, und ich möchte euch allen danken.

Meinem Mann **Josse**, meinen Töchtern **Mijntje** und **Julia** und meinem Sohn **Olivier**, vielen Dank für eure Unterstützung und natürlich dafür, dass ihr mir für die Fotos eure Beine geliehen habt.

Meiner **Mutter**, meinem **Vater**, meinen **Schwiegereltern**, meinem **Bruder**, meinen **Schwägerinnen** und **Schwagern**, meinen **Verwandten**, **Freunden** und **Kollegen**: Euch allen möchte ich danken.

Ans Bart, ohne dich gäbe es dieses Buch nicht! Von der Idee über die Unterstützung sogar bis hin zur Anfertigung der vielen Socken, danke schön.

Dennis de Gussem, vielen Dank für das Mithäkeln und Testen.

Auch ein riesiges Dankeschön an alle diejenigen, die diese Muster mit so viel Liebe und Engagement getestet haben! **Bianca van der Maarel**, **Chantal Put-Schoutene**, **Colette Hendriks, Corina van Krieken**, **Diane van Lier-Noordenbos**, **Emanuelle Overeem**, **Eveline Koeleman**, **Joke Stuurman**, **Karin Frenzen**, **Tine Oetzman**, **Lisa van de Graaf-Slootman**, **Monique Schut**, **Sofie De Zutter**.

Vielen Dank, **Debby Groeneveld**, für deine Hilfe und Unterstützung in den Facebook-Gruppen, und auch an **Peggy Jansen-Peters**, danke für deine Hilfe und Mitwirkung.

Esther Befort, vielen Dank wieder einmal für deine tollen Fotos, deine Unterstützung und Kreativität.

Uitgeverij Kosmos und all deren nette Mitarbeiter, danke, dass ihr dieses Buch möglich gemacht habt. Ich finde es klasse, dass ihr mir schon seit so vielen Jahren die Möglichkeit gebt und das Vertrauen schenkt, damit ich weiterhin Bücher herausbringen kann.

Jessica Kouwenhoven, danke für die tollen Häkelnadeln, die du für mich angefertigt hast! **Allan Marshal**, vielen Dank für die wunderschönen Häkelnadeln, die du für mich gemacht hast! **Phaedra Tanghe**, danke für die tollen handgefertigten Maschenmarkierer! **Liza Joof**, vielen Dank für die fantastischen Taschen! **Caroline Wetenkamp**, ein großes Dankeschön für die unglaublich schönen Schuhe! **Jeanet Jaffari-Schroevers**, danke für die tollen Garne, deine Hilfe und deine Mitwirkung! **Kristel Neuckens**, danke für deine Unterstützung und dein Vertrauen! Und danke, **Bert Noorderijk** für deine Unterstützung und dein Engagement.

Außerdem gibt es noch eine Menge Betriebe und ihre Mitarbeiter, die sich an den Materialien für dieses Buch beteiligt haben. Dafür möchte ich mich herzlich bedanken.

SPONSOREN

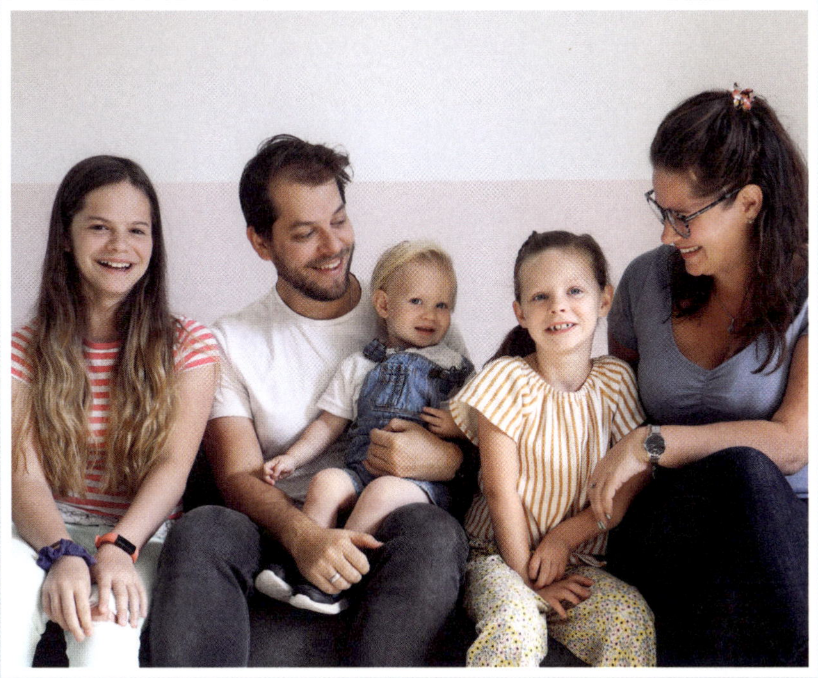

Garne

G Brouwer en Zn Fournituren Groothandel
De Bondt B.V. Groothandel in Fournituren
Lana Grossa
BN Agenturen
Borgo de Pazzi
Blij dat ik brei

Handgefertigte Häkelnadeln

Jessica Kouwenhoven (@studioforestfriends)
https://forest-friends.wixsite.com/blog
Bowltech Crochet Hooks ergonomic
https://www.facebook.com/allanmarshall393/

Handgefertigte Maschenmarkierer

Phaedra Tanghe
https://www.facebook.com/byphaedra/

Tasche S. 48

JOOF tassen
www.shopjoof.com

Schuhe

Cwears
www.cwears.nl